L'examen psychologique de l'enfant

COLLECTION DIRIGÉE PAR PAUL FRAISSE

LE PSYCHOLOGUE

L'examen psychologique de l'enfant

MICHÈLE PERRON-BORELLI

ROGER PERRON

PRESSES UNIVERSITAIRES DE FRANCE

ISBN 2 13 045814 9

Dépôt légal — 1re édition : 1970
7e édition corrigée : 1994, décembre

SOMMAIRE

DEUXIÈME PARTIE

L'analyse instrumentale

TROISIÈME PARTIE

Les démarches de l'interprétation

AVANT-PROPOS
POUR LA SEPTIÈME ÉDITION

La première édition de cet ouvrage se situait dans le contexte de tout un courant d'idées impulsé par le mouvement de 1968. Alors enseignants à l'Institut de Psychologie de Paris (devenu depuis une UER de l'Université René-Descartes), nous étions chargés de la formation technique et clinique des futurs praticiens de la psychologie de l'enfant. Nous nous sommes tout naturellement trouvés en résonance avec les aspirations qui alors se faisaient jour chez beaucoup de jeunes psychologues. En effet, il était encore fréquent à cette époque que l'examen psychologique soit réduit à l'usage de tests, et que le souci et la responsabilité d'en interpréter les résultats soient laissés à d'autres. On ne pouvait que sympathiser avec le refus d'une telle limitation : il est sain de lutter contre le danger d'aliénation que représente pour tout professionnel la réduction au rôle de servant d'une technologie dont les usages échapperaient à sa critique et à sa responsabilité. C'était, pour l'essentiel, à dégager une nouvelle conception de l'examen psychologique que s'attacha ce livre.

Il n'est pas inutile sans doute, pour comprendre la mutation qui s'est alors opérée, de rappeler brièvement ce qu'avait été jusqu'alors le psychologue clinicien. Jusqu'à la seconde guerre mondiale, le personnage était à vrai dire rare, et la psychologie clinique ne pouvait passer pour une profession. Il n'existait guère, en France tout au moins, de formation universitaire et professionnelle spécifiquement centrée sur la psychologie, en tant que discipline et en tant que métier. Le psychologue clinicien, dans la mesure où il existait, était en conséquence soit une personnalité marquante qui développait ce type d'intérêts sur la base d'une formation antérieure philosophique, scientifique, et souvent médicale (A. Binet, E. Claparède, O. Decroly, H. Wallon, A. Ombredane, A. Rey, etc.) ; soit un spécialiste formé « sur le tas » pour répondre à des besoins locaux, relatifs en général à l'évaluation du niveau intellectuel des enfants-problèmes (c'est le cas, par exemple, des instituteurs qui, au sein des commissions médico-pédagogiques, pratiquaient des Binet-Simon pour le recrutement des classes de perfectionnement). La création de la licence de psychologie et le développement progressif d'un véritable « marché du travail » en psychologie clinique a, à partir des années 50, profondément transformé la situation. Au début de ce mouvement, le psychologue clinicien a dû définir sa compétence, sa figure et son rôle par rapport aux catégories professionnelles plus anciennes en fonction desquelles il lui fallait se situer (pédagogues, assistantes sociales, médecins, etc.). Il a alors posé, parfois très vigoureusement, que l'originalité de sa contribution résidait dans l'emploi de techniques d'examen fondées sur une science fondamentale, la psychologie, et objectives par la méthodologie qui présidait à leur mise au point. Il s'affirmait, par là, irremplaçable par quiconque n'aurait acquis la même formation.

Cette position a très utilement contribué, dans une première phase, à définir le psychologue clinicien. Mais elle a favorisé son isolement dans une technologie qui le faisait souvent percevoir comme « le testeur chargé de calculer les QI », sans plus. Cette situation, traduisant et surchargeant parfois, dans certains cadres de travail, des rivalités professionnelles, a été ressentie par les psychologues comme de plus en plus inconfortable. Ceci d'autant plus que le niveau de leur formation tendait constamment à s'élever. Il s'était ainsi créé progressivement, chez beaucoup de jeunes praticiens, un décalage, vécu souvent de façon très aiguë, entre les aspirations que toute leur formation tendait à leur donner, et la modestie du rôle de technicien dont ils se voyaient chargés lors de leur entrée dans la profession. Beaucoup ont tenté d'échapper à cette situation en se donnant une compétence supplémentaire par la spécialisation, en particulier dans le domaine des épreuves projectives. On pourrait citer beaucoup de cas où cet effort a, en fait, conduit à un isolement accru dans une hypertechnicité quasi ésotérique ; dans de tels cas, la solution apparaissait peu satisfaisante, même aux yeux des intéressés.

Il était certainement nécessaire que le psychologue clinicien veuille redéfinir sa compétence, son rôle, sa responsabilité. Ceci l'a porté à récuser ce qui avait constitué jusque-là l'essentiel de sa tâche, l'examen psychologique, trop volontiers assimilé à une pratique technique routinière. Cependant, l'expérience acquise depuis a montré que, privé de cette base essentielle, il éprouve beaucoup de difficultés à s'en donner une nouvelle. Il recherche, en fonction de sa formation et de sa vocation, de nouvelles fonctions, de nouveaux rôles : contribution à une prise en charge thérapeutique (individuelle, de groupe, institutionnelle) ; à une action rééducative ; à l'organisation générale d'un service ; à la formation du personnel, en particulier des infirmiers et des éducateurs, etc. Mais, quelle que soit la polyvalence à laquelle il aspire, la pratique de l'examen psychologique constitue le terrain le plus spécifique de sa compétence, en particulier dans le cadre des consultations, équipes médico-psychologiques, etc., auxquelles il collabore. Cet examen, dans l'image que nous tentons ici d'en donner, est une démarche complexe, qui demande pour être conduite valablement une solide culture de base et une bonne expérience clinique ; mais aussi, sans doute, des qualités plus personnelles de tact, de maîtrise de sa propre problématique, de sensibilité à autrui en tant que personne, de capacité d'écoute, etc., de toute évidence variables selon les personnalités.

Il est nécessaire, pour pratiquer l'examen psychologique au niveau où nous le définissons ainsi, que le psychologue soumette ses instruments et ses démarches à une réflexion critique, une remise en cause, une « contestation permanente », sans lesquelles il risque sans cesse de s'aliéner dans une routine quotidienne qui le ramènerait, précisément, à cette technicité étroite dont il cherche à s'évader. Ceci est certes difficile ; pour dépasser l'affirmation de principe gratuite, mais aussi pour ne pas sombrer dans un scepticisme conduisant à rejeter toute technique, il faut définir un plan de réflexion et de critique où les techniques soient considérées comme des sources de renseignements utiles, mais qui ne livrent jamais des « mesures », voire des évaluations, absolues et univoques.

Mais il faut, de plus, que le psychologue sache clairement comment sa contribution s'insère dans le contexte clinique concret où elle se situe. Ces contextes sont très divers. Nous centrerons l'essentiel de nos discussions sur les contextes de travail de type « médico-psychologique », c'est-à-dire ceux où médecins et psychologues doivent travailler en contact quotidien, dans une visée de diagnostic et de prise en charge d'enfants en difficulté. Dans ce type de services, le problème essentiel est de savoir comment s'articulent les démarches et les conclusions du psychologue, du psychiatre et des autres professionnels concernés. En quoi l'examen psychologique contribue-t-il à la compréhension d'un cas, au diagnostic, à l'établissement d'une action pédagogique et thérapeutique efficace ? comment cette contribution du psychologue peut-elle apparaître comme originale ? comment résoudre les difficiles problèmes qui renaissent constamment des différences de formation, de visée, de méthodes, de langage, et même de rôle social, qui distinguent actuellement, dans les faits, les différents types de praticiens appelés à collaborer ?

L'expérience a montré que ce partage des compétences et des responsabilités s'effectue au mieux au sein d'*équipes* pluridisciplinaires ; c'est par le contact personnel quotidien entre professionnels qui tentent de dégager ensemble les voies d'une collaboration efficace qu'on a le plus de chances de poser les bases d'une complémentarité que tous souhaitent.

Sans discuter ici ces problèmes en eux-mêmes, nous espérons par cet ouvrage contribuer à cet effort de réflexion en commun et à l'approfondissement du dialogue. En effet, les psychiatres, qui restent le plus souvent responsables des décisions à prendre, sont parfois mal informés sur ce que peut apporter l'examen psychologique ; et les psychologues eux-mêmes, parfois mal assurés de leur rôle, risquent de rester en retrait de la contribution que permettrait l'état actuel de la réflexion et des techniques psychologiques. Nous tentons ici d'éclairer le champ de l'examen psychologique de l'enfant en soumettant ses démarches et ses méthodes à une réflexion critique qui porte sur leur histoire, sur leur méthodologie et sur leur intégration dans le contexte clinique où elles se situent nécessairement.

***

A l'occasion de cette septième édition, on peut s'interroger sur l'actualité des réflexions qui précèdent.

Beaucoup de chemin a été parcouru depuis vingt-cinq ans. Une certaine testologie étroite, orgueilleuse, portée à légiférer du haut de ses créneaux scientifiques, ne s'affirme plus guère comme telle ; lorsqu'elle tente encore de revendiquer la suprématie, elle est beaucoup moins reconnue dans ce rôle. Beaucoup de psychologues, en effet, tiennent dans les équipes une place centrale, sur de tout autres positions. Positions difficiles à définir cependant, où les sources de malaise sont nombreuses, et d'abord pour des raisons théoriques.

Qu'est-ce que la psychologie clinique, et particulièrement celle de l'enfance ? Il est encore bien difficile aujourd'hui d'apporter une réponse satisfaisante à cette question fondamentale. La psychologie clinique n'a pas réussi à produire un corpus théorique cohérent et spécifique qui, en retour, la fonde et la légitime scientifiquement. Elle souffre peut-être plus que jamais de l'hétérogénéité de ses références théoriques. Celles-ci, en effet, empruntées à des disciplines très diverses, restent mal coordonnées. Dans le champ de la clinique de l'enfant, ces références viennent d'abord des apports fondamentaux de la psychologie génétique ; mais aussi de la psychologie différentielle créatrice des tests, ainsi que de certains courants expérimentalistes. La clinique psychologique de l'enfance est également redevable à la psychologie sociale, notamment dans ses développements actuels relatifs aux aspects sociodynamiques des inadaptations, ainsi qu'aux interactions intrafamiliales. Enfin la théorie psychanalytique y apparaît de plus en plus majeure et organisatrice ; mais on ne peut méconnaître les risques d'abâtardissement et de distorsions dont elle est menacée lorsqu'elle s'applique hors de son terrain spécifique.

Dans un tel brassage d'idées, quelle peut être encore la place de l'examen psychologique ? Nous mettons l'accent, dans cet ouvrage, sur les démarches d'une interprétation ouverte et compréhensive des données qu'il recueille ; il n'en reste pas moins que celles-ci sont apportées pour l'essentiel par des tests ou des épreuves plus ou moins codifiées qui s'en rapprochent. Faut-il encore attacher tant d'importance aux tests, alors même que leurs présupposés théoriques peuvent paraître aujourd'hui quelque peu dépassés ? Malgré toutes les réserves que nous n'avons pas manqué nous-mêmes de formuler, nous pensons que leur usage reste nécessaire. C'est aussi l'avis de nombreux praticiens — et parmi les plus expérimentés — qui, dans le brouhaha de l'interdisciplinarité, trouvent là un support de leur identité de psychologue, et des références organisatrices pour leur travail quotidien. Toute la démarche de ce livre tend à promouvoir une utilisation des tests à la fois rigoureuse et non mystifiante, qui soit elle-même intégrée dans une approche clinique plus globale et dynamique.

Certaines de nos orientations qui pouvaient sembler audacieuses il y a vingt ans sont devenues opinions courantes. Nous ne pouvons que nous en réjouir. Que les lecteurs avertis ne s'illusionnent pas trop cependant : les idées anciennes ont la vie dure... Beaucoup de professionnels avec qui le psychologue collabore (médecins, enseignants, éducateurs, rééducateurs, travailleurs sociaux, etc.) en sont restés à des conceptions aujourd'hui dépassées de l'examen psychologique, et se montrent peu réceptifs à un discours plus complexe. Souvent, c'est le psychologue praticien lui-même qui devra se faire auprès d'eux et « sur le tas » enseignant en psychologie. Le psychologue débutant découvrira alors avec surprise combien les idées reçues sont difficiles à combattre. Ainsi, tel médecin ou instituteur se montrera enclin à attacher une signification univoque et quasi magique au chiffre d'un QI ; tels autres seront profondément choqués de voir mettre en doute la prépondérance de l'hérédité, etc. Il faut ajouter que l'étudiant en psychologie le mieux formé ne découvre lui-même la réelle complexité de l'organisation psychique d'un enfant qu'à l'épreuve de ses responsabilités professionnelles.

Au fil des éditions successives de cet ouvrage, nous avons jugé utile d'en remanier quelque peu le plan et le contenu, pour faire droit à l'évolution qui vient d'être rappelée. Puisse cette réédition contribuer à ce que la psychologie clinique de l'enfance, de réalité de fait devienne réalité de droit, dans l'ordonnancement tout à la fois d'une axiomatique et d'une éthique.

Septembre 1993.

PREMIÈRE PARTIE

L'évaluation des possibilités intellectuelles

CHAPITRE PREMIER

La notion de niveau mental global

Historiquement, l'examen psychologique de l'enfant a d'abord visé à l'évaluation de ses possibilités intellectuelles. Même aujourd'hui où le champ d'action du psychologue s'est beaucoup élargi, une part essentielle de sa tâche — et sans doute aux yeux de l'usager la plus utile — réside encore dans l'établissement d'un bilan des efficiences intellectuelles.

Mais la pratique des tests mentaux, maintenant quotidienne et banalisée, tend trop souvent à se réduire à un simple empirisme technique ; on se satisfait d'une « mesure » dont l'apparente rigueur, souvent illusoire, dispenserait de la nécessaire réflexion sur la signification des résultats obtenus.

Dans la première partie de cet ouvrage nous tenterons, en suivant principalement une démarche historique, de dégager les intentions et les implications théoriques et pratiques au travers desquelles nos modes d'approche et nos techniques usuelles peuvent prendre leur sens. Nous envisagerons d'abord dans ce premier chapitre la notion de niveau mental global, à partir de ses origines, c'est-à-dire de la création de l'échelle métrique de l'intelligence par Binet et Simon.

1. La création du Binet-Simon

Au début de ce siècle, quinze à vingt ans après la création de l'école publique obligatoire en France, les responsables de l'instruction publique commencèrent à s'inquiéter du nombre croissant des enfants qui s'avéraient incapables de profiter de cet enseignement. On pouvait pour certains d'entre eux invoquer des causes pédagogiques, voire déjà des causes caractérielles. Mais l'idée se faisait jour que certains échecs étaient dus à une insuffisance des possibilités intellectuelles, dont le caractère essentiel et permanent chez les enfants qui en étaient atteints rendait inefficaces les mesures pédagogiques usuelles. C'est de cette idée que sont nées conjointement la notion de débilité mentale et la première tentative féconde de mesure de l'intelligence.

Pour prendre en charge ces enfants supposés intellectuellement peu doués, on envisagea de les regrouper dans des classes spéciales, dont les programmes et les méthodes pédagogiques seraient adaptés à la faiblesse de leurs moyens intellectuels : ce sont les futures classes de perfectionnement. Mais comment sélectionner les élèves ? Il paraissait hasardeux d'en laisser l'entière responsabilité aux maîtres ; ceux-ci risquaient fort en effet de ne pouvoir aisément démêler les effets et les causes. Le ministère de l'Instruction Publique nomma donc une commission chargée d'envisager la mise en œuvre de méthodes objectives pour le dépistage des cas d'insuffisance intellectuelle. On confia la présidence de cette commission à Alfred Binet, directeur du Laboratoire de Psychologie Expérimentale de la Sorbonne, mais aussi président de la Société Libre pour l'Etude Psychologique de l'Enfant. Depuis plusieurs années déjà, Binet cherchait les moyens d'une étude et d'une évaluation objectives de l'intelligence. L'année précédente, en 1903, il avait publié une *Etude expérimentale de l'intelligence*, remarquable par la finesse de l'analyse psychologique, mais qui n'offrait cependant aucune réponse directe aux problèmes posés par le recrutement des futures classes spéciales. Il s'agissait bien plus en effet, dans ce livre, de l'analyse qualitative des modes de fonctionnement intellectuel que de l'évaluation de l'acuité, de la puissance — on dira plus tard du niveau — de l'intelligence. Mais Binet n'était pas seulement un chercheur de laboratoire ; depuis quelque temps il étudiait, en collaboration avec un jeune psychiatre, Th. Simon, les *Etats inférieurs de l'intelligence*, sur des malades d'hospice (Binet et Simon, 1905 *a*).

Stimulé par la création du groupe de travail qu'on lui demandait ainsi de présider, Binet publiait, dès 1905, en cosignature avec Simon, une première ébauche de l'instrument demandé (1905 *b*). Le principe en était simple : puisqu'il s'agissait de repérer les enfants les moins aptes, il suffisait d'éprouver le degré de leurs aptitudes en leur posant des questions de difficulté progressive ; de toute évidence, celui qui répond seulement aux questions les plus faciles est moins doué intellectuellement que celui qui va plus loin dans les degrés de l'échelle (1). Ainsi sur trente questions, l'idiot adulte ne réussit que les six ou sept premières, l'imbécile va jusqu'à la douzième environ, etc. Donc, dans cet article de 1905, l'échelle métrique n'est encore présentée que comme une simple liste de questions de difficulté progressive. Mais déjà s'ébauche l'intention de dégager une progression génétique. Le but est de parvenir à préciser « de combien

(1) A vrai dire, l'idée n'était pas entièrement neuve : quelque temps auparavant, Blin et Damaye avaient proposé, sous forme d'un questionnaire, un instrument d'intention analogue dont Binet avait fait un éloge nuancé (1905 *a*).

d'années un arriéré est en retard sur un normal de même âge » (1905 *a*, p. 178).

Un grand pas est fait dans cette direction trois ans plus tard (Binet et Simon, 1908), lorsque les questions et problèmes, sensiblement modifiés, sont regroupés par niveaux d'âge. Le classement par ordre de difficulté croissante devient donc explicitement un classement par âges. Sous la rubrique 6 ans figurent ainsi les items normalement réussis par les enfants de 6 ans ; sous la rubrique 7 ans, les items normalement réussis par les enfants de 7 ans, etc. Par conséquence logique, le résultat se trouve alors exprimé, non plus par le nombre des items réussis, mais par le *niveau d'âge* auquel l'ensemble des réussites permet d'atteindre. Quel que soit l'âge réel du sujet examiné, celui-ci réagit, par exemple, comme un enfant de 8 ans s'il répond bien aux questions qui vont jusqu'au niveau de 8 ans inclusivement, et non au-delà.

Un dernier article, en 1911 (Binet et Simon, 1911), perfectionne l'échelle et le mode de calcul du résultat, sans y apporter de modifications fondamentales. La même année, Binet meurt, laissant un instrument d'où dérivera, jusqu'à nos jours, toute la pratique de l'examen psychologique de l'enfant.

L'échelle eut, en effet, un succès retentissant et durable. De multiples traductions, adaptations et révisions, lui permirent de s'acclimater dans tous les pays du monde. Pour des dizaines de milliers de psychologues, les noms de Binet et Simon allaient, pendant un demi-siècle, s'identifier à leur instrument de travail le plus quotidien.

En construisant son échelle, Binet a rompu délibérément avec une démarche classique, que lui-même avait auparavant tenté de suivre, et qui aboutissait à une impasse. Cette démarche consistait à déduire d'une théorie de l'intelligence, qui subdivisait celle-ci en « facultés intellectuelles », des épreuves censées représenter ces facultés, terme à terme, aussi exactement que possible. Confronté à un problème pratique, il a adopté une démarche empirique, en rassemblant un assez grand nombre de questions, de petits problèmes ; il lui apparaissait raisonnable de penser que chacun d'eux mettait à l'épreuve — dans une certaine mesure et d'une certaine manière — l'intelligence, sans qu'il soit essentiel que chacun représentât une opération de l'esprit bien définie et parfaitement claire dans ses processus. Il admettait de ne point atteindre le fonctionnement de tel ou tel mécanisme intellectuel par chacun des items pris isolément, comptant atteindre, globalement, l'intelligence dans son ensemble grâce à leur somme : seul résultat utile en vérité pour distinguer les enfants intellectuellement capables de ceux qui le sont moins.

En proclamant ainsi son empirisme, Binet prenait, certes, une attitude quelque peu polémique face aux psychologues de son temps, fortement teintés d'académisme universitaire. Il faut cependant bien voir qu'il ne s'agissait, en aucune façon, d'un empirisme aveugle. Binet n'a pu, tout d'abord, imaginer et sélectionner les items de son échelle, au cours d'une longue période de tâtonnements et de mise au point où il les « essayait » sur un grand nombre d'enfants et d'arriérés, que grâce à de solides qualités de clinicien. Mais, bien plus, il lui a fallu, quoi qu'on en ait dit parfois par la suite, s'appuyer sur une théorie de l'intelligence. Il va de soi en effet que, tout empirique qu'ait été sa démarche, il a dû constamment opérer des choix ; il lui fallait préférer, parmi toutes les questions possibles, celles qui mettaient le plus nettement en jeu l'intelligence. Sur quelle conception de l'intelligence s'est-il appuyé pour répondre à cette exigence ?

Il s'est laissé guider, tout d'abord, par le simple bon sens. De quelque théorie de l'intelligence qu'on se fasse le champion, l'accord se fait assez aisément pour admettre que la découverte d'une ressemblance, par exemple, met plus en jeu l'intelligence que tel ou tel élément de savoir dont l'acquisition est plus ou moins aléatoire. A ce niveau, ce qui guide la sélection des items, c'est, bien plus qu'une théorie, une idée générale — sans doute assez vague — de ce que peut recouvrir le terme « intelligence ». Binet a eu largement recours à ce type de bon sens, avec une aisance souriante qui lui a permis de ne pas se laisser écraser par la recherche de justifications théoriques. La théorie n'a jamais été pour lui qu'une aide dans ce processus de création de l' « Echelle métrique » ; elle n'a jamais été ce censeur sévère qui a paralysé le travail de beaucoup d'autres.

Mais il serait tout à fait erroné de croire que Binet s'abstenait de toute théorie de l'intelligence. Il en a présenté plusieurs, sans cesse remaniées, de 1886 *(La psychologie du raisonnement)* à 1903 *(L'étude expérimentale de l'intelligence)*, 1909 *(L'intelligence des imbéciles)*, enfin 1911 *(Les idées modernes sur les enfants)*. L'intelligence, dit-il dans une perspective étonnamment moderne, est action (1909) ; on retrouvera le thème chez Piaget et chez Wallon. Cette action comporte des étapes : « Compréhension, invention, direction et censure, l'intelligence tient en ces quatre mots » (1911, p. 118). Le sujet à qui on propose un problème montre qu'il est intelligent :

— en comprenant la nature et les données du problème, et d'abord qu'il s'agit bien d'un problème ;
— en inventant une ou plusieurs solutions adaptées au but à atteindre ;
— en gardant clairement présent à l'esprit ce but, c'est-à-dire la direction à suivre, tout au long des tâtonnements, mentaux ou réels, auxquels il est amené ;
— en critiquant ses démarches et ses résultats, probables ou réels.

Certes, Binet s'est abstenu de construire quatre tests (un de compréhension, un d'invention, etc.) ; et c'est bien par là qu'il s'écarte de la démarche suivie par ses prédécesseurs. Cependant, au-delà du simple bon sens, la théorie lui fournit les principes directeurs nécessaires au choix des multiples items de son échelle : un item est meilleur s'il semble de façon plausible mettre en jeu l'un au moins de ces aspects de l'intelligence. On trouve, dans les trois textes fondamentaux de présentation de l'échelle (1905, 1908, 1911), de multiples justifications de cet ordre (1).

Un problème particulièrement épineux se posait dans le choix des items qui devaient être inclus dans l'échelle : c'est que ceux-ci devaient évaluer l'intelligence, et non les connaissances en tant que telles. Le problème apparaît bien clairement si l'on se souvient qu'il s'agissait de reconnaître, parmi les enfants qui ne réussissent pas en classe, ceux qui ne réussissent pas par insuffisance d'intelligence, et ceux-là seulement. En incluant dans l'échelle un trop grand nombre de questions de connaissances, et surtout de connaissances scolaires, on eût pénalisé en bloc tous les mauvais élèves. Ce qu'il fallait évaluer, c'était *l'aptitude qui permet l'acquisition des connaissances.* C'est ainsi que l'on ne trouve dans l'échelle aucune question évaluant directement des acquisitions scolaires (par exemple concernant la lecture ou le calcul). Ceci apparaissait dès 1905, et les révisions de 1908 et 1911 tendent à épurer encore l'échelle sous cet aspect. Cependant, beaucoup de critiques ultérieures ont précisément porté sur ce point, reprochant à Binet d'avoir trop contaminé l'évaluation de l'intelligence par une évaluation des acquisitions. De nombreux items donnent, en effet, prise à cette critique (nommer quatre couleurs ; compter quatre sous, ou treize sous ; reconnaître les monnaies ; rendre la monnaie ; énumérer

(1) Ainsi s'explique l'inclusion d'épreuves qui peuvent surprendre si l'on néglige cette orientation théorique sous-jacente au travail de Binet ; par exemple l'épreuve de suggestibilité classée au niveau de 12 ans dans la version de 1911 constitue pour Binet un item valable parce qu'il met en jeu la capacité de critique, de censure, qui fait pour lui partie intégrante de l'intelligence.

les mois ; définir des mots abstraits ; lire les mots d'une phrase en désordre pour la reconstituer, etc.). D'où les efforts d'auteurs ultérieurs pour épurer beaucoup plus radicalement les tests d'intelligence de ces aspects de connaissances, et aboutir à des épreuves sur lesquelles ne pèseraient pas les influences culturelles *(culture free)*. C'était poursuivre un mirage auquel on ne croit plus guère aujourd'hui ; c'était aussi méconnaître un principe essentiel de construction du Binet-Simon. En effet, Binet a pu donner l'impression d'osciller entre deux positions contradictoires : tout à la fois, il voulait évaluer l'intelligence et non les connaissances, et, en fait, il recourait largement à des questions impliquant certains types de connaissances. Mais il opère un choix parmi les connaissances ainsi éprouvées : il tend à retenir les acquisitions banales, pour un âge donné et dans une culture donnée, cependant qu'il tend à éliminer les acquisitions plus contingentes, liées à des conditions sociales ou éducatives particulières. Ces acquisitions banales ne peuvent être effectuées en leur temps, c'est-à-dire à l'âge où elles le sont par la majorité des enfants, que pour autant qu'aucune insuffisance intellectuelle n'empêche l'enfant d'y accéder normalement. Ainsi, l'intelligence, définie comme *capacité d'acquisition*, sera pour une part appréciée au volume des *acquisitions déjà réalisées*. La position « souple », ainsi adoptée par Binet, a eu le mérite de l'efficacité ; elle a contribué, cependant, à alimenter des difficultés et des malentendus sur lesquels nous reviendrons.

Mais, si Binet en était resté là, sa tentative n'aurait sans doute pas suscité plus d'échos que toutes celles qui, dans la même période, tentaient de se faire jour. Ce qui lui a permis de réussir, c'est l'adoption d'un second principe, explicitement introduit par l'article de 1908 : l'intelligence d'un individu est évaluée d'après son *niveau de développement* ; la différenciation des degrés d'intelligence renvoie à la progression des résultats liée à l'âge. Pratiquement, ceci signifie qu'un item ne mérite d'être inclus dans l'échelle que si l'on peut empiriquement constater un âge-seuil pour sa réussite (un âge au-dessous duquel il est échoué, au-dessus duquel il est réussi) ; ou, pratiquement, que si l'on voit la fréquence de réussite à cet item augmenter fortement en fonction de l'âge. L'échelle, dans son ensemble, doit livrer un nombre total de réussites significativement lié à l'âge. Plusieurs tems étant donc *a priori* posés comme méritant de figurer dans une échelle d'intelligence, c'est l'expérience qui permettra de trier ceux qui méritent le plus de figurer dans une échelle de *développement* intellectuel. On peut, en tirant parti de cette expérience, améliorer progressivement sa valeur en modifiant sa composition. De 1905 à 1908, de 1908 à 1911, Binet et Simon ont ainsi plusieurs fois remanié leur échelle pour accroître son efficacité ; et les multiples révisions, qui ont vu le jour depuis, ont poursuivi le même but (1).

Ce critère du développement ne saurait, certes, être utilisé isolément ; on a commis après Binet, à oublier cette évidence, de bien fâcheuses confusions, en tenant trop facilement pour acquis que tout bon test de développement est un bon test d'intelligence. C'est évidemment insoutenable : l'intelligence, certes, se développe, mais tout ce qui se développe n'est pas intelligence (par exemple : la taille, ou le poids...). Il ne suffit pas, pour composer un bon test de développement intellectuel, d'y inclure des items nettement liés à l'âge ; encore faut-il qu'il s'agisse bien d'intelligence, c'est-à-dire encore faut-il être guidé

(1) On pourra se reporter à la dernière révision, dite NEMI, proposée par R. Zazzo, M. Gilly, M. Verba-Rad, en 1966. On trouvera dans le manuel (*Nouvelle échelle métrique de l'intelligence*, A. Colin-Bourrelier), particulièrement dans le t. 1, chap. 2, des explications très détaillées sur les principes adoptés par les auteurs pour choisir les items et construire l'échelle. Mentionnons les extensions vers le premier âge des échelles de ce type qui ont été proposées par Gesell (1959), Brunet et Lezine (1965), McCarthy (1977), Casati, Lezine et Piaget (1968).

par une idée générale, voire une théorie, quant à ce qu'est ou n'est pas l'intelligence. Nous avons dit que c'était le premier des deux grands principes posés par Binet lui-même pour construire son échelle ; à ne retenir que le second, on a parfois caricaturé sa démarche en la réduisant à un empirisme aveugle, en fait très éloigné du mode de pensée de cet authentique psychologue.

Ceci admis, c'est bien, nous l'avons souligné plus haut, parce que Binet a su poser clairement le développement comme critère de construction et de validation de son échelle qu'il a réussi. Mais il a également utilisé deux autres critères, à l'origine au moins bien distincts, et dont la source est à situer dans ses intérêts antérieurs : l'opposition arriérés/normaux, et l'opposition bons élèves/mauvais élèves.

Nous avons pris l'habitude de penser l'arriération en termes de retard de développement mental, et ceci pour une large part grâce à Binet lui-même. Il n'en était pas ainsi au début de ce siècle ; en dépit du terme « arriération », pourtant déjà largement utilisé, ces « états inférieurs de l'intelligence » n'étaient qu'assez vaguement conçus comme des arrêts ou retards de développement, et l'on ne songeait guère à en estimer la gravité en ces termes. Dans la perspective nosologique de la psychiatrie classique, on tentait de les caractériser comme des syndromes, c'est-à-dire des tableaux de signes spécifiques à chaque état, chaque degré et variété de déficience. Binet critiquant (1905 *a*) les approches psychiatriques de l'arriération, insistait sur le flou des critères utilisés pour distinguer cliniquement, dans cette optique, des niveaux et formes d'idiotie et d'imbécillité. Mais il est resté lui-même dans cette optique en recherchant des tableaux séméiologiques utilisables pour différencier le fonctionnement intellectuel de l'idiot, de l'imbécile, et de leurs diverses variétés ; il n'a jamais, sans doute à juste titre, renoncé à cette recherche (Binet et Simon, 1909). La mise au point de l' « Echelle métrique » en a bénéficié, de deux façons :

— le premier lot d'items inclus dans l'échelle de 1905 comprend, pour une bonne part, des questions « essayées » au cours de cette entreprise sur des arriérés moyens et profonds ; il apparaissait à Binet qu'un item échoué par ces sujets pouvait *a priori* être considéré comme mettant en jeu l'intelligence dont, par hypothèse, ils sont dépourvus ;
— l'échelle, dans son ensemble, doit accorder des résultats nettement moins bons aux arriérés qu'aux sujets normaux ; soit un principe de « validation externe » dont Binet, puis ses successeurs, ont largement fait usage (1).

En ce qui concerne le critère « réussite scolaire », il faut rappeler que la recherche des conditions et facteurs de cette réussite était, chez Binet, une préoccupation déjà ancienne lorsqu'il entreprit de construire son « Echelle métrique ». C'est elle qui lui avait valu la présidence de la « Société Libre pour l'Etude Psychologique de l'Enfant », association qui se consacrait à des études d'ordre psychopédagogique (et devenue plus tard la Société Alfred-Binet). Le Binet-Simon se proposait, comme principal but, de référer certains cas d'échec scolaire à une insuffi-

(1) Pour Binet, le critère de construction et de validation fondé sur l'opposition normaux/arriérés ne se confondait donc nullement avec le critère « développement normal ». Mais, lorsque son échelle lui en eut donné les moyens techniques, il en vint à considérer que, en première approximation, par commodité, pour simplifier, on pouvait assimiler un *degré d'arriération* et un *niveau de développement* normal ; c'est-à-dire à poser l'égalité, qui a pu apparaître après lui comme une évidence, entre les capacités intellectuelles d'un imbécile adulte, par exemple, et celles d'un enfant normal de 4-5 ans. Il a toujours cependant mis en garde, à juste titre, contre toute compréhension naïvement réaliste de ce qui devait à ses yeux rester une simple comparaison. On n'a pas toujours, par la suite, observé la même prudence, et il en est résulté de bien regrettables déviations de la pensée relative aux déficiences mentales (PERRON, 1969 *b*).

sance des moyens intellectuels ; il était donc tout naturel que Binet tirât parti, pour le construire, de ses préoccupations anciennes. D'où un troisième critère : l'échelle devait différencier les bons et les mauvais élèves, sans cependant que cette différenciation puisse être parfaite, puisqu'on doit bien admettre qu'il est des cas d'échec scolaire procédant d'autres causes qu'une insuffisance intellectuelle. On a, par la suite, largement utilisé ce critère de validation des échelles d'intelligence. Mais ceci a conduit à centrer l'évaluation du développement intellectuel sur les capacités les plus directement utiles à la réussite scolaire ; ce qui a suscité par la suite de multiples difficultés, sur lesquelles nous reviendrons.

On voit donc que, dans le processus de construction de son échelle, Binet a tiré parti d'aspects très divers de sa réflexion et de sa pratique antérieures. Le critère de l'âge n'a été posé explicitement que de façon relativement tardive (1908) ; auparavant, Binet s'était plutôt appuyé sur les critères fournis par les états d'arriération et par la réussite scolaire. Mais c'est bien finalement la perspective génétique, traduite en termes « opérationnels » par l'échelle elle-même, qui a permis la réunification en un même champ de problèmes qui pouvaient apparaître d'abord comme passablement hétérogènes.

Ainsi, c'est bien, comme on l'a souvent dit, parce qu'il a rompu avec les démarches stérilisantes de la pure recherche théorique pour se plier aux exigences d'un problème social et pratique, que Binet a réussi dans son entreprise. Mais c'est aussi parce que, ce faisant, il a su utiliser tout son acquis de psychologue pour déterminer un « champ utile ». C'est enfin parce que, au-delà d'une solution purement empirique apportée au problème posé par la sélection des enfants intellectuellement inaptes à suivre l'enseignement normal, il a recherché et introduit une référence génétique par laquelle il réunissait dans un même champ le problème fondamental du développement psychologique et les problèmes pratiques posés par l'adaptation de l'enfant à son milieu. Il fondait ainsi, non seulement la *pratique* des tests mentaux, mais une *méthodologie* qui devait marquer toute l'histoire ultérieure de la psychologie de l'enfant.

Mais ce succès, par son retentissement même, n'a pas eu que des conséquences positives. Il a été générateur de maintes illusions et confusions que les meilleurs psychologues de la première moitié du siècle se sont employés à dénoncer. On ne peut guère actuellement s'élever au-dessus d'une pratique abâtardie sans refaire avec eux ce chemin qui conduit à une prise de conscience plus claire des implications et des présupposés théoriques et méthodologiques introduits par la pratique des tests de niveau mental. C'est donc à cet examen critique que nous consacrerons la deuxième partie de ce chapitre.

2. Les présupposés des échelles d'évaluation du niveau mental global

Nous avons, dans ce qui précède, situé les intentions de Binet, et les principes suivis pour créer « l'Echelle métrique de l'Intelligence ». Mais les auteurs de cette échelle, tout engagés dans leur effort de pionniers, ne pouvaient percevoir toutes les implications de la notion — apparemment si simple — de niveau mental global qu'ils avaient introduite. Soixante-dix années de pratique psychologique, de perfectionnements techniques et de réflexion théorique, nous permettent maintenant de voir tout ce que cette notion recouvrait, en fait, d'incertitudes, d'ambiguïtés, et même de contradictions potentielles. Ses développements ont en effet conduit à beaucoup de controverses, d'illusions, et parfois à de véritables erreurs.

Nous analyserons, dans ce qui suit, les plus importantes de ces difficultés, telles que le recul historique a permis de les dégager, en examinant deux problèmes essentiels.

A) *Aptitude intellectuelle et développement de l'intelligence*

La notion de niveau mental global débouche sur une ambiguïté essentielle : évaluer ce niveau, c'est estimer le niveau de développement actuel de l'intelligence ; mais c'est aussi tenter d'estimer, au-delà de cet état actuel, ce qui est permanent, et par là ce que sera l'état final. Derrière le développement intellectuel, c'est l'aptitude intellectuelle qu'on s'efforce d'atteindre. Les habitudes prises depuis cinquante ans, dans la routine de la pratique quotidienne, conduisent le plus souvent à confondre les deux termes. Cette confusion est propre à introduire de nouvelles illusions, de nouveaux obscurcissements théoriques.

Les commentateurs les plus autorisés ont tous souligné qu'il convient de ne pas oublier la différence entre *test de développement* et *test d'intelligence*. Au-delà, ils ont souligné la distinction qu'il convient de maintenir entre l'intelligence, en tant qu'aptitude adaptative, et le développement des moyens intellectuels. C'est bien de la maintenir qu'il s'agit : pour Binet, nous l'avons rappelé, l'évaluation du niveau de *développement* intellectuel n'a été d'abord qu'un détour commode pour évaluer l'intelligence elle-même. Le succès éclatant de l'entreprise risque de le faire oublier, et de porter à réduire l'intelligence à la vitesse de développement des instruments intellectuels et à la vitesse des acquisitions que ceux-ci permettent ; reportons-nous à cet égard à quelques auteurs devenus classiques.

Piéron (1929) rappelle la distinction entre *test de développement* et *test d'aptitude* proposée par Claparède ; il souligne que l'intelligence se définit comme une « aptitude à résoudre des problèmes », dont la variation interindividuelle crée la hiérarchie des degrés d'intelligence. Celle-ci, suppose-t-il, est une constante individuelle fondamentale, qui ne se révèle pleinement qu'à l'âge adulte. Ce n'est qu'alors qu'on peut valablement l'évaluer ; avant, on doit avoir recours à ces indices de précocité ou de retard que donnent les tests de développement. Or, ce ne sont que des *indices*, à valeur prédictive incertaine. Il ne faut pas poser d'emblée comme synonymes — même si de l'un à l'autre il apparaît statistiquement une bonne correspondance de fait — l'intelligence-aptitude et le niveau de développement intellectuel à tel ou tel moment de l'enfance, qui n'en est au mieux qu'une expression provisoire. Et, se fondant sur la relative antinomie des deux types de tests (1), Piéron conclut, malgré l'apparent paradoxe de cette affirmation : « Une bonne échelle de développement ne serait donc pas la meilleure épreuve d'intelligence, et réciproquement. »

Claparède avait soutenu une position voisine en disant de la précocité du développement intellectuel : « Je voudrais faire remarquer que celle-ci n'est nullement un indice certain de développement mental supérieur » (1926) (2).

Henri Wallon a consacré à ce problème, dans ses *Principes de psychologie appliquée* (1930), tout un chapitre. Il souligne la nécessité de distinguer « entre les étapes de la croissance et le degré de la puissance intellectuelle », même si en pratique on a pris l'habitude de prendre l'une pour la mesure de l'autre : « d'où la notion d'âge

(1) Un bon test de développement est un test qui différencie bien les enfants d'âges différents mais mal les enfants du même âge (médians d'âges très différents, faibles dispersions intra-âge) ; un bon test d'aptitude est, au contraire, un test qui différencie mal les enfants d'âges différents mais bien les enfants du même âge (médians d'âges peu différents, forte dispersion intra-âge).

(2) CLAPARÈDE va même, anticipant sur les idées modernes relatives à la néoténie, jusqu'à écrire : « Souvent la précocité est en corrélation avec un moindre développement intellectuel » *(ibid.)*. Mais ceci ne paraît plus guère acceptable ; dans ce passage sur la précocité, Claparède introduit un certain nombre de confusions ou d'analogies hâtives, assez compréhensibles à l'époque où il écrivait : entre ontogenèse et phylogenèse, entre développement somatique et développement mental notamment.

intellectuel, substituée, durant la période de croissance, à celle d'aptitude et d'inaptitude ». Wallon souligne fortement la non-identité des deux notions : « Il peut se faire, en effet, que la correspondance de l'âge et de l'aptitude soit en défaut chez certains sujets. C'est que leur croissance intellectuelle présente de l'avance ou du retard... » « Sans doute, il peut y avoir des rapports entre le rythme de la croissance et le niveau qu'atteindront les aptitudes intellectuelles. C'est à l'observation ou à l'expérimentation de les déterminer. Mais définir une intelligence évoluée par un âge intellectuel, l'assimiler dans son ensemble et dans son individualité, à une étape de la croissance, aboutit à mêler deux séries de recherches dont l'objet est distinct. »

René Zazzo, reprenant le même thème, dit : « L'échelle d'âges n'a évidemment de sens qu'au long de l'enfance. Pour parler d'avance et de retard, il faut avoir affaire à des individus en mouvement, en croissance, ou, si c'est un retard définitif, à des individus qui n'atteindront jamais le stade adulte. Pour mesurer l'intelligence par le niveau de développement, par l'âge mental, il faut avoir affaire à des enfants (...), mais les adultes, les individus qui ont atteint le dernier échelon, le terme du développement, se distinguent bien entre eux pourtant par le degré d'intelligence (...) ; cette aptitude, qui n'a plus comme unité de mesure, qui n'a plus comme critère des années de développement, qu'a-t-elle de commun avec cette intelligence évolutive mesurée chez les enfants au moyen du Binet-Simon ? » (1966).

Ainsi, l'accord semble assez général sur ce point : il existe une hiérarchie interindividuelle quant à l'équipement intellectuel, quant à l'intelligence-aptitude, qui tend à s'exprimer dans la période de croissance par des différences de développement observables à un âge donné. Mais les lois de cette traduction, que seule peut établir l'expérience, sont difficiles à déchiffrer. Il existe, à cet égard, des différences de position entre les auteurs que nous venons de citer. Ainsi, Zazzo tient l'équivalence pour assez étroite, statistiquement, pour qu'on puisse utiliser en pratique chez les enfants ou les arriérés le niveau de développement comme indice de l'intelligence ; il attire cependant l'attention sur les décalages toujours possibles : la correspondance entre puissance intellectuelle et niveau de développement à un âge donné n'est que probable (au sens statistique du terme). Il fait par là écho à Wallon qui disait : « Il peut se faire, en effet, que la correspondance de l'âge et de l'aptitude soit en défaut chez certains sujets » (1930). De son côté, Piéron avait proposé une traduction graphique des divers cas théoriquement possibles : cas de l'enfant au développement lent qui révélera finalement une intelligence normale, voire supérieure ; cas de l'enfant au développement rapide mais tôt stoppé, etc. (1929). On voit ici clairement s'exprimer l'idée que le rythme de développement peut ne pas traduire exactement la puissance intellectuelle, du fait d'*accélérations* ou de *ralentissements* dus à autre chose que l'intelligence sous-jacente à ce développement.

A ces réserves, Wallon ajoute, semble-t-il, une critique encore plus fondamentale. Il se demande si les tests en usage sont réellement propres à mesurer l'intelligence. Il faut se rappeler, dit-il, les visées initiales de Binet et Simon, qui « avaient retenu, des épreuves qu'ils essayaient, celles seulement dont la solution était donnée par les enfants d'un âge déterminé, ou plutôt par la majorité d'entre eux, à l'exclusion des sujets plus jeunes. Leur programme était donc bien de mesurer le progrès dû à l'âge, et à l'âge uniquement, puisqu'ils rejetaient les tests dont la réussite n'était le fait que de quelques-uns, et qui ne pouvaient, par suite, servir de règle au recrutement des classes. Sélectionnés de la sorte, des tests ne peuvent se rapporter qu'aux aptitudes les plus communes, à celles dont l'absence fait du sujet un anormal, dont l'acquisition est impliquée par les nécessités de la vie courante, et dont l'existence cesse d'avoir une valeur discriminative, dès que s'est terminée la période de formation » (*ibid.*, p. 74-75). Ce qui est ici mis en cause, c'est donc, au-delà d'éventuelles différences interindividuelles dans les vitesses de croissance, la nature même des épreuves utilisées. Le Binet-Simon, par définition, cherche la *commune mesure* : il sert à évaluer l'acquisition de ce qui constitue les fondements de l'épanouissement intellectuel ; il est incapable de saisir cet épanouissement lui-même, précisément parce que les spécifications de l'intelligence nécessaires aux tâches adaptatives réelles et vitales, risquent d'échapper à cette commune mesure. « Par nature, un test est impropre à exprimer vraiment l'intelligence, si elle consiste en actes originaux d'adaptation à des situations nouvelles, et non en routines plus ou moins subtiles » (*ibid.*, p. 82). On s'en est bien aperçu, depuis, en constatant l'échec répété des tests classiques d'intelligence, si compliqués, raffinés et difficiles qu'on les imagine, à évaluer valablement les possibilités intellectuelles réelles des adultes à qui doivent être confiés des postes de responsabilité. Car de tels postes impliquent la capacité d'imaginer des solutions nouvelles face à des problèmes inattendus, ce qui ne saurait se réduire à une expérience commune. D'où un important courant de recherche qui a conduit à proposer, de façon quelque peu paradoxale, des « tests de créativité » (cf. par exemple Torrance, 1976).

Quelle est l'incidence de ces discussions sur la pratique quotidienne de l'examen psychologique de l'enfant ? Elle est, en fait, considérable ; et rien n'en témoigne mieux que l'incertitude qui pèse sur les techniques utilisées pour évaluer l'intelligence lorsque celle-ci atteint la dernière période de son développement et entre dans sa « phase d'état ». On est obligé alors d'introduire un hiatus, qui se révèle clairement par la modification des critères de construction des échelles utilisées. On passe d'une évaluation en âge (évaluation du *développement* intellectuel) à une évaluation *en dispersion* (évaluation de l'aptitude intellectuelle) : nous y reviendrons dans le chapitre III. La difficulté du raccord est telle — non seulement techniquement, mais aussi théoriquement — que beaucoup d'auteurs ont tenté de trancher le problème en recherchant un principe d'unification : il s'agira alors, soit de prolonger, au-delà de la période de croissance, une pseudo-évaluation du développement ; soit d'appliquer dès l'enfance une technique dans laquelle la référence à l'âge soit supprimée et remplacée par une évaluation en termes de dispersion, comparable à celle qui sera utilisée chez l'adulte (cette dernière solution est celle qu'a adoptée Wechsler).

Aucune de ces deux solutions n'est réellement satisfaisante :

— La première introduit une très fâcheuse confusion théorique, car elle contredit formellement la définition même de l'âge mental.

Terman, le premier, en avait donné l'exemple, en introduisant dans son échelle « Stanford » un niveau « 18 ans », tout en fixant l'âge réel maximum à 16 ans, ce qui implique que la performance moyenne à l'échelle cesse de croître à 16 ans. Il n'y avait chez Terman nulle illusion quant aux implications du procédé ; il dit, en effet, dans sa présentation de la révision « Terman-Merrill » de l'échelle (1937) : « Le lecteur doit comprendre que les âges mentaux à l'extrémité supérieure de l'échelle ne sont pas de véritables « âges mentaux », mais sont plus ou moins des normes arbitraires destinées à permettre le calcul du QI des sujets intelligents plus âgés. Le calcul de ces unités en points a été établi de telle façon qu'on obtienne approximativement la même distribution des QI pour les sujets adultes que pour les enfants » (cité par Cesselin, 1959, p. 17-18). Dans cette révision de 1937, Terman perfectionne le procédé : tout en fixant l'âge réel maximum à 15 ans (ce qui implique que la performance moyenne plafonne à

15 ans), il ajoute aux épreuves classées en niveaux d'âges, jusqu'à 14 ans inclusivement, des épreuves classées successivement sous les rubriques « adulte moyen », « adulte supérieur I », « adulte supérieur II », « adulte supérieur III ». L'usage de ces termes est, certes, moins choquant que celui des étiquettes en pseudo-âges. Cependant, les épreuves classées sous ces quatre rubriques « adulte » reçoivent un crédit en mois ; si l'on additionne ces crédits, on s'aperçoit que le sujet qui réussirait tous les items de l'échelle sans exception, se verrait attribuer un âge mental de 22 ans 10 mois...

Il est clair que ceci est en contradiction avec la définition même de l'âge mental : « l'âge mental » de 22 ans et 10 mois n'est pas la réussite *moyenne* des individus de cet âge, qui ne diffère pas de celle des individus de 15 ans. Ce procédé contestable a été repris par d'autres auteurs d'échelles de développement mental, notamment par G. Arthur et par Alexander. G. Arthur (1947) donne une table où les résultats sont traduits en âges mentaux jusqu'à un âge mental de 26 ans... Alexander (1946) dit : « En calculant le quotient d'intelligence pratique, l'âge réel des enfants de plus de 16 ans devra être considéré comme s'il était de 16 ans... La justification de ce procédé se trouve dans le fait... que l'intelligence pratique... cesse de croître à l'âge de 16 ans environ » (p. 25). Ceci signifie que, si l'on applique le test à des groupes de 17, 18, 19 ans, etc., le résultat moyen reste identique au résultat moyen de 16 ans. Cependant, Alexander donne une table qui permet de déterminer des âges mentaux jusqu'à 20 ans (un sujet qui obtient 270 points est dit avoir un âge mental de 20 ans). A aucun âge, Alexander le dit clairement ci-dessus, on n'obtient en *moyenne* 270 points ; cette moyenne ne dépasse jamais 190 points (résultat moyen pour 16 ans). Les pseudo-âges mentaux de plus de 16 ans sont donc une pure fiction, introduite pour qu'on puisse continuer à calculer des QI supérieurs à 100.

On se doute des confusions qu'un tel procédé a pu introduire dans l'esprit de praticiens peu enclins à la critique théorique...

— La deuxième solution, adoptée notamment par Wechsler, est théoriquement beaucoup plus valable ; mais elle oblige à abandonner la référence au développement, pourtant essentielle à une véritable approche génétique. Nous reviendrons sur ce problème au chapitre III.

Il reste que les différences d'optiques, voire les oppositions théoriques, qu'introduit la distinction entre l'évaluation du développement intellectuel et celle de l'aptitude intellectuelle, constituent, au-delà des simples difficultés techniques qu'elles révèlent, un des problèmes les plus épineux de l'interprétation des tests de niveau mental. La distinction met en cause, au premier chef, le problème de la valeur prédictive des résultats obtenus au cours de la période de croissance, dans les tests de développement intellectuel, par rapport à l'aptitude intellectuelle de l'adulte. Il s'agit là d'un problème dont la portée pratique est évidemment considérable. Mais, au-delà, cette distinction conduit à mettre en cause la conception même de l'intelligence : la nécessité de comprendre les lois de correspondance qui existent entre la vitesse du développement mental et l'aptitude intellectuelle oblige à rechercher les facteurs individuels qui, au cours du développement, c'est-à-dire de l'histoire personnelle, pèsent sur la détermination de cette aptitude. Nous verrons, dans le paragraphe qui suit, que cela ne va pas sans soulever d'autres difficultés, notamment en ce qui concerne le rôle des influences culturelles dans le développement mental.

B) *Intelligence et culture*

C'est bien, comme on l'a vu, à la notion d'aptitude intellectuelle que tend, en fin de compte, à renvoyer l'estimation du niveau global du développement mental. Il faut ajouter que, dans l'esprit de la majorité des psychologues, la notion d'*aptitude intellectuelle* a été liée, depuis cinquante ans, à celle d'*innéité*. Ce qu'on a cherché à atteindre, en effet, c'est une estimation de la qualité de l'équipement intellectuel donné au sujet dès l'origine, et que révèlent d'abord la vitesse de sa croissance intellectuelle, puis l'état terminal de ses aptitudes. On a de bonnes raisons aujourd'hui de penser que le postulat d'un équipement intellectuel inné, inscrit pour l'essentiel dans l'organisme, relève d'un mythe autant, sinon davantage, que d'une véritable approche scientifique. Mais, quoique puissent en penser certains aujourd'hui, cette idée a été, jusqu'à une époque récente, au centre de la pratique psychologique. On a pourtant très vite admis que des influences éducatives ou culturelles peuvent freiner ou accélérer le développement intellectuel ; mais, dans la logique de la construction des tests de niveau mental, la variation de ces influences apparaissait plutôt comme une source d'erreurs vis-à-vis d'une évaluation correcte de l'équipement lui-même.

C'est ainsi qu'on a pu critiquer Binet d'avoir assez libéralement inclus dans son échelle des questions impliquant l'acquisition de connaissances. On a donc tenté de développer des tests « purs de toute culture » *(Culture-free)*, évaluant le plus directement possible l'aptitude intellectuelle, en faisant abstraction des connaissances liées à des conditions d'acquisition plus ou moins favorables. Mais on n'a réussi, au mieux, qu'à obtenir, avec de tels tests, des résultats *moins* influencés par les variations culturelles. Les effets de celles-ci restaient pourtant sensibles ; encore ne s'agissait-il que de variations culturelles relativement mineures, telles qu'on peut les observer, par exemple, dans le cadre des différences de milieux sociaux (milieux urbains ou ruraux, milieux pauvres ou aisés) de la France contemporaine. En fait, cette visée a été assez vite abandonnée, à cause des échecs essuyés, mais aussi parce que se révélaient, au cours de ces tentatives mêmes, les contradictions et les illusions essentielles de l'entreprise. On a, du même coup, réhabilité la position de Binet. Pour Binet, rappelons-le, la mise à l'épreuve d'un certain nombre d'acquisitions effectuées à un certain âge — celles-ci étant convenablement échantillonnées — devait permettre d'évaluer la capacité à acquérir. Le choix des items était guidé, entre autres critères, par le principe suivant : éviter toute question trop liée à des conditions contingentes d'acquisition (toute question qui, par exemple, avantagerait notoirement l'enfant urbain par rapport à celui de la campagne, ou *vice versa* ; ou encore toute question évidemment liée à un enseignement scolaire). Si l'on retenait en effet de telles questions, on se verrait obligé, pour interpréter correctement un résultat individuel, de vérifier de façon précise les conditions de vie de l'enfant, son milieu éducatif, au sens le plus large, et l'on serait condamné à renoncer à lui appliquer le test s'il s'avérait qu'il diffère trop par là des enfants de la population d'étalonnage. On ne retient donc que des questions qui portent sur des acquisitions très générales, banales, peu liées à tel ou tel mode de vie, à tel ou tel contexte éducatif : c'est par là qu'il s'agit bien de la commune mesure dont parlait Wallon dans les textes que nous avons cités plus haut. La question à retenir est celle qui éprouve une acquisition que, normalement, tout enfant d'un âge donné doit avoir faite — que sa famille soit riche ou pauvre, qu'il habite la ville ou la campagne, que son père soit travailleur manuel ou professeur, etc. C'est par là que le test peut donner, en grossière approximation, une mesure du développement mental, et qu'il peut prétendre, dans une certaine mesure, s'affranchir des conditions culturelles. Mais cette « commune mesure » n'est elle-même qu'une abstraction. Quelles que soient les précautions prises, il est, en fait, impossible d'éviter que pèsent sur les résultats les conditions de vie et d'éducation propres à chaque enfant. Au sein d'une culture, et même d'une nation, les variations de conditions éducatives sont considérables ; il est bien difficile de s'assurer qu'on n'a retenu que des acquisitions que tout enfant appartenant à cette culture, voire à cette nation, a été en mesure de faire. On peut tenter de dépasser la difficulté en éliminant toute question suspecte ; mais alors le champ disponible se réduit comme une peau de chagrin... On peut également constituer une population d'étalonnage qui, sur la base d'un échantillonnage très soigneux des groupes de référence, soit représentative de la population générale de la nation (c'est ce qu'avaient tenté de faire Terman et Merrill pour leur révision de 1937) ; mais cet étalonnage général, valable pour l'ensemble de la nation, n'est valable *stricto sensu* pour aucun des sous-groupes particuliers qui le constituent. On peut alors constituer des étalonnages multiples, en distinguant par exemple d'après le niveau socio-économique et socio-culturel de la famille ; mais la notion de commune mesure tend alors à disparaître, et avec elle, peut-être, celle de niveau mental global. Il n'y a donc, sans doute, aucune solution vraiment satisfaisante ; il n'y a que des solutions approchées, où l'on combine de son mieux la mise au point d'un test aussi peu lié que possible, par son contenu, à des conditions sociales particulières, et un étalonnage général sur un échantillon représentatif.

Remarquons que nous avons souligné ici ces difficultés, en insistant volontairement sur les aspects d'*acquisition* introduits dans les échelles composites de développement mental, aspects évidemment les plus liés à la culture. Il faut ajouter, pour nuancer ces objections, que certains items portent plus directement sur les *opérations* mentales elles-mêmes, échappant par là plus facilement — mais non totalement — au poids direct des influences culturelles.

Ces difficultés mettent en cause le problème même des rapports entre capacité d'acquérir et acquisitions, entre intelligence et connaissances. L'intelligence d'un sujet n'est pas définie, de toute évidence, par l'ensemble de ses connaissances : le gagnant d'un jeu radiophonique n'est pas nécessairement plus intelligent que les perdants... De ceci, l'homme de la rue est bien persuadé, et il a sans doute raison. Mais on ne peut non plus définir une intelligence « vide », coupée de contenus concrets, une machine qui n'usinerait aucune matière, des « capacités opératoires », pour reprendre le terme proposé par Piaget, qui n'opéreraient sur rien. Wallon l'a bien souligné : « Il serait en effet chimérique de chercher une opération intellectuelle sans objet... » (1930, p. 69). Les outils intellectuels se construisent, se différencient, s'aiguisent, en fonctionnant. Accepter cette idée, peu contestable, c'est accepter que, si l'intelligence est bien ce qui permet d'acquérir, elle se trouve en retour modifiée de manière essentielle par ce qu'elle acquiert.

On peut, dès lors, admettre que l'évaluation du niveau global, si elle cherche à atteindre une aptitude intellectuelle essentielle, ne l'atteint — pour autant que celle-ci soit autre chose qu'un mythe... — qu'au travers d'un ensemble complexe d'acquisitions, de possibilités de réalisations mentales actuelles, étroitement déterminées dans leur développement par tout un ensemble de facteurs. La précarité de nos notions et de nos instruments limite beaucoup nos possibilités d'analyser ces facteurs. Pourtant, aucune interprétation individuelle correcte n'est possible, notamment en termes de prédiction, sans que l'on ait tenté, au maximum de ce que l'on peut faire, une telle analyse des facteurs de développement en cause.

Ainsi, si la notion de « niveau mental global », née de la création et de l'usage du Binet-Simon, a pu paraître simple, elle recouvre en fait de nombreuses obscurités, des incertitudes, voire des contradictions internes, que le temps a peu à peu dégagées. Si les réflexions théoriques et les controverses qu'elle a suscitées apparaissent rétrospectivement souvent très confuses, cette confusion se justifie sans doute par des raisons historiques. Le XIXe siècle avait élaboré une psychologie générale et une psychopathologie qui concevaient l'intelligence comme une faculté unitaire, relativement simple, même si l'on en admettait la division en secteurs ou aptitudes (le jugement, le raisonnement, la critique, voire l'attention, ou la mémoire, etc.). Cette faculté, dans son ensemble, était conçue comme une caractéristique inscrite en chaque individu de façon permanente, quasi intemporelle : on l'a supposée inscrite dans l'organisme, dans les caractéristiques individuelles de l'encéphale. La réalisation des conduites et les acquisitions qui devenaient possibles au cours du développement, ne pouvaient que la révéler, en la laissant semblable à elle-même. Apparue en 1911, la notion de quotient intellectuel a été d'emblée appréhendée comme venant donner un statut scientifique définitif à cette conception ; par là, elle a contribué à la fixer pour longtemps. Cette attitude de pensée était si bien ancrée que sa remise en doute, pénible et souvent confuse, ne s'est opérée que progressivement, sous la pression de difficultés ou de contradictions nées de la pratique. Ce sont d'abord les praticiens, pédagogues ou cliniciens, qui ont été les premiers conduits à s'interroger, par exemple, sur le poids des facteurs culturels dans le développement mental. Il ne s'agissait d'abord, pour eux, que de créer des instruments mieux adaptés, d'introduire des corrections pour supprimer des artefacts. Mais, lorsque les artefacts envahissent à ce point le champ de l'expérience, ils ne peuvent que devenir eux-mêmes objet de réflexion.

Liée d'abord à la création d'une technique, l'échelle métrique de Binet et Simon, la notion de niveau mental global a été remise en cause par la création de nouveaux instruments. C'est cette évolution, technique puis théorique, que nous envisagerons dans le chapitre suivant.

CHAPITRE II

La différenciation des tests d'intelligence

I. La création des tests non verbaux

Passé la vague d'enthousiasme qui accompagna l'adoption du Binet-Simon, on découvrit assez vite qu'il ne pouvait répondre à tous les besoins pratiques, même au niveau de l'enfance. Faisant constamment appel au langage, il n'est en effet guère utilisable pour l'examen d'enfants handicapés sur ce plan : notamment les sourds et demi-sourds, et ceux qui parlent peu ou mal la langue du test et du testeur. Dans un pays comme la France, la proportion des enfants qui posent aux psychologues des problèmes de cet ordre est modeste ; mais aux Etats-Unis, dans le premier quart de ce siècle, on trouvait en très grand nombre des enfants appartenant à des familles d'immigration récente. C'est pourquoi on s'est mis à rechercher des épreuves de niveau mental qui ne fassent pas appel au langage, quant aux réponses demandées à l'enfant, et même, ce qui est encore mieux, quant à la façon de les solliciter. L'ingéniosité des psychologues s'appliqua donc à mettre en forme de tests toutes sortes d'activités dont on pouvait supposer qu'elles mettaient en jeu l'intelligence. On eut recours à des jeux : puzzles (Healy), labyrinthes (Porteus), recherche des lacunes dans des dessins (Otis), reconstitution d'une bande dessinée à partir d'images mélangées (Rossolimo, Decroly), etc. Certains de ces jeux étaient déjà utilisés à des fins pédagogiques : ainsi des encastrements, des exercices de reconnaissance et discrimination de formes, imaginés un siècle auparavant par Itard, puis développés par Seguin, Montessori, Decroly, pour l'éducation des déficients mentaux et des enfants d'âge préscolaire. L'objectif n'est plus alors, comme il l'était chez les promoteurs de ces jeux éducatifs, d'apprendre quelque chose à l'enfant, mais de le placer dans une situation standardisée qui, faisant appel à l'intelligence, permettra d'évaluer celle-ci.

Pour créer des tests d'intelligence non verbaux, on fit aussi appel à des activités déjà utilisées dans d'autres tests, mais qui n'étaient pas auparavant considérées comme des épreuves d'intelligence : épreuves de mémoire — immédiate ou différée —, d'apprentissage, etc. De telles épreuves étaient considérées jusque-là comme mettant en jeu certains processus mentaux ou fonctions ne constituant au mieux qu'un aspect partiel, voire accessoire, de l'intelligence ; on les chargeait, dès lors, d'évaluer l'intelligence elle-même. Ce changement d'optique est particulièrement évident en ce qui concerne les activités de dessin, dessin spontané, à thème, ou copie sur modèle, déjà bien étudiées au début de ce siècle (Luquet, 1927 ; Rouma, 1912).

Certaines épreuves utilisées en psychologie animale se sont avérées également précieuses dans cette recherche : ainsi Decroly imagine, sur ce modèle, des boîtes à ouvrir au moyen de dispositifs plus ou moins cachés et complexes, qu'il faut manipuler dans un certain ordre ; plus tard, A. Rey (1935) imaginera, dans la même optique, des épreuves « d'intelligence pratique » où, par exemple, l'enfant doit retirer d'une enceinte transparente un « appât » au moyen d'outils disponibles ou à fabriquer.

Ces efforts de mise au point de tests non verbaux — appelés aussi tests de performance ou tests d'intelligence pratique — furent accélérés aux Etats-Unis par la première guerre mondiale. Pour aider à recruter et à organiser rapidement une armée nombreuse, on fit appel à un groupe de psychologues chargés de mettre au point des épreuves de sélection et d'orientation. Ce groupe dut créer, à côté d'épreuves verbales inspirées du Binet-Simon, des épreuves non verbales applicables aux recrues dont la connaissance de l'anglais était insuffisante. Ainsi furent mises au point des échelles individuelles (échelle de Pintner et Paterson) ou collectives (tests Army Beta).

Dans un tout autre contexte, aux Etats-Unis et en Europe, les psychologues travaillant dans certaines consultations ou institutions spécialisées tentaient de mettre au point des échelles de niveau mental applicables à certains handicapés : échelles pour sourds-muets, pour aveugles, etc. Enfin, pour évaluer et suivre le développement de très jeunes enfants, il fallut créer des échelles spéciales où le langage ne pèserait pas d'un trop grand poids (Ch. Bühler).

Tous ces efforts de création technique, destinés seulement à l'origine à pallier des difficultés pratiques, devaient faire surgir de nouveaux problèmes théoriques, et remettre en cause la signification des échelles de développement mental.

2. Les problèmes posés par l'évaluation de « l'intelligence non verbale »

Toute épreuve non verbale exige la mise en œuvre d'un matériel. Ce matériel est parfois complexe et encombrant (boîtes à ouvrir de Decroly, par exemple) ; on a tendu, progressivement, à l'alléger et à le simplifier, pour des raisons pratiques évidentes. Mais, si modeste soit-il, cet indispensable matériel spécifie beaucoup la situation ; par ailleurs, de façon presque nécessaire, les épreuves non verbales durent assez longtemps : il faut disposer le matériel, dire au sujet ce qu'on attend de lui, éventuellement procéder à une démonstration, attendre les réactions du sujet, et laisser se développer son activité assez longtemps pour en juger l'efficacité. Il faut souvent prévoir, dans un même test et avec un matériel d'un certain type, plusieurs *items* de difficulté croissante : ainsi l'épreuve de Porteus comporte une douzaine de labyrinthes, celle de Kohs dix-sept modèles à reproduire, etc.

Il n'était donc plus facile, avec des épreuves de ce type, de s'en tenir au principe du « hochepot » (collection d'épreuves très courtes et différentes), utilisé naguère avec tant de succès par Binet. Conduits à mettre au point des épreuves longues, les auteurs ont souhaité que chacune pût constituer, à elle seule, un bon instrument d'évaluation de l'intelligence. C'est notamment la position qui fut défendue par Porteus, à propos de son test des labyrinthes.

Cependant, il est devenu clair, au regard de la pratique clinique, que de telles épreuves constituent des instruments d'évaluation de l'intelligence plus incertains que les épreuves traditionnelles du type Binet. Même si l'activité requise du sujet met bien en jeu l'intelligence, de nombreux facteurs para-intellectuels ou extra-intellectuels concourent à déterminer le succès, et peut-être plus encore l'échec. La motricité d'abord : toute épreuve exigeant des manipulations ouvre la possibilité d'échecs dus à la maladresse motrice. C'est assez évident en ce qui concerne le dessin, les épreuves d'intelligence pratique reprises de la psychologie animale, les puzzles et encastrements, etc. On s'efforce, bien entendu, de minimiser cette cause d'échecs par des procédures appropriées dans la conduite de l'examen et la notation des résultats ; elle n'en subsiste pas moins, de façon non négligeable, dans les cas de handicap moteur marqué (1). Même en l'absence de troubles moteurs caractérisés, le « style moteur » pèse sur les résultats, dans toutes les épreuves où la rapidité est prise en compte pour le calcul de la

(1) D'où l'extrême difficulté, par exemple, à construire un test de niveau applicable aux infirmes moteurs cérébraux, d'autant plus que ceux-ci présentent souvent par ailleurs des difficultés de langage. L'épreuve la plus couramment utilisée est l' « Echelle de Maturité Mentale de Columbia » (BURGEMEISTER *et al.*, 1965) ; cf. DAGUE, GARELLI et LEBETTRE, 1965.

note : le tempo du geste, le soin dans l'exécution, interviennent dans le temps de travail.

D'autres facteurs « instrumentaux » pèsent souvent sur le résultat, dans la mesure où est requise du sujet une activité d'organisation perceptive, de structuration du matériel dans l'espace (cubes de Kohs, assemblages), ou dans l'espace et le temps tout à la fois (cubes de Knox, test des pochoirs de l'échelle de Grace Arthur, forme 2). Pour être plus proches de l'intelligence que ne l'est la motricité, ce n'en sont pas moins des facteurs qui, pesant sur la réussite et l'échec, risquent de conduire à une évaluation du niveau mental assez fallacieuse, notamment lorsque certaines de ces fonctions instrumentales sont atteintes électivement.

D'autres facteurs interviennent encore, qui concernent l'attention apportée à l'exécution de la tâche, l'effort fourni, les motivations en cause. Les fluctuations de la motivation et de l'effort sont d'autant plus à craindre que, dans beaucoup d'épreuves, l'opérateur, après avoir donné les consignes, cesse d'intervenir et laisse l'enfant livré à lui-même dans l'exécution de la tâche.

Beaucoup de ces difficultés se retrouvent dans toute épreuve visant à l'évaluation du niveau global, et nous en reprendrons la discussion dans la troisième partie de cet ouvrage. Elles sont cependant réduites par le principe du hochepot qui rassemble un grand nombre d'activités très diverses ; elles pèsent d'un poids beaucoup plus lourd sur les épreuves de performance qui ne sont pas construites sur ce principe.

L'exemple du test de Kohs peut contribuer utilement à éclairer ce qui vient d'être dit. Cette épreuve, imaginée vers 1920, comporte un matériel constitué par 16 cubes identiques aux faces diversement coloriées ; avec ces cubes, le sujet doit reproduire un dessin plus ou moins complexe dont le modèle lui est donné sur un carton (17 dessins, de plus en plus difficiles à reproduire, constituant autant d'items du test). Cette épreuve a connu un succès considérable, et a été intégrée à plusieurs batteries non verbales constituées par la suite par divers auteurs (1). C'est sans aucun doute, si l'on se réfère aux procédures usuelles de validation, un bon test d'intelligence générale. Ainsi sur deux cents enfants de 13-14 ans, Wechsler a trouvé, entre le Kohs et le reste de son échelle WISC, une corrélation de .64, la plus élevée de celles que fournissent les épreuves de performance incluses dans l'échelle. La corrélation est naturellement plus élevée avec le reste de la partie *performance* de l'échelle (.65) qu'avec la partie « verbale » (.50) ; cependant, le Kohs reste l'épreuve non verbale qui soutient la meilleure corrélation avec les épreuves verbales (Wechsler, 1949, table 6) (2). Mais de telles données statistiques, si elles établissent la validité générale de l'épreuve, ne garantissent pas pour autant celle des conclusions formulées, à titre individuel, à propos de tel ou tel enfant. Il faut, pour évaluer la signification des comportements que suscite l'épreuve, et des réussites ou échecs auxquels ils aboutissent, analyser concrètement ces comportements eux-mêmes. Nous distinguerons dans cette analyse cinq points.

1. L'activité requise du sujet est d'ordre analytique-synthétique. Considérons la figure 1, qui représente côte à côte, avec leurs proportions respectives, un des cubes à utiliser et l'une des figures à reproduire (modèle 5 de l'échelle originelle de Kohs). Cette figure doit être construite au moyen de cubes dont l'individualisation et la disposition ne sont pas indiquées par le modèle. Le dessin de ce modèle, constitué par des bandes rouges et blanches alternées, présente une très forte prégnance perceptive. Les sujets les plus jeunes, ou de bas niveau mental, tendent spontanément à constituer des bandes blanches et rouges, en utilisant les faces unicolores des cubes ; il est de toute évidence impossible de reproduire ainsi le modèle, dont les limites extérieures doivent former

(1) Grace Arthur l'intègre dans son échelle de 1930, mais l'abandonnera dans sa révision de 1947 ; l'épreuve se retrouve également dans l'échelle d'Alexander, et dans celles de Wechsler (Wechsler-Bellevue et WISC). Elle a été étudiée, avec une procédure permettant une analyse fine des modes de construction des figures, par GOLDSTEIN et SCHEERER (1941) ; la technique de ces auteurs a elle-même été reprise et modifiée par N. GALIFRET-GRANJON et H. SANTUCCI (1960).

(2) Ce sont là les corrélations calculées sur les données de l'étalonnage américain d'origine. Sur deux cents enfants de 10-11 ans de l'étalonnage français, on aboutit, avec des valeurs de corrélations un peu différentes, à des conclusions identiques (Edition française du manuel, CPA, table 1).

un carré. La seule façon de réussir est de s'affranchir de cette perception syncrétique du modèle, et de lui superposer un quadrillage imaginaire qui le découpe en ses éléments de construction. On voit alors qu'il faut utiliser uniquement les faces bicolores, et que quatre cubes suffisent. C'est donc bien une activité d'analyse que requiert la tâche, et une activité complémentaire de synthèse — pour la construction avec les cubes — utilisant le résultat de cette analyse. Tous les modèles n'exigent pas toutefois de manière aussi nécessaire, une telle activité d'analyse-synthèse ; il est possible

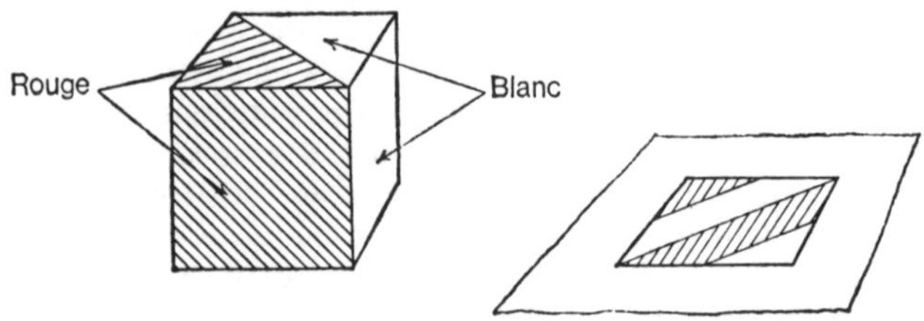

FIG. 1

de réussir à reproduire certaines figures par des tâtonnements bien conduits, cette activité d'analyse-synthèse restant confuse et implicite. Elle n'en est pas moins un aspect essentiel de l'épreuve. Il s'agit là d'intelligence, certes, mais d'une spécification très particulière de l'activité intellectuelle.

2. Il s'agit d'une activité d'analyse-synthèse portant sur un matériel *perceptif*. Il n'y a pas d'objection de principe à l'utilisation d'un tel matériel pour l'évaluation de l'intelligence : de nombreuses études, d'origines très diverses, ont bien montré que l'activité perceptive constituait une base essentielle de l'activité mentale (1). Mais on atteint par là le fonctionnement intellectuel à l'un de ses niveaux qui, si fondamental soit-il, n'est certes pas l'intelligence « globale ». De ceci témoignent deux types de difficultés couramment rencontrées par les sujets soumis à l'épreuve :

a) Des difficultés de *structuration* des éléments dans l'espace : le sujet ne parvient pas à les assembler pour réaliser le modèle

(1) En témoignent, notamment, les études de Piaget sur les bases sensori-motrices du développement intellectuel, et sa distinction plus récente entre le « figuratif » et l'« opératif ».

ou une partie du modèle, il s'engage dans de fausses configurations, où surgissent des formes parasites dont il ne parvient pas à se défaire parce qu'elles s'imposent par leur prégnance perceptive. Ainsi, ayant à reproduire le modèle 6, un sujet sélectionne correctement 4 cubes, mais les assemble de façon erronée et construit un carré rouge sur fond blanc (fig. 2). Ceci revient à assembler dans une position relative erronée la moitié inférieure (2 cubes) et la moitié supérieure (également 2 cubes) de la figure, elles-mêmes correctement construites. La prégnance de cette forme erronée

Modèle 6 Reproduction

FIG. 2

est si forte que le sujet éprouve une difficulté extrême à s'en affranchir.

b) Des difficultés d'*orientation*. L'enfant, ayant sélectionné correctement un cube, ne parvient pas à trouver l'orientation nécessaire : on le voit parfois, procédant par tâtonnement, l'insérer successivement dans la partie déjà construite sous toutes les orientations possibles avant de découvrir la bonne. Parfois même, au cours de cette démarche, il passe par la bonne orientation sans la reconnaître ; on le voit alors, ayant tout essayé, conclure que le cube ne convient pas et en prendre un autre pourtant identique... Ces difficultés d'orientation se retrouvent également au niveau de la figure dans son ensemble, notamment lorsqu'il s'agit de reproduire *un carré sur pointe* (modèles 7-8-9 du Kohs original) : la reproduction est correcte, mais l'enfant ne parvient pas à lui donner une orientation d'ensemble identique à celle du modèle, ne pouvant s'affranchir de l'orientation plus familière (carrés dont les côtés sont horizontaux et verticaux dans le plan de vision).

3. Les facteurs proprement moteurs sont au Kohs de peu d'importance. L'épreuve ne fait appel en effet qu'à une motricité

assez peu différenciée, puisqu'il suffit de saisir, de tourner et de placer des cubes. En cas de maladresse marquée cependant, l'enfant peut subir un handicap qu'accentuent la précipitation, l'énervement, l'anxiété. Il arrive que, par maladresse, l'enfant fasse tomber de la table un ou plusieurs cubes, accident grave puisque l'épreuve est chronométrée. Plus fréquemment, des gestes mal contrôlés, mal freinés, viennent détruire la partie de figure déjà construite, et la désorganisation émotionnelle accentue la difficulté de sa reconstitution. Ceci renvoie au cinquième point.

4. Il est intéressant d'observer comment l'enfant construit progressivement la figure. Deux types de démarches sont communément adoptés ; elles peuvent se situer :

— soit au niveau de l'activité analytique-synthétique précédemment décrite. On voit alors le sujet étudier le modèle, et construire des fragments de figures qu'il assemble ensuite ;

— soit au niveau d'une juxtaposition plus aléatoire, procédant par tâtonnements et par perception intuitive des différentes parties du modèle. De proche en proche, l'enfant peut parvenir ainsi à une reproduction correcte ; cependant, on a l'impression qu'à aucun moment il n'a analysé l'ensemble de la figure. Par là, ce type d'activité est certainement d'un niveau inférieur au précédent. La note accordée au sujet dans la notation usuelle, ne tenant compte que du résultat final et du temps de travail, peut cependant être paradoxalement meilleure.

5. Quelle que soit la démarche adoptée, le *style* de travail apparaît très variable d'un sujet à l'autre : il peut être méthodique, efficace, précis, sans temps mort ; ou au contraire brouillon, précipité. Le fait que l'épreuve soit, de façon évidente pour le sujet, à temps limité (on chronomètre et on interrompt le sujet, pour lui donner le modèle suivant, s'il n'a pas réussi dans la limite de temps), pèse beaucoup sur le comportement de certains enfants et déclenche des conduites, des manifestations, des verbalisations, plus ou moins euphoriques ou anxieuses. Les modes de régulation de l'activité jouent donc un rôle important dans la détermination du résultat final. Certains sujets contrôlent fréquemment le modèle, et vérifient soigneusement la conformité de leur reproduction lorsqu'ils ont terminé ; d'autres au contraire négligent le modèle après y avoir jeté un coup d'œil, et construisent progressivement une figure qui diffère sensiblement du modèle proposé ; il peut y avoir là une vé-

ritable transformation de la tâche par rapport aux consignes données.

Enfin, il faut s'interroger sur les motivations de l'enfant, sur la façon dont il appréhende la tâche. Il peut d'emblée la percevoir comme un jeu, amusant, excitant, et chercher à y démontrer sa vivacité intellectuelle ; il peut redouter aussi que celle-ci soit mise à l'épreuve et n'apparaisse insuffisante ; il peut exécuter la tâche sans passion, comme un travail fastidieux, etc. Le désir de réussir, la persévérance, « l'accrochage » varient considérablement d'un sujet à l'autre. Les réactions à la menace d'échec et à l'échec prennent parfois l'allure de réactions catastrophiques, développant des perturbations émotionnelles qui diminuent sensiblement les chances de succès au modèle suivant.

Ainsi, on le voit, de multiples facteurs et circonstances pèsent sur le degré de réussite ; celui-ci ne peut, de ce fait, être tenu pour directement proportionnel au niveau intellectuel du sujet. L'épreuve est « fragile », en ce sens que la plupart de ces facteurs sont bien plus de nature à abaisser qu'à élever le niveau global de réussite : on peut dire d'un enfant qui réussit bien qu'il est intelligent — au moins pour un certain type de fonctionnement intellectuel — mais il est beaucoup plus aventuré de prétendre qu'un enfant n'est pas intelligent s'il a mal réussi.

On pourrait analyser de façon analogue la plupart des épreuves de performance classiques, pour parvenir à la même conclusion. Ainsi, l'emploi d'une épreuve de performance, si ingénieuse soit-elle, si riches soient les observations qu'elle autorise, ne peut guère donner de façon sûre une évaluation du niveau intellectuel global. Ceci s'applique aussi aux épreuves qui utilisent le dessin. La qualité formelle et la richesse en détails de dessins spontanés, à thèmes ou copiés, augmente très nettement avec l'âge : ces épreuves sont donc, statistiquement, de bonnes épreuves de développement. Le niveau du dessin est partiellement lié à l'intelligence globale ; mais bien d'autres facteurs (motricité, organisation spatiale, motivations) contribuent notablement à déterminer ce niveau. La facilité d'emploi de ces épreuves a beaucoup tenté les psychologues, qui ont espéré pouvoir les utiliser comme épreuves de dépistage rapide du niveau mental. Malgré le très grand intérêt de ce type d'épreuves, on ne saurait exprimer que beaucoup de réserves à l'égard d'une telle utilisation.

A défaut d'exprimer le niveau mental global, les épreuves de performance peuvent, sans doute, prétendre évaluer certains aspects spécifiques de l'intelligence. Mais lesquels ? La plupart des épreuves non verbales classiques portent ici le poids de leur empirisme, et ne permettent guère de répondre clairement à cette question. Cependant, dans certains cas, les auteurs se sont longuement attachés à développer leurs conceptions sur l'intelligence et à justifier par là le test qu'ils proposaient : c'est le cas surtout de Porteus. Pendant quarante ans, cet auteur a présenté de nombreux travaux, que résume pour l'essentiel son ouvrage de 1950. L'intelligence, dit Porteus, est, de façon très générale, « la capacité d'étendre la gamme et la complexité des stimuli adéquats », les stimuli adéquats étant ceux auxquels il est biologiquement avantageux pour l'organisme de répondre. Pour un poisson rouge dans un bocal, la gamme est très restreinte ; pour un chien circulant dans la pièce où est posé ce bocal, elle est déjà nettement plus étendue ; pour son maître, elle l'est beaucoup plus encore. Ceci correspond à la gradation des intelligences. Porteus précise : l'intelligence est « la capacité de produire des réactions concertées *(planned-responses)* à une gamme croissante de stimuli adéquats ». C'est donc l'idée de *plan d'action* qui se trouve ainsi mise au centre de la définition : on voit que, par là, elle conduit bien en effet à une épreuve d'évaluation de l'intelligence telle que les labyrinthes, où le sujet doit, en examinant le tracé, différencier *avant l'action* les impasses et les voies ouvertes, et exercer *pendant l'action* un contrôle permanent de ses démarches. Les « stimuli adéquats », chez l'homme, sont largement issus d'autrui et des relations sociales ; par là, l'intelligence que Porteus cherche à évaluer est au premier chef une intelligence sociale. Comme pour le Binet-Simon, la création de l'épreuve a d'abord répondu à un but pratique : dépister et évaluer les cas de déficience mentale. Chargé, en 1913, de la sélection des élèves d'une école spéciale pour déficients mentaux, dans l'état de Victoria (Australie), Porteus commença par utiliser le Binet-Simon (dans la révision de Goddard). Mais il lui apparut vite que l'épreuve ne rendait pas suffisamment compte de l'essentiel de la déficience, qui réside, selon lui, dans l'incapacité à prévoir et à organiser l'action en fonction des données disponibles (ce qui suppose la sélection et l'organisation des stimuli adéquats). Par là, l'épreuve des labyrinthes, dit Porteus, est une meilleure épreuve d'évaluation du niveau mental que le Binet-Simon, et que toute échelle composite analogue (1). Cette conclusion, cependant, est loin d'avoir été adoptée par les praticiens : aux yeux de la plupart, et sans doute à juste titre, toute épreuve de performance reste à la fois trop spécifiée et trop fragile pour pouvoir donner, à l'échelon individuel, une évaluation sûre du niveau mental global.

On a alors tenté de tourner la difficulté en réunissant en *batteries* plusieurs épreuves différentes, revenant par là, dans une certaine mesure, au principe de l'échelle composite.

La première tentative en ce sens a été celle de Pintner et Paterson (1917). Ces auteurs proposaient une échelle comprenant dix épreuves ou « subtests ». Celle-ci a servi par la suite de modèle et de source d'inspiration à d'autres constructeurs d'échelles de performance.

De 1933 à 1935, Grace Arthur publiait les étapes successives de mise au point d'une échelle de performance comprenant huit épreuves : cubes de Knox, divers encastrements et assemblages,

(1) Porteus a été amené à distinguer deux modes de notation de l'épreuve, fournissant une note « quantitative » (niveau de complexité des labyrinthes réussis) et une note appelée, par opposition, mais de façon contestable, « qualitative » (correspondant au style de travail : impulsivité, irréflexion, bâclage, etc.). Des études nombreuses et fort intéressantes, notamment sur des délinquants et sur des sujets ayant subi des lobotomies, ont montré l'intérêt de cette distinction, qui cependant pose de nombreux problèmes théoriques et pratiques.

labyrinthes de Porteus et cubes de Kohs. Une révision en a été publiée en 1943 : cette forme comprend seulement cinq subtests, dont une épreuve originale, le test des pochoirs, destiné à remplacer les cubes de Kohs.

En 1935, W. P. Alexander publiait un ouvrage intitulé *Intelligence, concrete and abstract*, dans lequel il présentait une nouvelle échelle non verbale, composée de trois subtests : le « passalong », une adaptation des cubes de Kohs et une épreuve de construction avec cubes. Cette batterie a fait l'objet de nombreux travaux d'analyse et de validation, notamment par les méthodes de l'analyse factorielle. Destinée à l'évaluation de l'intelligence pratique, par opposition à l'intelligence abstraite et verbale requise par les études classiques, elle apparaît utile lorsqu'on envisage, chez les adolescents et préadolescents, une formation professionnelle de type technique.

En 1954, Michèle Borelli et Pierre Oléron présentaient une nouvelle échelle non verbale, spécialement conçue pour l'examen d'enfants sourds, mais dont l'étalonnage a été ultérieurement étendu à des enfants entendants de 5 à 8 ans.

Nous avons évoqué brièvement quatre échelles non verbales composites où, par un certain retour au principe du hochepot, on a tenté de dépasser les difficultés introduites par la spécificité et la fragilité des épreuves non verbales isolées. On a espéré pouvoir ainsi évaluer un niveau global non verbal. Mais il reste à se demander dans quelle mesure celui-ci peut être tenu pour équivalent, ou comment il peut être comparé, au niveau mental global évalué par les échelles de type Binet-Simon.

3. Intelligence verbale et intelligence non verbale

Il apparaît d'emblée que la notion même « d'intelligence non verbale » pose un problème théorique important. Il est évident que, chez l'homme et dans le cas banal, le langage apporte au développement intellectuel une part essentielle non seulement de ses modes d'expression mais même de ses structures. En l'absence totale de langage, ce développement est gravement handicapé, ainsi qu'il est facile de le vérifier dans le cas de sourds de naissance tant qu'ils ne sont pas pris en charge par une pédagogie spécialisée.

On a beaucoup discuté de l'intelligence « avant le langage », de l'intelligence « sans langage » ; il est peu douteux qu'elle soit tout autre chose que l'intelligence *avec* le langage. Dès lors, l'évaluation des possibilités intellectuelles que permet un test ou une échelle non verbale peut-elle être, sans risque grave d'erreur, considérée comme une estimation valable de l'intelligence dans son ensemble, au même titre que l'évaluation donnée par un test ou une échelle verbale, qui intègrent l'usage du langage ? La transposition est déjà bien discutable dans le cas d'un enfant qui ne présente aucun problème de langage ; elle l'est encore bien plus dans le cas où des handicaps pèsent sur le développement ou l'utilisation du langage et, par là, sur le développement mental lui-même.

Il a donc paru utile de pouvoir comparer systématiquement les efficiences à des épreuves verbales et non verbales dans le cadre d'une même batterie d'échelles. C'est dans cette perspective qu'en 1939 David Wechsler, psychologue à l'hôpital Bellevue de New York, proposait une telle batterie destinée à la mesure de l'intelligence des adultes, le Wechsler-Bellevue, dont parut ensuite une version applicable aux enfants, le WISC (Wechsler Intelligence Scale for Children). Cette dernière, étalonnée de 5 à 16 ans, comporte dix épreuves (épreuves verbales : Information, Compréhension, Similitudes, Arithmétique, Vocabulaire ; épreuves non verbales : Complètement d'images, Arrangement d'images, Cubes de Kohs, Assemblages, Code). Wechsler (1972) a par la suite proposé une version utilisable entre 4 ans et 6 ans et demi, le WPPSI (Wechsler Preschool and Primary Scale of Intelligence).

Ces échelles de Wechsler, très utilisées, ont progressivement éclipsé les échelles type Binet-Simon. Cependant, en dépit de ce succès et de leur incontestable utilité, on ne saurait méconnaître les inconvénients du choix purement empirique des subtests. Cette position « empiriste » avait été, on l'a vu, inaugurée par Binet. Mais ce qui était chez Binet un pari méthodologique, qui n'excluait nullement le souci de compréhension psychologique, a conduit peu à peu ses successeurs à l'abandon des positions critiques relatives aux significations des tests d'intelligence.

La position de Wechsler témoigne très clairement du décalage qui s'est progressivement créé entre, d'une part, les démarches tout empiriques qu'on a pris l'habitude de suivre pour mettre au point les échelles d'intelligence et, d'autre part, les justifications théoriques par lesquelles on tente parfois de les légitimer. Wechsler ouvre, en effet, la présentation de son échelle Bellevue par cette définition : « L'intelligence est la capacité globale ou complexe de l'individu d'agir dans un but déterminé, de penser de manière rationnelle et d'avoir des rapports utiles avec son milieu » (Wechsler, 1956, p. 3). Il n'est guère besoin de souligner qu'on retrouve là l'expression d'un pragmatisme qui a fortement marqué la psychologie américaine. Ceci n'est certes pas en soi une objection. Mais si l'on examine cette définition, on la trouve à peu près totalement dépourvue de valeur discriminative : sa première et sa troisième parties s'appliquent à tout comportement orienté, y compris les comportements instinctifs ; quant à la seconde, plus spécifique, elle renvoie à une « pensée rationnelle » qui n'est, elle-même, nulle part définie par l'auteur. Il semble que celui-ci n'accorde d'ailleurs pas lui-même une grande importance à sa définition, puisqu'il n'y fait jamais appel quand il présente et justifie les subtests choisis pour composer son échelle. Les justifications, souvent pertinentes, qu'il donne alors reposent sur des arguments d'ordre clinique (l'expérience montre que telle épreuve fournit une bonne évaluation de l'intelligence) et d'ordre historique (elle a été très utilisée, ce qui démontre l'accord entre praticiens quant à sa valeur), à quoi s'ajoutent d'éventuelles preuves statistiques de validité. Ceci est discuté épreuve par épreuve, et l'on perd un peu de vue l'ensemble : d'où vient son éventuelle unité, c'est-à-dire la présomption de mesurer l'intelligence que permet l'addition des notes issues de ces subtests ? Wechsler s'explique sur ce point dans son introduction (chap. Ier : « La nature de l'intelligence ») en faisant appel aux conclusions des factorialistes : Spearman, dit-il, a montré que, derrière une telle collection de résultats, existe un facteur général reflétant l' « énergie mentale » et correspondant *grosso modo* à ce que le vulgaire appelle intelligence. Pour évaluer celle-ci, il suffit donc d'inclure dans la batterie des épreuves aussi saturées en facteur G que possible. Sur les résultats fournis par chaque épreuve pèsent aussi, bien entendu, des facteurs « spécifiques », mais leur jeu peut être tenu comme annulé par un dosage judicieux permis par le regroupement en batterie. Pèsent enfin les facteurs « de groupe », grâce auxquels la théorie factorialiste rend compte à la fois de l'unité et de la diversité. Ainsi, une batterie verbale et une batterie non verbale relèvent sans doute de facteurs de groupe différents, mais, au-delà, du même facteur général. Elles fournissent deux estimations distinctes de l'intelligence, mais qui sont bien, l'une et l'autre, des estimations de l'intelligence dans sa plus grande généralité.

Une telle justification serait acceptable si l'on adhérait à l'optique de l'analyse factorielle. Mais elle reste, en l'espèce, un simple *a priori* : Wechsler, ayant construit et étalonné son échelle, ne procède pas à l'analyse factorielle qui pourrait démontrer *a posteriori* la validité de ses assertions (1).

(1) De telles analyses factorielles, sur le Wechsler-Bellevue, sur sa révision WAIS, ou sur son adaptation WISC pour les enfants, ont depuis été effectuées par divers auteurs. Les résultats en sont médiocres, démontrant le décalage entre les affirmations de principe de Wechsler et ses démarches pratiques ; ces dernières en effet sont celles d'un clinicien

Toute l'épreuve étant construite pour inviter à la comparaison de deux « quotients intellectuels » supposés évaluer l'un « l'intelligence verbale » et l'autre « l'intelligence non verbale » du même sujet, que signifie leur totalisation ? L'emploi du même terme, « quotient intellectuel », pour décrire *à la fois* l'ensemble de l'échelle et ses deux parties constituantes, fait problème. L'usage nous a, en effet, habitués à voir dans le QI une estimation du « niveau global » ; par là, on est porté à considérer comme comparables un « QI global » obtenu au WISC et un QI établi au Binet-Simon. Mais ceci n'est peut-être pas très légitime, et beaucoup s'accordent à penser que ce qui est le plus comparable au QI Binet-Simon c'est le QI *verbal* du WISC. Mais, dès lors, où se situe au WISC la notion de « niveau global » ? Le clinicien a parfois très nettement l'impression que les deux « QI » fournis par un WISC ne sont pas additionnables ; si, par exemple, chez un garçon de 10 ans on obtient un QI verbal de 57 et un QI performances de 86, on a mis en évidence une disparité des efficiences qui explique bien les adaptations actuelles de l'enfant et peut aider à l'établissement d'un régime pédagogique judicieux. Mais que signifie en l'espèce le « QI global » de 68 qui confond ces deux valeurs en une seule ?

Cette discussion, centrée sur le WISC, illustre bien la nature des difficultés auxquelles on se heurte par l'usage persistant de la notion de niveau global, à propos de tests ou échelles construits selon des principes très différents de ceux qui avaient présidé à la naissance du Binet-Simon. Le problème est en fait très général. Supposons qu'un enfant de 10 ans donne, au Binet-Simon, un âge mental de 6 ans (QI = 60) et au Grace Arthur un âge mental de 8 ans et demi (QI = 85) : que penser de cette

soucieux de construire une échelle utile, et qui choisit chaque subtest pour ses qualités intrinsèques. Ainsi passent au second plan les préoccupations touchant l'unité de l'ensemble, qui reste une médiocre estimation du facteur *g*.

discordance ? On a parfois cru, dans une optique trop simple, qu'il y avait alors là une contradiction qu'il fallait tenter de réduire : ainsi, l'on pouvait penser que l'une des deux échelles évaluait mal l'intelligence, qu'elle se trompait. Ceci relève bien évidemment d'une illusion, selon laquelle une bonne échelle d'intelligence doit donner une mesure unique, aussi véridique que possible, d'une certaine énergie mentale, définie dans l'absolu, inhérente à l'individu, sous-jacente à toutes ses manifestations et à leur développement. Nous avons dit, dans le chapitre précédent, sur quelles illusions repose une telle conception.

Reste donc une seconde position : le QI = 60 du Binet-Simon et le QI = 85 du Grace Arthur sont tous les deux valides ; ils évaluent deux secteurs différents du développement intellectuel. La réalité de l'intelligence de l'enfant en cause n'est ni dans le QI = 60 du Binet-Simon, ni dans le QI = 85 du Grace Arthur, mais dans tous deux à la fois. Cette position est évidemment beaucoup plus satisfaisante que la précédente ; elle doit être cependant nuancée. Elle soulève de difficiles problèmes d'interprétation, aussi bien dans le cas général que dans celui de certains types d'enfants handicapés.

On invoque souvent, pour rendre compte de tels décalages, le poids des facteurs culturels et éducatifs, qui pèserait plus sur les échelles de type Binet que sur les épreuves de performance. La plupart des grandes échelles de performance font en effet appel à des activités qui ont fort peu de chances de se rencontrer dans la vie quotidienne et qui, par là, paraissent échapper à l'influence contingente des apprentissages antérieurs. On pourrait en conclure — et certains ont cru pouvoir le faire — que les tests de performance mesurent par là l'intelligence de façon plus « pure » que le Binet-Simon. Aucun clinicien cependant ne conclura de manière aussi absolue et unilatérale : si le Grace Arthur, l'Alexander, etc., lui paraissent plus utiles pour répondre à certaines questions, le Binet-

Simon lui paraît préférable pour répondre à d'autres. Ainsi, les exigences de la pratique viennent ici heureusement corriger des positions théoriques trop schématiques.

Les difficultés théoriques posées par la disparité des tests sont aisément esquivées dans la pratique clinique banale, où le praticien dispose d'une large possibilité de choix entre différentes épreuves, sur la base de critères de validité externe. Mais elles se retrouvent de façon cruciale lorsqu'on se propose d'évaluer le niveau intellectuel d'enfants handicapés, notamment des aveugles, des infirmes moteurs cérébraux, des sourds-muets. Considérons, par exemple, le cas d'un enfant sourd de naissance examiné à 7 ans en vue du placement dans un établissement spécialisé : cet enfant n'a encore reçu aucune éducation spéciale. Les tests verbaux étant inapplicables, on lui propose l'échelle Borelli-Oléron. Celle-ci, créée à l'intention de tels sujets, supprime toute utilisation du langage, et dans les épreuves elles-mêmes, et dans l'échange entre testeur et testé. L'échelle permet d'attribuer à notre sujet un niveau global de 7 ans : on conclut à une intelligence normale. Il ne faut pas oublier cependant que cette conclusion est formulée sur la base d'un examen qui annule, dans toute la mesure du possible, le handicap lui-même. Or, on sait, par de nombreux travaux, que ce handicap pèse réellement sur le développement mental et que, d'après les étalonnages mêmes du Borelli-Oléron, les enfants sourds sont en retard d'environ un an, en moyenne, sur les enfants entendants. Ainsi, quand on dit de cet enfant sourd-muet que son développement intellectuel est du niveau de 7 ans, on exprime seulement ceci : son développement *quant au type d'activités considérées* est comparable à celui de la moyenne des enfants *sourds-muets* de 7 ans. Croire que l'on a ainsi établi une « vraie mesure » de l'intelligence de cet enfant, ce serait évidemment oublier ces deux limitations essentielles, relatives l'une au choix des activités prises comme témoin de l'intelligence et l'autre au choix du groupe de référence dans lequel on situe les résultats de l'enfant. Il est évident qu'on obtiendrait d'autres quotients de développement si l'on utilisait l'étalonnage du B-O établi sur les entendants, ou si l'on employait une échelle faisant appel à des activités plus affectées par le handicap verbal. Aucune de ces démarches n'est cependant illégitime, car chacune peut trouver sa justification dans les buts que se propose l'examen psychologique.

Rien ne saurait sans doute mieux démystifier la notion de QI qu'un tel exemple. On est conduit, dans chaque cas particulier, à choisir ses instruments et ses critères d'évaluation selon les questions auxquelles on cherche à répondre. Aucune démarche ne peut être privilégiée comme établissant en soi une *vraie* mesure de l'intelligence ; c'est lorsqu'il en est convaincu que le psychologue donne à la pratique des tests mentaux sa pleine efficacité.

4. Du niveau global a l'analyse de l'intelligence

Ainsi, la création des échelles de performance a eu le mérite d'obliger à dépasser la notion trop simple et univoque de niveau global. On s'est habitué à penser que les possibilités intellectuelles d'un enfant ne peuvent être définies par un résultat unique, obtenu à un test déterminé ; on a admis qu'il y a tout avantage à comparer entre eux, plutôt qu'à les confondre en une « moyenne » de principe contestable, des résultats obtenus à des tests différents ou à des parties distinctes d'un même test. Ainsi, au WISC, on peut comparer le QI verbal et le QI performances, mais on peut aussi comparer les dix résultats livrés par les dix subtests constitutifs de l'échelle « globale » : c'est l'analyse du *scatter*, chère à beaucoup de cliniciens (cf. S. Bourges, 1980).

La démarche reste la même, dans son principe, si l'analyse porte sur des résultats obtenus par le sujet à des tests différents, groupés dans ce but en batterie. Le praticien qui construit une telle batterie vise à y réunir des épreuves qui évaluent des aspects bien distincts du fonctionnement mental ; il espère, par l'analyse et la comparaison des résultats, recueillir des indications sur la *structure* du fonctionnement intellectuel caractéristique de chacun de ses sujets. Encore faut-il que les épreuves ainsi réunies en batterie ne soient pas choisies de manière trop empirique, mais procèdent d'hypothèses suffisamment claires sur les fonctions et mécanismes intellectuels mis en jeu par chacune.

Cette visée est à vrai dire ancienne ; elle a même précédé la création du Binet-Simon, dans la mesure où les psychologues qui s'efforçaient, avant cette création, de définir des épreuves analytiques, étaient tout naturellement conduits à en appliquer toute une série à un même sujet pour le caractériser. Binet lui-même a donné un bon exemple de cette démarche dans un ouvrage publié en 1903 sous le titre *L'étude expérimentale de l'intelligence*. La création du Binet-Simon, et la faveur dont a joui de ce fait la notion de niveau mental global, ont éclipsé pendant quelque temps la démarche analytique. On la voit cependant renaître, dans l'entre-deux-guerres, avec des tentatives comme celles de Vermeylen ou de Meili.

Vermeylen (1929) avait, pour analyser le fonctionnement intellectuel des débiles mentaux, construit une batterie de 15 tests qui visaient à évaluer, les uns les « fonctions d'acquisition », les autres les « fonctions d'élaboration », d'autres enfin les « fonctions d'exécution ». Les profils individuels ainsi obtenus, reclassés en familles, dessinaient selon cet auteur des types de déficients mentaux, ainsi objectivement différenciés. Cependant, l'analyse de l'intelligence qui fondait cette démarche restait chez Vermeylen entièrement *a priori*, et les tests créés sur cette base ne faisaient l'objet d'aucune étude de validation convaincante. La tentative de Meili (1930) était plus élaborée de ce point de vue : les résultats obtenus grâce aux six tests de sa batterie avaient en effet été soumis à une analyse factorielle, livrant deux facteurs principaux (abstrait-concret et analyse-invention).

Plus récemment, l'un de nous a mis au point les *Echelles Différentielles d'Efficiences Intellectuelles (E.D.E.I.)* qui reprennent une semblable visée d'analyse, mais en tenant compte de certains apports de la psychologie génétique et de la psychopathologie infantile actuellement en cours de développement (M. Perron-Borelli, 1974). Le choix des sept épreuves qui composent cette batterie a été guidé par deux objectifs complémentaires :

1. Du point de vue théorique, on a souhaité intégrer plus directement dans l'évaluation du développement intellectuel des épreuves mettant en œuvre les aspects « opératoires » de l'intelligence tels que les a mis en lumière l'œuvre de J. Piaget. Sans avoir recours aux épreuves mêmes de Piaget, dont la technique de type clinique est difficilement compatible avec une évaluation quantitative continue, on a inclus plusieurs épreuves d'activité catégorielle qui font appel aux mêmes types d'opérations logiques. Les travaux d'H. Wallon (1945), ainsi que ceux d'autres auteurs comme Vigotsky, Goldstein, Kasanin, etc., ont par ailleurs attiré l'attention sur l'importance de la pensée catégorielle dans la genèse de l'intelligence et sur la fréquence de ses altérations dans divers cas pathologiques.

2. Du point de vue clinique, on a tenu compte des besoins du diagnostic différentiel, tels qu'ils se dégagent de la pratique quotidienne de l'examen psychologique, dans les cadres médico-pédagogiques les plus usuels.

L'interprétation des résultats s'appuie sur l'analyse de certains décalages significatifs. Ainsi, on peut apprécier la pesée du développement du langage sur l'ensemble des efficiences intellectuelles et, plus précisément, sur les activités catégorielles suivant que celles-ci sont évaluées par des épreuves verbales ou non verbales. On peut aussi considérer en lui-même le noyau opératoire de l'intelligence par comparaison avec des formes d'activités intellectuelles plus « concrètes ». On peut enfin isoler certains aspects plus spécifiques du développement intellectuel, notamment en ce qui concerne la compréhension des situations et des relations sociales.

Un travail de R. Misès et M. Perron-Borelli (1971), portant sur des « déficients dysharmoniques » étudiés dans une perspective de psychopathologie structurale, a montré que les E.D.E.I. font apparaître un profil d'efficiences caractéristique de la « structure déficitaire ». Celui-ci se caractérise par des retards plus marqués dans les activités verbales que dans les activités non verbales et, plus nettement encore, par un retard électif des activités de type catégoriel. Une analyse plus fine des résultats a permis en outre de mettre en évidence, au sein de la population étudiée, des différences significatives liées à l'importance du « noyau psychotique » repérable dans certaines formes atypiques de déficit. Les dysharmonies de type psychotique se caractérisent à la fois par une accentuation du déficit de l'activité catégorielle et par la présence d'un déficit non moins électif de l'intelligence sociale.

Antérieurement, R. Zazzo et l'équipe de l'hôpital Henri-Rousselle avaient pu mettre en évidence un « profil type » de la débilité mentale (R. Zazzo, 1960 *c*). Ce travail se basait sur l'hypothèse opérationnelle de l' « hétérochronie ». Suivant cette hypothèse, R. Zazzo considère que la constellation typique des résultats obtenus résulte de décalages entre les vitesses de développement des différents types d'activités intellectuelles, suivant que celles-ci sont plus ou moins dépendantes des handicaps cérébraux qui, selon lui, fondent la « vraie » débilité.

Malgré les divergences importantes des perspectives théoriques des deux recherches ici évoquées, on peut remarquer que leurs résultats empiriques concordent sur plusieurs points. En particulier, elles soulignent la plus grande difficulté d'acquisition et de développement des activités intellectuelles verbales. Mais au-delà de ce constat assez banal se trouve mise en évidence la difficulté des activités, même non verbales, qui supposent une élaboration symbolique, qu'il s'agisse d'activité catégorielle ou d'organisation des repérages spatio-temporels.

On voit ainsi que la mise en question d'une théorie unitaire de l'intelligence s'appuie, pour une grande part, sur l'étude de certains troubles évolutifs du développement intellectuel. Les conclusions qui se dégagent de ces travaux méritent d'être comparées avec les résultats obtenus, par d'autres méthodes, dans la tradition de la psychologie différentielle et de la psychologie génétique. Nous rappellerons ici deux courants de recherche majeurs qui, malgré leurs divergences théoriques et méthodologiques, s'inscrivent tous deux dans cette perspective : celui de l'analyse factorielle et celui qui s'est fondé sur la théorie génétique de Piaget.

En ce qui concerne l'analyse factorielle de l'intelligence, il convient de distinguer deux grandes tendances, correspondant à deux acceptions différentes du terme « analyse », et conduisant à deux types de tests assez différents (voir à ce sujet l'ouvrage de P. Oléron, 1957).

Le courant le plus ancien est celui qu'a fondé Spearman en 1904 : l'analyse tend essentiellement à « épurer » la notion d'intelligence, affirmée comme unitaire. Les activités ainsi analysées sont, de ce fait, évidemment liées entre elles par leur commune signification (liaison attestée par le « facteur général » que mettent en évidence des procédures de calcul appropriées). Ainsi pouvait être résolu, selon Spearman, le difficile problème de « l'échantillonnage » des activités dignes de fournir les items d'un test d'intelligence. Cet échantillonnage, disait Spearman, reste tout empirique et livré au hasard chez les auteurs d'échelles composites du type Binet, échelles qu'il qualifiait un peu dédaigneusement de « hochepots » (1) ; par contre, disait-il, les procédures de l'analyse factorielle permettent d'extraire, de façon parfaitement objective, à partir d'un large éventail d'activités, les plus saturées en facteur G : celles-là seules seront finalement retenues dans la construction du test (Spearman, 1927). Plusieurs épreuves ont été construites sur ce principe. Les plus connues sont les tests du type « Matrix » (invitant le sujet à choisir dans une série de 6 ou 8 dessins celui qui complète correctement une matrice dont il manque une partie ou un élément). L'une des versions de cette épreuve (PM 47) a été spécialement préparée pour les examens d'enfants (items de difficulté appropriée, planches en couleurs plus motivantes). Au même principe répondent les échelles *culture free* de R. B. Cattell, dont les formes 1 et 2 sont applicables aux enfants de 4 à 12 ans. En fait, dans cette conception *unifactorielle* de l'intelligence, c'est encore un niveau global que l'on recherche, celui-ci étant simplement évalué sur d'autres bases théoriques et par d'autres techniques.

L'analyse *multifactorielle* s'inscrit à cet égard dans une perspective différente, et plus en accord avec l'acception le plus généralement admise du terme « analyse » : dans cette acception, l'analyse est l'opération qui permet de décomposer un ensemble complexe en ses parties constituantes, clairement distinguées. Les procédures mathématiques, utilisées dans cette perspective pour analyser l'intelligence, sont différentes de celles qu'avait proposées Spearman ; elles conduisent à construire, non pas des tests très saturés en facteur G, mais des tests « purs », portant sur des aptitudes ou fonctions intellectuelles distinctes. De tels tests peuvent être réunis en batterie,

(1) Littré définit le hochepot : « Espèce de ragoût fait de bœuf haché et cuit sans eau dans un pot avec des marrons, des navets et autres assaisonnements... »

dans le but de comparer les différents résultats d'un même sujet ; c'est ce qu'a fait par exemple Thurstone en construisant son test d' « aptitudes mentales primaires », qui vise à évaluer cinq facteurs : signification verbale (aptitude à comprendre des idées exprimées par des mots) ; aptitude spatiale (aptitude à se représenter des objets dans l'espace, à en imaginer les rotations, à saisir leurs positions réciproques, etc.) ; raisonnement (aptitude à résoudre des problèmes logiques et à planifier) ; aptitude numérique (aptitude à combiner des chiffres) ; fluidité verbale (aisance à parler et écrire, à évoquer et combiner des mots).

En dépit du considérable travail investi dans les recherches factorielles sur l'intelligence et des multiples techniques d'examen ainsi construites, il est remarquable que ces techniques restent actuellement assez peu utilisées par les psychologues cliniciens de l'enfance. Ceci tient sans doute à plusieurs raisons. Les premières sont d'ordre technique : il s'agit, presque par définition, d'épreuves très épurées, portant sur des activités très spécifiées, ce qui entraîne certains inconvénients que nous avons soulignés plus haut (paragraphe B) ; presque toutes ont été préparées comme épreuves collectives, de sorte que, même en application individuelle, elles ne permettent guère d'établir avec l'enfant la relation personnelle au travers de laquelle le clinicien recherche toujours la signification des conduites de son sujet. Enfin, l'objectif majeur de l'examen clinique est en général de comprendre ce qui pèse sur les modalités concrètes de l'adaptation de l'enfant aux pressions de l'environnement ; il paraît donc, au regard de cet objectif, peu souhaitable d'étudier une intelligence trop épurée de la pesée des facteurs éducatifs et culturels. Mais, en arrière-plan, jouent sans doute aussi des considérations théoriques. Les facteurs distingués par l'analyse factorielle dessinent une sorte de géographie, ou d'anatomie, de l'intelligence, dont le caractère statique déconcerte le clinicien préoccupé d'analyse fonctionnelle. P. Oléron souligne qu'il est douteux que l'analyse factorielle puisse parvenir à une telle analyse fonctionnelle, puisqu'elle ne porte pas sur des activités mentales mais seulement sur des résultats (Oléron, 1957, p. 467).

Il en va tout autrement dans les travaux de Piaget, où ce sont les processus opératoires eux-mêmes qui se trouvent analysés ; c'est pourquoi il est très tentant d'y rechercher l'assise théorique de techniques d'examen individuel à visée clinique. L'entreprise ne va pas cependant sans difficultés. Les techniques d'examen de l'enfant, très variées, dont on trouve la description dans les ouvrages de Piaget et de ses collaborateurs, sont des techniques de recherche : elles visent à mettre en évidence les démarches opératoires dans ce qu'elles ont de plus général et au-delà de tout individu particulier. La visée de diagnostic que se propose le clinicien est bien différente, puisque ce sont des particularités individuelles qu'il se propose de caractériser. Plusieurs auteurs ont tenté d'adapter à cette visée les techniques d'examen imaginées par Piaget. Ainsi, F. Longeot (1964, 1966, 1967) a proposé une batterie d'épreuves collectives papier-crayon et une échelle individuelle de développement de la pensée logique, toutes deux groupant des épreuves strictement dérivées de la théorie génétique de Piaget. De même inspiration bien que très différente par les épreuves qu'elle regroupe est la batterie UDN 80 de C. Meljac (1980). L'étalonnage de telles épreuves ne relève évidemment pas des mêmes options méthodologiques, et ne suit pas les mêmes procédures, que la psychométrie classique du développement. Le but n'est pas d'établir des âges mentaux et des quotients de développement ; à vrai dire, on peut même en faire l'économie, puisque chacune des épreuves en cause permet de caractériser directement le niveau des opérations dont l'enfant s'avère capable, en les situant dans l'échelle génétique générale établie par les travaux de

Piaget. Ceci conduit tout naturellement à l'emploi des méthodes d'analyse hiérarchique proposées par Guttmann ; ces méthodes sont, en effet, parfaitement adaptées au traitement de résultats basés sur le principe de succession nécessaire des stades opératoires, principe constamment réaffirmé par Piaget. Ce n'est que secondairement qu'on peut, si on le souhaite, établir à quel âge les enfants accèdent en moyenne à chacun des stades et sous-stades caractérisés par les épreuves utilisées ; mais ceci vise peut-être surtout à ne pas trop dérouter les praticiens habitués à penser le développement mental en termes d'âges, et à leur fournir des points de comparaison avec d'autres épreuves étalonnées en ces termes. Longeot a conduit sur les données obtenues tout un travail d'analyse factorielle tendant à établir : sur le plan théorique, la convergence des notions de développement opératoire et de « facteur G » (ce qui correspond à une hypothèse antérieurement formulée par M. Reuchlin, 1964) ; sur le plan pratique, la possibilité de développer une psychologie différentielle qui soit génétique au sens de Piaget, et d'utiliser à des fins de diagnostic des épreuves construites sur cette base.

La tentative est intéressante et pleine de promesses. Mais, dans son état actuel, elle ne peut malheureusement répondre que très partiellement aux besoins de la clinique psychologique de l'enfant. Si, en effet, le travail expérimental a été conduit sur des enfants de 9-10 à 15-16 ans, les résultats montrent que la zone de meilleure sensibilité des épreuves se situe entre 10 et 13 ans, c'est-à-dire au moment où l'enfant commence à accéder aux opérations formelles. Ceci est certes important au regard de tous les problèmes soulevés par l'entrée dans le cycle d'enseignement secondaire ; mais il n'est pas possible d'utiliser ces épreuves pour évaluer l'intelligence d'enfants de moins de 9-10 ans.

Il faut souligner cependant qu'il est parfaitement possible d'utiliser en examen individuel de diagnostic, dans la zone de 5 à 15 ans, les techniques opératoires proposées par Piaget, même en l'absence de toute standardisation psychométrique (Pauli, Nathan, Droz et Grize, 1990). Il y faut certes un apprentissage particulier et une bonne connaissance des théories de Piaget. Mais les avantages sont évidents : on peut, en effet, espérer échapper par cette voie à l'empirisme qui a tant marqué la psychométrie classique. Divers courants de recherche tendent actuellement à se développer dans ce sens (E. Schmid-Kitsikis, 1969 et 1985).

CHAPITRE III

L'expression des résultats : âges, quotients, indices de dispersion

L'évaluation de l'intelligence, dont nous avons discuté certaines perspectives théoriques dans le chapitre précédent, s'est en fait présentée comme une tentative de *mesure*. Quels sont les modes d'expression numérique de cette évaluation, et quelles implications sont propres à chacun ? C'est ce qui fera l'objet du présent chapitre.

Nous y présenterons et discuterons les notions fondamentales de quotient intellectuel et d'indice de dispersion. Ces notions ont donné lieu à beaucoup de controverses, parfois assez confuses. Les problèmes posés sont en effet très divers, allant du niveau de la simple logique d'un calcul élémentaire jusqu'à celui de positions doctrinales très générales quant à l'intelligence, sa nature, ses conditions et facteurs de développement. Il importe de bien distinguer ces différents plans ; c'est pourquoi nous commençons par un rappel de notions très élémentaires.

1. Les ages de développement

Le Binet-Simon a été créé pour évaluer l'intelligence des arriérés : par sa conception même, l'instrument conduisait à l'évaluer dans une perspective génétique. Dès 1908,

Binet exprimait les résultats par un *âge* ; c'est ainsi qu'est née la notion d' « âge mental ».

La définition en est simple : on dit d'un enfant que son âge mental est 7 ans si son niveau de réussite équivaut à la réussite atteinte *en moyenne* par les enfants de 7 ans. La notion d'âge mental n'est en fait qu'un cas particulier, valable dans le cas d'une échelle d'intelligence, d'une notion plus générale, celle d'âge de développement. On peut établir des âges de développement à partir de toute variable numérique systématiquement liée à l'âge.

Le tableau I donne, de 8 à 14 ans, les tendances centrales (moyennes ou médianes) pour trois variables : le nombre de points à l'échelle NEMI, le nombre de tirets tracés en une minute à l'épreuve de pointillage de M. Stambak (1960, p. 223), la taille en centimètres.

TABLEAU I

	NEMI	*Pointillage*	*Taille (filles)*
8 ans	32	91	122,9
9 —	36	99	127,9
10 —	41	107	132,8
11 —	45	116	138,1
12 —	49	125	143,7
13 —	53	135	149,2
14 —	57	144	153,2

Soit une fille, dont l'âge réel importe peu pour l'instant, qui réussit 49 items à l'échelle NEMI, trace 107 tirets en une minute à l'épreuve de pointillage et mesure 128 centimètres. *En moyenne*, c'est à 12 ans qu'on réussit à ce niveau à la NEMI, à 10 ans qu'on trace des tirets à cette vitesse, à 9 ans qu'on atteint cette taille. L'âge mental de cette enfant est 12 ans, son âge de développement au pointillage est 10 ans, son âge statural est 9 ans. Elle est plus avancée quant au niveau mental global, moins quant à l'efficience psychomotrice, moins encore quant au développement statural. On voit là un avantage essentiel de la traduction en âges. Elle permet d'établir une sorte de commune mesure entre des évaluations différentes, voire hétéroclites, comme dans l'exemple ci-dessus. Si différents que soient les aspects évalués (et les modes de notation numérique adoptés d'abord pour chacun), on peut les comparer parce qu'on les inscrit tous dans la perspective du développement qu'introduit la notion d'âge.

Remarquons que, jusqu'ici, nous n'avons eu en aucune façon besoin de connaître l'âge réel (ou « âge chronologique ») de l'enfant. La notion d'âge de développement se définit en effet de façon tout à fait indépendante de l'âge réel ; tout ce qui vient d'être dit est valable quel que soit cet âge. Il va de soi cependant que, pour aller plus loin et pour saisir la signification individuelle de tels décalages, on a besoin de le connaître. Supposons donc que cette fillette ait 9 ans : nous dirons que sa taille est normale, qu'elle manifeste une légère avance à l'épreuve du pointillage, une avance plus notable quant au développement mental considéré globalement. Supposons qu'elle ait 12 ans : la même hiérarchie des âges de développement prend évidemment une signification différente (niveau normal du développement mental, léger retard au pointillage, retard plus notable quant au développement statural).

On aurait pu rester à ce niveau très simple, où l'on se serait contenté de traduire en âges des efficiences, ou plus généralement des caractéristiques individuelles, et de comparer ces âges de développement, entre eux et avec l'âge réel. On a cependant voulu aller plus loin, et ceci parce que les propositions qui précèdent recouvrent un certain nombre d'incertitudes. La plus grave est la suivante : soit deux enfants examinés au Binet-Simon ; le premier, à 12 ans, donne au test des résultats qui correspondent à un âge mental de 10 ans, soit deux ans de retard ; le second, à 6 ans, présente, lui aussi, deux ans de retard (âge mental : 4 ans) ; peut-on dire que ces deux enfants sont également en retard ? A la quasi-unanimité, psychologues, pédagogues et psychiatres penseront que le plus jeune de ces deux enfants présente un retard plus grave. En termes pédagogiques, le plus jeune est incapable d'apprendre à lire et le restera probablement encore pendant un temps appréciable, ce qui entravera d'une manière très grave son adaptation scolaire ; le plus âgé est simplement sans doute un élève médiocre. Ainsi, la simple *différence* entre âge mental et âge réel ne suffit pas à caractériser le retard. On a tenté de pallier cette difficulté par l'usage des quotients de développement.

2. Le quotient de développement

Binet avait lui-même souligné qu'un « même » retard (par exemple de deux ans) n'a pas la même signification à tous les âges : « Pour établir le diagnostic d'un anormal jeune, nous sommes obligés de tenir compte de deux éléments : son âge et son niveau intellectuel. Mais comment combiner ces deux éléments ? » (1908, p. 90-91). R. Zazzo, à qui nous empruntons cette citation (1966, p. 30-31), nous le rappelle : Binet trouvait cette question fort embarrassante et ne lui a jamais donné de réponse claire et satisfaisante. Cependant, un an seulement après sa mort, en 1912, W. Stern proposait une formule de combinaison très simple : diviser l'un par l'autre. Ce *quotient intellectuel*, âge mental divisé par âge réel, constituait bien la solution correcte du problème (1). Il fut immédiatement adopté tout autour du monde, et reste encore largement en usage. Il a donné lieu cependant à toute une mythologie, que nous évoquerons plus loin. Mais, avant de dire ce qu'il n'est pas, disons ce qu'il est.

Le quotient intellectuel est d'abord, de toute évidence,

(1) Le problème posé par Binet était en effet : si un enfant de 10 ans donne un âge mental de 8 ans (deux ans de retard), comment corriger l'écart entre ces deux valeurs pour tenir compte de l'âge réel ? Ce que propose Stern revient en fait à diviser *l'écart* AM — AR par l'AR. Posons en effet $\frac{\text{AM} - \text{AR}}{\text{AR}}$ (soit $\frac{8 - 10}{10}$) ; arithmétiquement, ceci se décompose en $\frac{\text{AM}}{\text{AR}} - \frac{\text{AR}}{\text{AR}}$, donc AM/AR — 1 (soit 8/10 — 1). Or, en la matière, seule compte la variation de la valeur recherchée : de ce fait, la constante — 1 peut être négligée sans que l'on perde ou ajoute d'information : il reste AM/AR soit le QI proposé par Stern (dans l'exemple numérique : 8/10 = 0,80 qu'on multiplie par la constante 100 pour supprimer l'expression décimale).

ainsi que Zazzo l'a souligné (en 1946), un « quotient d'âges ».

On voit clairement ce qu'y représente l'âge mental : c'est la performance individuelle de l'enfant examiné, traduite en âge (c'est-à-dire, selon la définition même de l'âge mental, exprimée par l'âge auquel on parvient en moyenne au même degré de réussite). Mais que représente l'âge réel ? Egalement une performance : celle — traduite aussi en âge — à laquelle l'enfant en cause aurait dû atteindre s'il avait donné la performance moyenne des enfants de son âge.

Le QI est donc le *rapport de deux performances* : celle qu'a réellement donnée l'enfant, et celle qu'il aurait dû donner si son résultat avait été « moyen » (c'est-à-dire égal à la moyenne des réussites des enfants de son âge). Ces deux performances sont traduites en âges pour le calcul du QI. Pourquoi ce détour, avant de mettre les deux performances en quotient, par la traduction en âge ? Simplement parce que, comme nous l'avons souligné plus haut, l'âge est la commune mesure indispensable, sans laquelle la division livrerait des chiffres ininterprétables, soumis au hasard des variations de données numériques brutes (1).

Mais la traduction des performances en âges va bien au-delà d'une simple commodité de calcul. Elle fonde, en effet, ce calcul sur la comparaison de *niveaux de développement*, c'est-à-dire qu'elle le place dans une perspective génétique. Nous nous proposons de montrer dans ce qui suit que, de ce fait, le QI, par l'intermédiaire du rapport établi entre deux performances, compare en fait des *chemins parcourus sur la trajectoire du développement.*

(1) Ceci est bien clair sur les données du tableau 1 : soit une enfant de 9 ans dont le niveau de développement se situerait à 12 ans à la fois pour l'échelle NEMI, le pointillage et la taille ; le quotient de développement serait de 12/9 = 133 pour les trois variables, tandis que la division des chiffres bruts donnerait : 49/36 = 136 ; 125/99 = 126 ; 144/128 = 112. On n'aurait aucun moyen de comparer ces trois nombres.

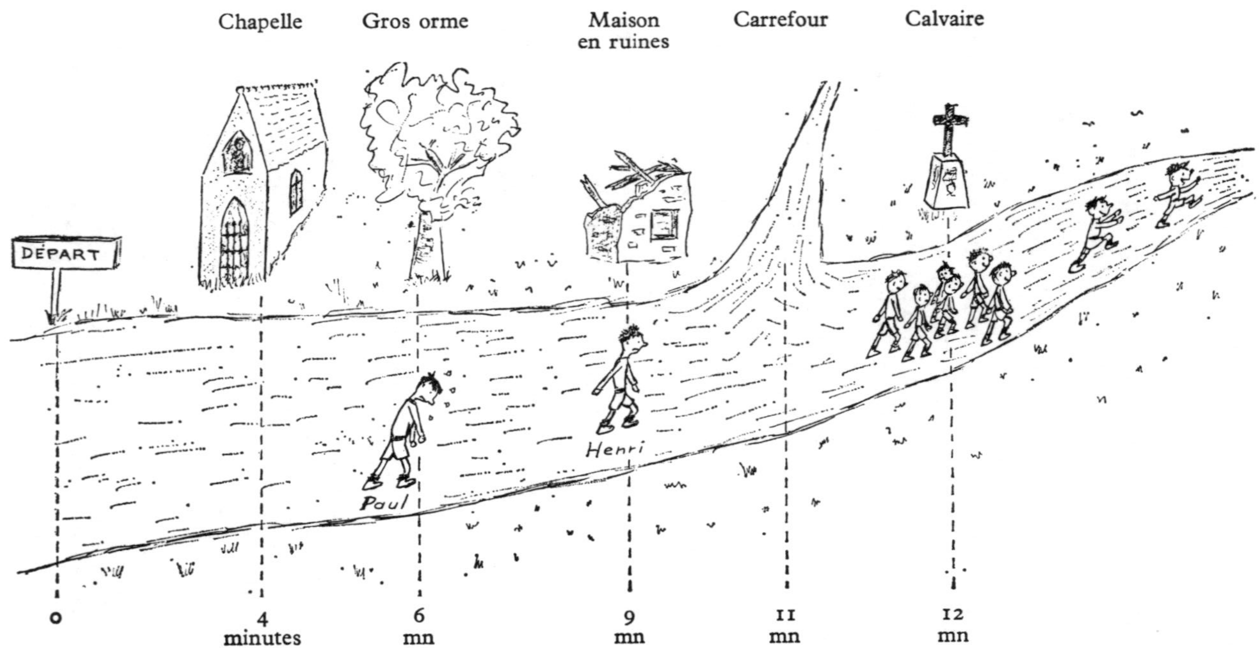

Temps de parcours du peloton central jusqu'à chaque jalon

FIG. 3

Reprenons, en effet, l'exemple donné précédemment de deux enfants, âgés l'un de 12 ans et l'autre de 6 ans, qui tous deux présenteraient un retard de développement mental de deux ans (âges mentaux respectivement de 10 et 4 ans). Le retard de deux ans représente, pour l'enfant de 12 ans, les 2/12 du chemin qu'il aurait dû parcourir s'il avait réalisé le cas de l'enfant statistiquement moyen : soit 17 % de ce chemin. Pour l'enfant de 6 ans, le même retard de deux ans représente les 2/6 du chemin qu'il aurait dû parcourir, soit 33 %. Ou, ce qui revient au même, le plus âgé a parcouru en douze ans 83 % du chemin que parcourt dans le même temps l'enfant statistiquement moyen, tandis que le plus jeune n'en a parcouru, à 6 ans, que 67 %. On exprime ainsi que, compte tenu de l'âge réel, la même différence AM — AR correspond à un retard proportionnellement plus important pour le plus jeune. Ces deux derniers chiffres (83 % et 67 %) sont, sous la forme inhabituelle de pourcentages, des QI. Mais une remarque ici s'impose : il serait tout à fait illégitime de dire que ces pourcentages sont des « pourcentages d'intelligence ». Pour que ce soit vrai, il faudrait que les âges mentaux qui sont à la base du calcul représentent une mesure absolue de l'intelligence : que l'âge mental de 10 ans représente une intelligence égale à deux fois celle que représente un âge mental de 5 ans, qu'une intelligence représentée par un âge mental de 13 ans soit égale à la somme de celles que représentent les âges mentaux de 6 et 7 ans, etc. Il est parfaitement évident qu'aucun test ne livre une mesure de ce type; ils nous mettent en fait — pour reprendre une comparaison classique — dans une situation voisine de celle du thermomètre centigrade, où 20 degrés n'est pas deux fois plus grand que 10 degrés (1).

(1) Dans l'un et l'autre cas, l'échelle n'est pas définie à partir d'un zéro absolu, correspondant à l'absence totale de la quantité mesurée. Mais la comparaison n'est qu'approximative : le thermomètre centigrade réalise, en effet, une condition non réalisée dans notre échelle de déve-

Ainsi, rien n'empêche d'exprimer le QI par un pourcentage, puisqu'il résulte d'une division. Mais ce n'est pas un pourcentage d'intelligence. C'est un pourcentage de *chemin parcouru*, les chemins qu'on compare étant évalués, pour le calcul, en *unités de temps*. Ceci est bien plus qu'une image ou une analogie : c'est un *modèle*, au sens exact du mot. Nous le montrerons en usant d'une comparaison qui permettra de souligner, de plus, qu'il ne peut constituer, au sens strict, une mesure du développement intellectuel, mais ne peut qu'en jalonner le parcours.

Imaginons donc une route de campagne (fig. 3), sur laquelle nous n'aurions aucun moyen de placer des bornes kilométriques, car nous ne disposerions d'aucune unité de mesure des longueurs, ni des moyens de reporter celle-ci sur le terrain. Pour en repérer cependant le parcours, nous y localisons un certain nombre de points de repère, dont nous connaissons deux choses essentielles : la nature et la succession. Lorsqu'on parcourt cette route (qui se trouve être une route à sens unique), on rencontre la chapelle, puis le gros orme, puis la maison en ruines, puis le carrefour, puis le calvaire, etc. Rien ne nous garantit l'équidistance de ces points de repère, puisque nous ne possédons aucune unité de mesure des longueurs.

Transposons : cette route, c'est celle du développement mental, qui ne se parcourt que dans un sens, et que tout enfant parcourt. Nous pouvons grâce aux travaux de la psychologie génétique, y localiser un grand nombre de jalons : l'enfant sourit, puis marche, puis est capable de faire de petites phrases, puis de copier un carré, puis de lire, etc. Nous connaissons l'ordre dans lequel on rencontre ces comportements ; rien ne nous garantit leur équidistance, puisque nous ne possédons aucune mesure absolue de l'intelligence (1).

loppement, l'équidistance des échelons. Rien ne nous permet d'affirmer, en effet, que le gain intellectuel réalisé en moyenne entre 6 et 7 ans est égal à celui qui est réalisé en moyenne entre 5 et 6 ans, en dépit de l'égalité des deux périodes.

(1) L'idée même en est, à l'heure actuelle tout au moins, difficilement concevable, malgré des tentatives comme celles de Thorndike (R. Zazzo, 1946 *b*). Malgré l'apparence, les mois et années de développement ne sont en aucune façon cette unité absolue, puisqu'ils évaluent non le chemin parcouru mais le temps mis à le parcourir.

Revenons à notre petite route de campagne, et imaginons un groupe d'enfants qui partent, à o heure, de son origine. Quatre minutes après, ils parviennent à la chapelle ; à 6 minutes du départ, ils sont au gros orme ; à 9 minutes, à la maison en ruines ; à 11 minutes, au carrefour ; à 12 minutes, au calvaire, etc. Ce chronométrage est utile : il permet de doubler la simple succession topologique des repères d'une évaluation des temps de parcours nécessaires pour aller de l'un à l'autre. Cette évaluation ne suffit pas, bien entendu, à établir les longueurs relatives des intervalles : le groupe d'enfants peut flâner, s'attarder à cueillir des fleurs, rencontrer un obstacle, etc. Nous ne pourrions évaluer la longueur relative des intervalles par le biais du temps mis à les parcourir, que si la *vitesse* du groupe était connue, ce qui n'est pas le cas.

Transposons encore. L'origine du chemin et l'origine du temps sont, dans la logique du calcul du QI, identiques pour tous les enfants : elles sont fixées par la naissance (1). Le groupe dont on suit le déplacement, c'est le groupe d'étalonnage du test. L'observation de ce groupe permet d'établir que l'enfant sourit à 3 mois, marche à 1 an, est capable de faire de petites phrases à 2 ans, copie un carré à 4 ans, lit à 6 ans et demi, etc. On double ainsi la succession des jalons d'un repérage temporel. Mais ce repérage ne suffit pas à établir leurs distances relatives ; il n'y suffirait que si la vitesse de développement était constante. Or, bien au contraire, toute la psychologie génétique invite à penser que le rythme de la croissance n'est pas constant, et que se succèdent des périodes d'accélération et des périodes de ralentissement. Cette idée, familière chez Wallon et chez Piaget, était déjà exprimée par Binet : « Il faut savoir que le développement intellectuel ne suit pas une direction régulièrement ascendante ; la courbe a des paliers, et c'est normal. De temps en temps, un enfant cesse de se développer, il se repose en quelque sorte... » (1911, p. 106).

Revenons à nos promeneurs. Nous avons raisonné jusqu'ici comme si les enfants restaient constamment groupés. En réalité, il n'en est pas ainsi. Comme dans tout groupe, on voit s'y différencier, au fil du chemin, des traînards et des bons marcheurs qui

(1) La naissance ne constitue en fait qu'un repère commode ; il faudrait évidemment, en toute rigueur, tenir compte du développement prénatal. Le problème est particulièrement mis en évidence dans le cas des prématurés.

prennent la tête. Les uns et les autres peuvent donc se caractériser par leur position par rapport au peloton central. On pourrait se contenter de cette définition relative et dire que les traînards, par exemple, sont en retard sur les enfants moyens. Mais, puisque nous disposons de jalons sur la route, nous pouvons les distinguer entre eux, et établir un ordre dans les degrés de retard. Considérons, par exemple, la situation 12 minutes après le départ. Le peloton central est arrivé au calvaire. Henri est en retard parce qu'il n'est arrivé qu'à la maison en ruines ; mais Paul est encore plus en retard, parce qu'il n'en est qu'au gros orme. On peut faire un pas de plus, en évaluant ces retards en temps relatifs. Soit le cas de Henri, qui, à cet instant, 0 heure plus 12 minutes, est à la maison en ruines. Le peloton central y était passé à 0 heure plus 9 minutes, c'est-à-dire 3 minutes avant. Le retard de Henri est donc de 3 minutes. Sur l'ensemble du trajet, la vitesse moyenne de Henri s'établit aux 9/12 (= 0,75) de la vitesse moyenne du groupe auquel on le compare. Remarquons bien qu'il s'agit dans les deux cas de vitesse moyenne, de l'individu ou du groupe, sur l'ensemble du trajet effectué, compte non tenu de variations éventuelles de vitesse en cours de route. On ne tient compte en effet dans le calcul que du temps total mis pour parvenir au point de repère considéré ; il est bien clair qu'on peut parvenir au même point en 10 minutes avec des tableaux de marche très différents.

Ce que nous venons de décrire là, c'est, très exactement, la procédure d'établissement de l'âge mental et du quotient intellectuel. En douze ans de vie, la moyenne des enfants parvient au jalon « 49 réussites » à l'échelle NEMI ; si un enfant donné ne parvient dans le même temps qu'au jalon « 36 réussites », franchi par la moyenne des enfants à 9 ans, il manifeste par là un retard de trois ans. Dire que son âge mental est 9 ans, ce n'est exprimer rien d'autre que ceci : il a fait le chemin qu'on parcourt en moyenne en neuf ans. Ceci ne préjuge rien quant à la longueur de ce chemin, ni quant aux variations éventuelles de vitesse le long du trajet, aussi bien chez l'enfant considéré que pour la moyenne du groupe. Etablir le QI de cet enfant à 0,75, en divisant 9 par 12, c'est diviser le temps qu'on met en moyenne pour parvenir au jalon « 36 réussites », par le temps que cet enfant a dû consacrer au même trajet. Ainsi c'est bien comme nous l'avions annoncé, une comparaison des *chemins parcourus* qu'on effectue, en évaluant ces chemins d'après les *temps de parcours*.

3. La signification des quotients de développement

Ce que nous venons de dire se situe à un premier niveau : celui de la simple logique du calcul du quotient intellectuel. A un second niveau, celui de sa signification psychologique, on a beaucoup discuté et écrit depuis 1912, et beaucoup d'idées justes se sont mêlées assez inextricablement à beaucoup de mythes.

Une première observation s'impose. Nous avons remarqué plus haut que la notion d'âge mental n'est qu'un cas particulier, valable pour les tests d'intelligence globale, d'une notion plus générale, celle d'âge de développement. Il va de soi que, de même, la notion de quotient intellectuel, qui en découle, n'est qu'un cas particulier d'une notion plus générale, celle de quotient de développement. On peut établir un âge de développement à partir de toute variable numérique systématiquement liée à l'âge ; on peut dès lors la traduire en quotient, sans qu'il s'agisse nécessairement d'intelligence. Il faut donc bien se garder d'assimiler, par une généralisation hâtive et abusive, tout quotient de développement à un quotient intellectuel, cette dernière notion ne pouvant s'appliquer qu'à une estimation globale de l'intelligence. Ainsi, si l'on note le dessin du bonhomme suivant la procédure proposée par Goodenough, on trouve un total en points qui augmente nettement en fonction de l'âge. On peut dès lors traduire une note individuelle en âge, puis en quotient de développement : à ceci il n'est rien à objecter. Mais il est très aventuré de prétendre qu'on établit par là un quotient intellectuel : car c'est supposer que le dessin du bonhomme, ainsi coté, constitue un bon indice du développement de l'intelligence, ce qui est extrêmement contestable.

Ceci posé, envisageons le classique problème de la *constance du QI*. Dans quelle mesure peut-on supposer, en constatant chez un enfant un QI déterminé, qu'on aurait obtenu lors d'examens antérieurs, et qu'on obtiendra lors d'examens futurs, le même QI ?

Il importe, pour éviter toute confusion, de bien distinguer le cas ainsi énoncé, qui concerne *un* enfant particulier, du cas de l'enfant « statistiquement moyen », cette abstraction mathématique qui n'existe que dans l'étalonnage... Pour ce dernier, en effet, l'âge mental est, par définition, toujours égal à l'âge réel et le QI reste constant à 100. Cette évidence a été vigoureusement soulignée par Zazzo : « Le QI normal est constant non par expérience mais par définition, ou, ce qui revient au même, par construction. Le constructeur d'une échelle d'âges mentaux dispose les tests de telle façon que l'âge mental médian des enfants non sélectionnés de chaque groupe d'âge coïncide avec l'âge chronologique médian » (1946, p. 38-39).

Considérons donc le cas d'un enfant particulier ; dans ce cas, le QI n'est pas constant par définition. Peut-être est-il, peut-être n'est-il pas constant, en fait : ici, seule l'expérience peut répondre. Supposons que nous lui trouvions, à 10 ans, un âge mental de 7 ans, soit un QI de 70. Sa position actuelle, dans la figure 4, où l'on porte en abscisses les âges réels et en ordonnées les âges mentaux, est figurée par une croix. Dans cette figure, l'enfant statistiquement moyen se déplace sur la diagonale (trajectoire A du graphique). Mais comment se déplace l'enfant dont nous examinons le cas, au fur et à mesure qu'il vieillit ? Affirmer que son QI est constant, c'est affirmer qu'il se déplace sur une droite qui est le lieu géométrique des QI 70 (pour tout point de cette droite, la division de l'ordonnée par l'abscisse, de l'âge mental par l'âge réel, donne 70) : c'est la trajectoire B du graphique. Par là, dire que le QI restera constant à l'avenir, c'est dire que l'enfant continuera à se déplacer sur cette droite. C'est faire une extrapolation. Mais la droite B n'est pas la seule trajectoire possible ; il existe en principe une infinité de trajectoires différentes par lesquelles on peut aller de

FIG. 4

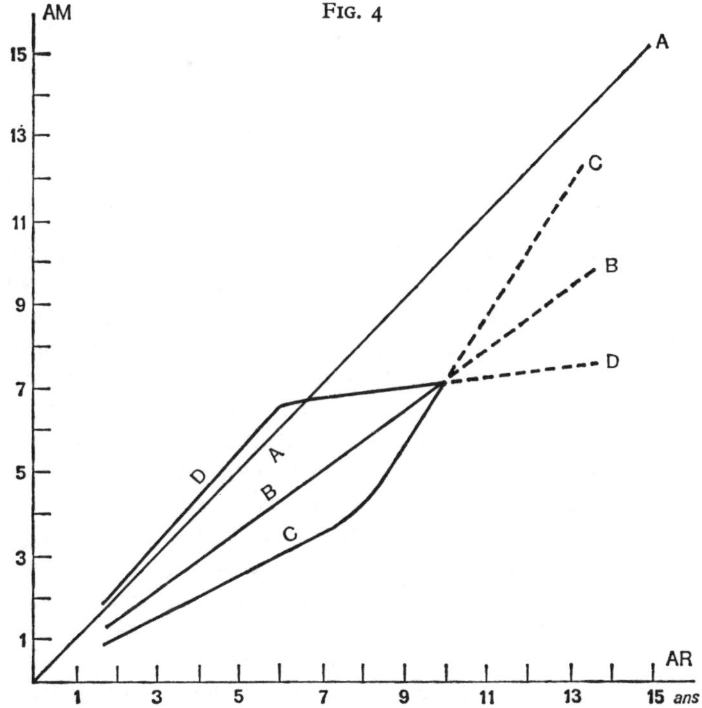

l'origine à la position actuelle du sujet. Il se peut, par exemple, que l'enfant ait souffert d'un quelconque handicap initial pesant sur son premier développement, par là fortement retardé ; jusque vers 7 ans, il a pu, par exemple, se déplacer sur la droite correspondant au QI 50. A 7 ans, une intervention efficace ayant levé le handicap qui pesait sur son développement, cet enfant rattrape rapidement son retard. Nous le trouvons actuellement dans la position figurée par la croix (à 10 ans, âge mental de 7 ans). Quel pronostic peut-on formuler ? Sur ces bases, il ne serait pas illégitime d'extrapoler la dernière partie de la courbe, c'est-à-dire de prévoir qu'il continuera à rattraper son retard (trajectoire C). Mais il ne s'agirait évidemment que d'une hypothèse, dont la probabilité se fonde sur l'étude clinique de l'ensemble du cas.

Considérons le cas inverse, d'un enfant qui suivrait la trajectoire D : il s'est développé à un bon rythme jusqu'à 6 ans, ce qui aurait permis à cet âge de lui trouver un QI égal à 110 ; mais, à 6 ans, une encéphalite grave a stoppé presque complètement son développement. En retestant cet enfant d'année en année, entre 6 et 10 ans, on ne constate qu'un gain minime. Il ne serait pas illégitime, ici encore, pour porter un pronostic, d'extrapoler la dernière partie de la trajectoire.

Ainsi, il est clair que le test ne donne que la position actuelle de l'enfant dans le graphique. Si l'on ne sait rien de son histoire antérieure, la trajectoire la plus probable est la droite, le pari optimum est celui de la constance du QI. Mais, si l'on veut dépasser ce pari probabiliste, on peut, en reconstituant l'histoire individuelle de l'enfant, préciser ce qu'a été réellement sa trajectoire antérieure et, en fonction des facteurs qui ont pu peser sur celle-ci, tenter de prédire son évolution ultérieure.

Tout ceci, évidemment, s'entend aussi bien d'un enfant qui présente actuellement à l'examen un QI égal à 100, c'est-à-dire qui se situe sur la diagonale du graphique : son cas n'est en rien différent du précédent. Il ne faut pas confondre cet enfant, qui donne actuellement un résultat moyen, avec l'enfant statistiquement moyen, pure abstraction arithmétique, qui se déplace par définition sur la diagonale. L'enfant réel de QI 100 reste soumis en principe à tous les aléas éventuels d'histoire personnelle, donc de trajectoire, suggérés précédemment. Ainsi, en droit, le QI 100 de Pierre n'a pas plus de chances d'être constant que le QI 127 de Paul.

Il faut distinguer enfin le cas, non plus d'un enfant considéré isolément, mais d'un *groupe* d'enfants. S'il s'agit du groupe d'étalonnage, son QI moyen est fixé à 100, à tous les âges, par définition ; et d'éventuelles variations ne reflètent que les imperfections de construction du test. S'il s'agit d'un groupe tout venant étendu mais très comparable au groupe d'étalonnage, on a de très fortes chances de voir également son QI moyen rester en permanence voisin de 100, bien que ce ne soit plus cette fois-ci par définition (1). S'il s'agit d'un groupe plus particulier, le QI moyen peut évoluer en fonction des conditions de croissance qui prévalent dans ce groupe. Quelques travaux ont montré qu'il en va bien ainsi (voir, par exemple, O. Brunet, 1956). Mais cette direction de recherche est restée relativement peu exploitée jusqu'ici, peut-être parce que le mythe de la constance du QI, sur lequel nous reviendrons à la fin de ce chapitre, en a détourné les chercheurs. Les cas qui ont le plus retenu l'attention sont ceux des sur-doués et surtout des déficients mentaux. Mais de tels travaux restent relativement rares, car ils supposent des études longitudinales pratiquement difficiles à réaliser.

Concluons sur le problème de la constance du QI. Il n'y a pas un problème mais plusieurs problèmes, qui ont été souvent mêlés les uns aux autres. Si l'on écarte le pseudo-problème de la constance du QI moyen, restent deux façons d'envisager la question. Comment évoluera le QI d'un sujet donné qu'on vient d'examiner ? Comment évoluera le QI moyen d'un groupe défini ? Dans ce livre, centré sur l'examen individuel, la première question est essentielle. Nous en reprendrons plus loin la discussion sur le plan clinique.

Par ailleurs, sur ce thème de constance du QI, s'est développée toute une série de controverses relevant de problèmes très différents. Ces controverses sont nées des argumentations qui soulignent la non-correspondance entre

(1) Ceci n'exclut évidemment pas que les individus composant ce groupe connaissent des fluctuations de trajectoire : il suffit pour que la moyenne reste voisine de 100 que ces fluctuations s'annulent lors du calcul de cette moyenne.

quotient de développement et position de l'enfant au sein de son groupe d'âge : le tenant le plus connu de cette position est sans doute Wechsler. Le thème a pris une telle ampleur, et a eu de telles conséquences méthodologiques, que nous en traiterons dans un paragraphe distinct.

4. Les indices de dispersion

Pour toute épreuve de développement, c'est-à-dire livrant un indice numérique qui constitue une variable systématiquement liée à l'âge, on peut toujours placer un résultat individuel dans *deux* systèmes de référence : celui de l'âge et celui de la dispersion.

L'exemple suivant rappelle ces démarches élémentaires. Soit une épreuve simple, destinée à évaluer la vitesse d'écriture : on fait écrire le sujet pendant une minute et l'on compte le nombre de lettres écrites. Sur 356 enfants de 6 à 11 ans, on a obtenu le tableau d'étalonnage suivant (tableau 2), en déterminant pour chaque groupe d'âge, les valeurs des centiles 25, 50 et 75 (1).

TABLEAU 2

	Centile 25 *Q 1*	*Centile 50* *Q 2* *médian*	*Centile 75* *Q 3*
6 ans	10	14	15
7 —	13	27	33
8 —	30	40	52
9 —	46	54	60
10 —	49	60	77
11 —	71	80	90

(Tiré de R. Perron et F. Coumes, in *L'écriture de l'enfant*, Ajuriaguerra *et al.*, Delachaux & Niestlé, 1979, vol. 1, p. 113.)

(1) Rappelons le principe du centilage. Les centiles sont définis comme suit : si le groupe comporte 100 sujets et si l'on ordonne ces 100 sujets par valeurs croissantes (du plus lent au plus rapide dans cet exemple), les centiles sont les valeurs données par le premier, le deuxième, le troisième... le 25e... le 50e (qui fournit le résultat *médian*)... le 75e... le 100e sujet.

Soit un enfant de 9 ans qui, soumis à cette épreuve, écrit 60 lettres à la minute. Nous pouvons, pour dégager la signification de ce résultat, utiliser le tableau de deux façons différentes :

— en cherchant à quel âge on trouve, à la médiane, un tel résultat. On voit que c'est à 10 ans. Ceci exprime le résultat de l'épreuve en âge de développement ; l'âge de développement de cet enfant est, quant à la vitesse d'écriture, 10 ans, son quotient de développement est 10/9 = 111 ;
— en le situant dans le groupe des enfants de 9 ans : on voit que 60 correspond à la valeur du centile 75 : c'est donc un enfant qui écrit vite, son degré de supériorité quant à la vitesse d'écriture étant évalué par sa position dans son groupe d'âge réel.

Il pourrait sembler que les deux procédés sont équivalents, puisque l'un et l'autre nous conduisent à conclure que cet enfant écrit vite. Cependant, si l'on se propose d'apprécier plus finement le degré de sa supériorité graphique, on est amené, en comparant les deux systèmes de traduction, à constater qu'ils peuvent conduire à des conclusions assez différentes.

Supposons qu'un enfant, tout au long de sa scolarité primaire, reste un scripteur médiocre. En procédant à l'épreuve chaque année, on constate qu'il se place toujours au centile 25 parmi les enfants de son âge. On relève en effet les vitesses d'écriture suivantes, de 6 à 11 ans : 10, 13, 30, 46, 49, 71 lettres à la minute. Relativement aux enfants de son âge, sa médiocrité graphique reste donc identique à elle-même, puisqu'il est toujours dépassé, quant à la vitesse d'écriture, par 75 % des enfants de son âge. En utilisant le graphique de la figure 5, construit sur les valeurs du tableau 2, on peut traduire ses performances en âges de développement, puis en quotients de développement. On obtient :

— à 7 ans : 5 ans 11 mois, QD = 85 ;
— à 8 ans : 7 ans 3 mois, QD = 91 ;
— à 9 ans : 8 ans 5 mois, QD = 94 ;
— à 10 ans : 8 ans 8 mois, QD = 87 ;
— à 11 ans : 10 ans 7 mois, QD = 96.

A une même position dans le groupe correspondent donc des QD assez différents aux différents âges. Il en va de même pour un enfant bon scripteur qui se situerait toujours au centile 75 dans la distri-

FIG. 5

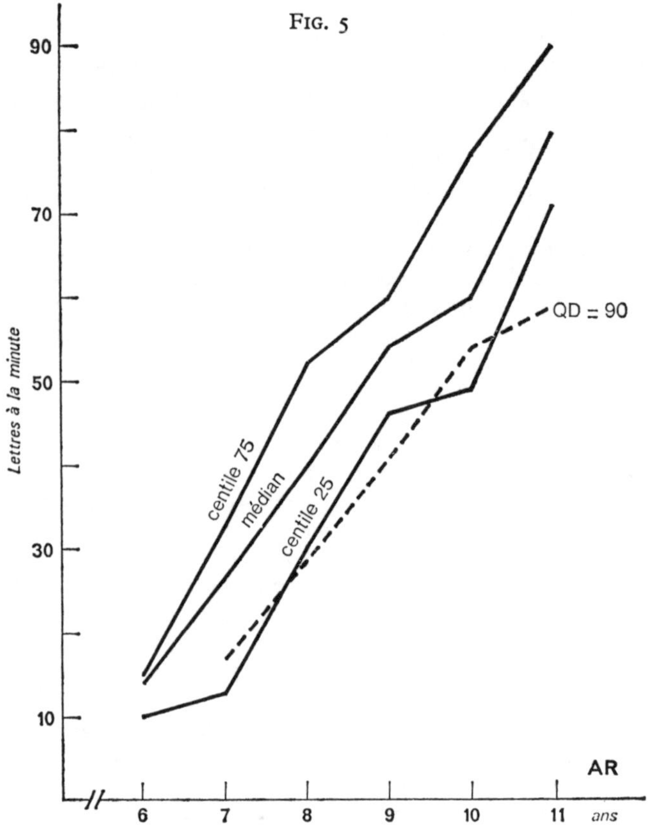

bution des enfants de son âge réel. Le QD serait alors : à 6 ans : 101 ; à 7 ans : 106 ; à 8 ans : 111 ; à 9 ans : 111 ; à 10 ans : 109.

Ainsi, à une même position dans le groupe d'âge correspondent des QD variables d'âge en âge. Inversement, à un même QD correspondent des positions différentes dans les différents groupes d'âge. La figure 5 donne en pointillé la trajectoire d'un enfant qui conserverait constamment, de 6 à 11 ans, un QD de 90. Une procédure simple montre que sa position dans son groupe d'âge varie sensiblement ; soit, en écarts semi-interquartiles à partir du médian : à 7 ans : — 1 ; à 8 ans : — 1 ; à 9 ans : — 1,9 ; à 10 ans : — 0,4 ; à 11 ans : — 2,2.

Cette non-correspondance entre position dans le groupe d'âge et quotient le développement ne reflète rien d'autre que les variations de pente et de dispersion observables sur la figure 5. Supposons en effet que les valeurs de Q 1, Q 2, Q 3 (1) pour les différents âges se placent sur des droites issues de l'origine, soit la figure 6. Pour établir le quotient de développement correspondant à un point A quelconque de la droite Q 3, on calcule le rapport a'/a. Or, ce rapport garde la même valeur quel que soit le point choisi sur la droite de Q 3, car $a'/a = b'/b = c'/c$, etc. (2). Si les droites s'infléchissent, le rapport change (sauf dans le cas très particulier où les inflexions se correspondent de façon à maintenir ce rapport).

Ainsi, à moins que les courbes de développement ne répondent à des critères très précis quant à la forme — critères qui n'ont que peu de chances d'être satisfaits — il y a nécessairement non-correspondance entre la position dans le groupe d'âge et le quotient de développement ; c'est-à-dire que, pour une même position dans le groupe d'âge on obtient des QD différents aux différents âges, et réciproquement : ceci, pour des raisons qui ne tiennent en rien à la psychologie, mais à des nécessités mathématiques élémentaires.

On peut généraliser ce qui vient d'être dit à propos d'une épreuve particulière : on retrouve, en effet, la non-correspondance quelle que soit la variable numérique liée au développement qu'on étudie. Bacher et Reuchlin (1956) l'ont montré à propos du poids ; on peut le montrer à propos de la taille. D'après les données publiées en 1952 par Aubenque et Thionet (3), voici, pour une fille dont le « quotient statural » resterait de 7 à 15 ans toujours égal à 75, ce qu'on trouve quant à la position dans les groupes d'âges successifs, exprimée en termes de pourcentages de filles ayant une taille plus petite que celle de l'enfant

(1) Autre façon de désigner, en quartiles, les centiles 25, 50 et 75.

(2) Les triangles ayant pour base a' et a sont semblables ; les couples de triangles ainsi construits sont tous homothétiques.

(3) In *Journal de la Société statistique de Paris*, 1952, *93*, n°s 10-11-12, 245-85.

considéré : à 7 ans : 1,7 % ; à 8 ans : 3,1 % ; à 9 ans : 3,2 % ; à 10 ans : 2,8 % ; à 11 ans : 2,1 % ; à 12 ans : 2 % ; à 13 ans : 1,1 % ; à 14 ans : 0,5 % ; à 15 ans : 1,7 %.

Il en va de même, bien entendu, pour les échelles de

FIG. 6

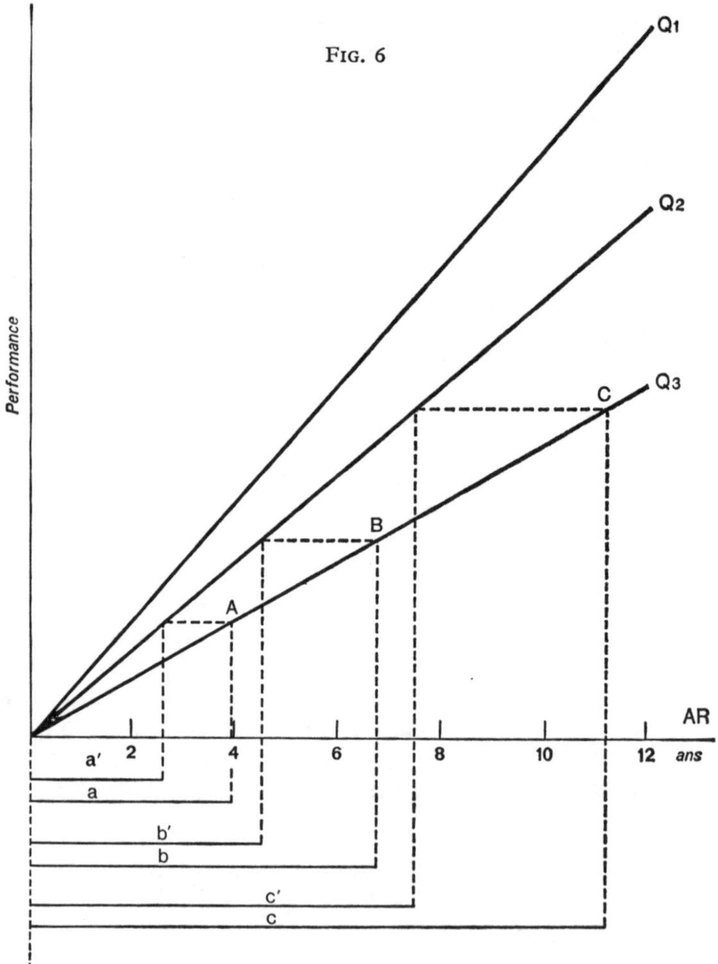

développement mental. Ainsi, sur l'étalonnage de l'échelle NEMI (Zazzo, Gilly, Verba-Rad, 1966, p. 104), si l'on calcule les QI de deux enfants qui resteraient, de 8 à 14 ans, l'un au niveau du premier quartile, l'autre au niveau du troisième quartile dans la distribution des enfants de même âge réel, on obtient les valeurs portées au tableau 3.

TABLEAU 3

	Q 1	*Q 3*
8 ans	89	110
9 —	94	105
10 —	93	116
12 —	84	111
14 —	91	—

Qu'il n'y ait pas correspondance exacte entre les deux modes d'expression numérique des résultats d'une échelle de développement est donc bien établi. Nous ne nous serions pas attachés à le démontrer aussi longuement si des auteurs antérieurs, et non des moindres, n'avaient quelque peu contaminé la démonstration par des arguments d'ordre psychologique beaucoup plus contestables, pour en tirer des conclusions méthodologiques qui pèsent aujourd'hui sur l'utilisation des tests d'intelligence. Le principal de ces auteurs est sans doute Wechsler, qui a consacré à cette question tout un chapitre de *La mesure de l'intelligence de l'adulte* (1944), chapitre intitulé : « Les concepts d'âge mental et de quotient intellectuel » (chap. III). Dans ce texte, Wechsler reconduit et aggrave les confusions que nous dénonçons ici. La plus fâcheuse concerne la notion même de constance du QI, employée dans deux sens très différents qu'il ne distingue pas clairement : au sens classique (un QI est constant s'il garde toujours la même valeur chez un même enfant à différents âges) et dans un sens nouveau (le QI est constant si le calcul donne la même valeur pour des points homologues des distributions des âges successifs). Le sens classique, en effet, se réfère à un problème de prédictivité individuelle qui doit être étudié empiriquement sur des enfants réels ; le sens nouveau relègue ce problème de prédictivité à l'arrière-plan, en soulignant par la voie d'un raisonnement général, la non-correspondance entre QI et position dans le groupe d'âge réel. Cette non-correspondance n'implique pas nécessairement la non-constance du QI, au sens classique du terme, à moins de postuler que l'enfant réel tend à garder la même position dans son groupe d'âge. Ceci est rien moins que démontré ; c'est pourtant ce que Wechsler admet, pour des raisons que nous essayerons de comprendre plus loin.

Si les arguments utilisés par Wechsler sont contestables, sa conclusion n'est est pas moins nette : le QI (AM/AR) est un indice trop instable, trop peu digne de foi, pour être valablement utilisé. Il faut lui préférer une expression des résultats qui indique la position de l'enfant examiné dans le groupe des sujets de même âge : Wechsler choisit la procédure classique de la transformation en écarts-réduits. Une retouche arithmétique simple permet de donner conventionnellement à la distribution de ces notes en écart-réduits une moyenne de 100 et un écart-type de 15 ; ceci pour ne pas heurter les attitudes créées par l'usage de tests comme le Terman, où la distribution des QI répondait à peu près à ces caractéristiques. Quel que soit l'âge du sujet, un QI de 115 signifie dès lors qu'il se situe à un écart-type au-dessus de la moyenne, et que 16 % des sujets de même âge réussissent mieux que lui ; un QI de 70 signifie qu'il se situe à deux écarts-types au-dessous de la moyenne et que 2 % des sujets de même âge réussissent moins bien, etc. Ceci constitue une mise en forme statistique tout à fait correcte de l'option choisie. Mais Wechsler, ayant ainsi donné à son *indice* d'intelligence les caractéristiques numériques de la distribution du QI, lui en donne également le nom. On le lui a beaucoup reproché, avec raison, puisque cette abusive synonymie masque ce qui aurait dû rester évident : ce faux QI est calculé au WISC, de tout autre façon que le QI (AM/AR) établi pour le même enfant avec le Binet-Simon ou le Terman.

Wechsler n'est pas le seul à abandonner le QI classique au profit de l'expression des résultats en indices de dispersion. Mais, chez tous les auteurs qui adoptent cette position, on retrouve la même démarche :

— ils commencent par établir la non-correspondance entre position dans le groupe d'âge et QI, par une proposition du type : « *si* un enfant restait constamment classé de la même façon par rapport aux enfants de son âge, son QI varierait... » ;
— puis, négligeant le *si* qui amorce cette proposition, ils concluent : « ... *donc*, le QI varie, il est inconstant ».

Cependant, la proposition est parfaitement réversible. On pourrait en effet dire :

— *si* un enfant gardait constamment le même QI au cours de son développement, sa position dans son groupe d'âge varierait ;
— *donc* la position dans le groupe d'âge est inconstante, et le QI doit lui être préféré.

Il est bien clair que, dans ce cas comme dans le précédent, on ne trouve dans la conclusion que les prémisses. Pourquoi, cependant, le premier raisonnement a-t-il été adopté par tant de psychologues à qui le second pourrait paraître un paradoxe ? Les seules raisons qu'on puisse invoquer se situent sans doute au niveau des positions théoriques — le plus souvent implicites — adoptées quant à la mesure de l'intelligence. La position dans le groupe d'âge paraît exprimer plus valablement, plus directement, la *puissance intellectuelle* que ne peut le faire l'avance ou le retard du développement. Mais ceci n'est rien d'autre qu'une hypothèse, qu'il faudrait démontrer, ce que nul n'est en état de faire actuellement. Pourquoi ce choix ? on peut en suggérer divers déterminants :

— la référence à la position dans le groupe est plus conforme au mode de pensée statistique usuel ; par là, elle est plus facile à utiliser, notamment en permettant le rapprochement avec d'autres types de données, indépendantes de l'âge ou peu liées à celui-ci ;
— la référence à l'âge, introduisant une perspective génétique, oblige à s'interroger sur le développement lui-même, sur ses modalités et sur ses déterminants ;
— mais, au-delà de ces raisons, on rejoint sans doute une sorte de postulat fondamental : la position dans le groupe d'âge est supposée refléter « l'intelligence-aptitude » plus directement que le QI, qui n'en serait qu'une traduction indirecte et provisoire (chap. Ier).

Tout se passe comme si, depuis soixante ans, les psychologues n'avaient cessé de poursuivre le mythe d'une « mesure » de l'intelligence qui — à défaut d'être absolue — serait aussi stable que possible, échappant aux influences « contingentes » du milieu et de l'éducation, une mesure de l'intelligence en tant qu'aptitude innée, que chacun posséderait d'emblée dans son équipement. On admet évidemment que l'utilisation et les manifestations de cette aptitude constante peuvent varier au cours de la vie, notamment pendant la période de croissance. Mais, au-delà des constats effectués à un moment donné et relativement aléatoires, on recherche le paramètre individuel. L'âge mental était évidemment, à cet égard, particulièrement décevant, puisque variable par définition. D'où l'accueil chaleureux réservé d'emblée au QI, et toutes les illusions développées ultérieurement à propos de sa constance. Mais, au regard des espoirs placés en lui, le QI lui-même est apparu, à la lumière de l'expérience et de la réflexion, insuffisamment constant. Les espoirs déçus se reportent dès lors sur la notation en dispersion, supposée plus invariable et par là capable d'atteindre plus directement l'intelligence elle-même invariable.

En fin de compte, lequel des deux modes d'expression numérique possibles pour formuler les résultats d'un enfant examiné au moyen d'une échelle de développement faut-il préférer ? Aucune bonne réponse sans doute ne peut être donnée dans l'absolu. Chacun de ces modes d'expression est légitime : tout dépend des buts que se propose l'évaluation. Chaque fois que les buts de l'examen psychologique rendent utile de connaître la position du sujet par rapport à ses pairs, l'indice de dispersion est évidemment préférable. C'est presque toujours le cas chez l'adulte, ou chez l'adolescent, lorsque l'examen est centré sur des problèmes de sélection ou d'orientation professionnelle. C'est assez souvent le cas chez l'enfant, lorsqu'il est utile de comparer ses réussites à celles des enfants de son âge. Supposons, par exemple, que nous examinions un enfant de 10 ans et demi (âge normal du cours moyen 2e année) et que nous lui trouvions au WISC un « QI » de 85 : ceci signifie que, dans la distribution des enfants de 10 ans et demi, il se situe au percentile 16. Ceci nous permet de dire — si l'indication donnée par le test sur l'efficience intellectuelle du sujet est valide — qu'il a peu de chances de suivre avec fruit l'enseignement du CM 2. Si son « QI » WISC est de 115, nous pouvons de même prédire une bonne adaptation à l'enseignement secondaire, où il se trouvera, face aux enfants de même âge, dans des conditions de compétition assez favorables. Mais, chez l'enfant, on a souvent besoin, au regard des buts pratiques de l'examen, d'une évaluation en âge de développement. Supposons, en effet, que cet enfant de 10 ans et demi donne au WISC un « QI » de 70 : ceci signifie qu'il se situe au percentile 2. Son incapacité à suivre le CM 2 est notoire ; mais quel est le niveau de l'enseignement qui lui conviendrait ? La notation en dispersion est incapable de répondre à cette question, puisque la hiérarchie des programmes d'enseignement est définie par celle des classes, elle-même définie par l'âge moyen des enfants qui les fréquentent. Par contre, la notation en âge mental répond directement à ce problème : si cet enfant de 10 ans et demi obtient au Binet-Simon un âge mental de 7 ans et demi, nous savons qu'il peut suivre un enseignement du niveau du Cours élémentaire 1re année (1).

Au-delà de ces considérations pratiques, il faut rappeler que l'âge mental et le QI permettent seuls d'étudier le *développement mental.* La notation en dispersion en ôte toute possibilité, puisqu'elle annule par définition la variation due à l'âge. C'est pourquoi âges mentaux et QI gardent toute leur faveur auprès des psychologues généticiens, préoccupés d'une approche aussi directe que possible des lois et des facteurs du développement.

(1) Ceci est évidemment une simplification assez grossière, car bien d'autres facteurs peuvent jouer pour déterminer les chances d'un enfant de suivre un enseignement d'un niveau donné.

CHAPITRE IV

Capacités, rendements et motivations

I. Capacités et potentialités

Les épreuves qui visent à évaluer les possibilités intellectuelles sont toujours des épreuves d'efficience. Il en est de même pour les techniques dites d' « analyse instrumentale » qui seront envisagées dans la seconde partie de cet ouvrage. Toutes se proposent d'évaluer un *degré de réussite* face à un type de tâches bien déterminées et choisies par le psychologue pour sonder les *possibilités* du sujet, envisagées globalement ou par secteurs. Mais que faut-il entendre par « possibilités » ? Le terme est à vrai dire assez vague et recouvre, dans son usage courant, deux notions que Piéron avait proposé de distinguer, les *capacités* et les *aptitudes*. Il faut entendre par capacité ce que le sujet réalise effectivement dans la situation d'examen où le place le psychologue ou, plus généralement, dans toute situation analogue où il est à même de démontrer ce qu'il peut faire : « Une capacité représente la possibilité de réussite dans l'exécution d'une tâche ou l'exercice d'une profession. Elle peut être l'objet d'une évaluation directe, sous réserve d'une volonté de mise en œuvre de la part de celui dont on veut apprécier la capacité ; elle est conditionnée par une aptitude, qu'elle révèle indirectement, mais dépend de conditions préalables parmi lesquelles jouent le degré de maturation — ou, en sens inverse, d'involution — la formation éducative ou l'apprentissage, et l'exercice » (H. Piéron, *Vocabulaire de la psychologie*). La notion d'aptitude renvoie donc à l'hypothèse d'un équipement sous-jacent à une ou plusieurs capacités : « Ce mot, souvent employé à tort comme synonyme de capacité, désigne le substrat constitutionnel d'une capacité, préexistante à celle-ci, qui dépendra du développement naturel de l'aptitude, de la formation éducative, éventuellement, et de l'exercice ; la capacité seule peut être l'objet d'évaluation directe, l'aptitude étant une virtualité » (H. Piéron, *ibid.*). La distinction, on le voit, est bien claire : quelque méthode qu'on mette en œuvre, *le psychologue n'observe jamais que des capacités, élaborées au cours de l'histoire personnelle de son sujet* ; en invoquant des aptitudes sous-jacentes, il fait appel à des facteurs purement hypothétiques, qui sont par définition hors du champ de l'observation directe. L'aptitude, l'équipement, auxquels on est ainsi renvoyé, se réfèrent à un donné primitif, essentiel à l'individu et qui constitue le substratum de toutes réalisation et acquisition ultérieures, mais qui n'est pas modifié par elles. Si ce donné primitif peut être conçu ainsi, c'est parce qu'on le situe au niveau de l'organisme. On a cru asseoir ainsi la psychologie différentielle sur une distinction, établie par les biologistes, entre le *génotype* et le *phénotype* (entre « ce qui engendre » et « ce qui apparaît ») : les capacités de l'individu, seules observables, seraient son phénotype, et ses aptitudes son génotype. On suppose par là que ce qui commande le développement des capacités de l'individu, c'est une *dotation* originelle et originale, inscrite dès sa conception dans sa biologie par la « loterie génétique ». Il ne peut s'agir là, répétons-le, que d'une hypothèse : comme toute hypothèse, celle-ci ne vaut que par son pouvoir explicatif, c'est-à-dire par la cohérence et la clarté de la structure qu'elle introduit dans les faits, et par l'étendue du champ qu'elle permet d'organiser. Pendant longtemps, l'hypothèse des aptitudes — fondées organiquement — a paru pouvoir jouer ce rôle, et elle a été très largement acceptée pendant la première moitié de ce siècle. Mais la distinction du génotype et du phénotype est aujourd'hui, aux yeux des généticiens eux-mêmes, beaucoup moins simple qu'il n'a pu paraître, et les simplifications du modèle pour rendre compte de la diversité psychologique des êtres humains sont franchement inacceptables (cf. à cet égard l'excellent ouvrage de Jacquard, 1978). La psychologie a été conduite elle-même à remettre en doute toute cette idéologie des « dons », à mesure que se poursuivait, avec des moyens techniques de plus en plus raffinés (notamment grâce à l'analyse factorielle), l'analyse des aptitudes, qui s'en trouvaient de plus en plus fragmentées et parfois comme pulvérisées. De plus, l'intérêt croissant porté — sous l'influence combinée de la psychologie sociale et de la psychanalyse — aux facteurs de milieu et aux facteurs relationnels, en tant que facteurs du développement de l'enfant, a montré que leur poids, quant à la détermination des capacités, était sans aucun doute bien plus grand qu'on ne l'avait supposé. Si l'on a pu, entre 1930 et 1950 environ, tenter de chiffrer en pourcentages les poids respectifs du *milieu* et de l'*hérédité* dans le développement de l'enfant, on a depuis reconnu qu'une causalité aussi complexe que celle qui est évidemment en jeu ne saurait se réduire à une combinaison de ces deux facteurs, posés comme indépendants.

On est donc ramené, en fin de compte, à cette évidence : la seule chose que le psychologue puisse constater, par les techniques d'examen dont il dispose, ce sont les *capacités*, au sens de Piéron. La notion d'aptitude, quelle que soit la faveur dont elle a joui dans le passé, apparaît aujourd'hui sans utilité pour le psychologue clinicien. On peut retenir cependant de cette discussion un point important : Piéron dit très justement, dans le texte cité plus haut, que la capacité « peut être l'objet d'une évaluation directe, sous réserve d'une volonté de mise en œuvre de la part de celui dont on veut apprécier la capacité... ». Par là, le problème qu'on avait pu croire tranché rebondit. Il est évident qu'on ne peut apprécier valablement la capacité d'un enfant, dans tel ou tel domaine, que si cet enfant accepte — ou s'il est en mesure, dans les conditions fixées par l'examen — de donner la preuve de cette capacité, c'est-à-dire de fournir un certain « travail » qui puisse en témoigner. On suppose généralement que le résultat d'un test n'est valide que pour autant que le sujet « fait de son mieux » ; et les créateurs de tests multiplient les précautions pour qu'il en soit bien ainsi (choix de tâches et de matériels attrayants, introduction de consignes stimulantes et rassurantes, etc.). Il n'en reste pas moins que ce but est plus ou moins atteint, dans un test donné, par différents enfants, voire par un même enfant à différents moments (il peut être plus ou moins coopérant ou opposant, par exemple, selon que l'examen vient agréablement interrompre une journée de classe, ou fâcheusement supprimer une sortie attendue, etc.). Le problème se pose constamment au psychologue clinicien de savoir dans quelle mesure les efficiences dont témoignent, en situation d'examen, les résultats aux tests qu'il applique, reflètent valablement ou non les capacités de l'enfant.

On est amené à distinguer trois plans différents :

— celui des constats opérés en situation d'examen psychologique ;
— celui des conduites normalement déployées par l'enfant en dehors de cette situation ;
— celui des réussites dont il serait capable dans des conditions optima.

Les décalages du premier au second plan posent le problème de la généralisation des constats, en d'autres termes, de leur validité actuelle ; ceux qui s'introduisent entre les deux premiers et le troisième plan posent les problèmes d'éventuelles « potentialités » qui, par exemple, pourraient être prises en compte dans un pronostic d'évolution. Prenons un exemple. Un garçon de 10 ans, examiné en consultation médico-psychologique, obtient au Binet-Simon un âge mental de 8 ans, soit un QI de 80. Premier problème : dans les circonstances normales de la vie quotidienne, notamment scolaires, qui demandent l'exercice de l'intelligence, l'enfant fonctionne-t-il « au même niveau » que dans cette situation d'examen ? On peut être amené à répondre négativement, par exemple si l'enfant a paru très inhibé par l'examen (celui-ci aurait alors sous-estimé son intelligence) ; on peut aussi répondre positivement, si l'on pense que l'enfant s'est spontanément ajusté, en situation d'examen, à son régime de fonctionnement usuel, celui-là même qu'il adopte dans les activités quotidiennes et à l'école. C'est là le premier problème, celui de la légitimité d'une généralisation — de la validité actuelle — des constats. Second problème, bien distinct : à quel résultat aurait atteint l'enfant s'il avait utilisé ses ressources au maximum ? C'est le problème du rendement qui se trouve alors posé, en tant que rapport entre cette hypothétique réussite maxima et la réussite réellement constatée. Par définition, le rendement représente une certaine fraction des possibilités maxima de l'enfant. Quels sont les facteurs du rendement, c'est-à-dire quels sont les facteurs amenant un enfant à fonctionner, en situation d'examen ou dans ses activités vitales quotidiennes, plus ou moins en deçà de ses possibilités maxima ? Autrement dit, supposons que le QI de 80 obtenu en situation d'examen soit bien le reflet exact de l'efficience intellectuelle usuelle de l'enfant. En certains cas, on a cependant de bonnes raisons de croire que cette efficience intellectuelle usuelle est elle-même affectée par des conditions défavorables (conditions de vie, facteurs culturels et relationnels, etc.). On peut être alors porté à penser que l'enfant est « en réalité plus intelligent » que ne l'indiquent ses résultats aux tests, et même l'ensemble de ses réalisations intellectuelles actuelles.

La pratique clinique conduit constamment à se poser ce

genre de questions, le plus souvent formulées de la façon suivante : quelles sont, au-delà des constats actuels, les *potentialités* de l'enfant ? La question est légitime, mais non dépourvue d'ambiguïté. Il faut en effet distinguer deux aspects :

— que ferait l'enfant, dans son état actuel d'évolution, si pouvaient être réunies toutes les conditions propres à révéler au mieux ses capacités actuelles ?
— que ferait l'enfant s'il avait été placé, tout au long de son développement antérieur, dans les meilleures conditions de développement possibles ?

C'est plutôt cette deuxième formulation qu'implique en général le psychologue lorsqu'il s'interroge sur les potentialités de l'enfant. Mais c'est alors l'hypothèse d'un génotype psychologique qui risque de se réintroduire, avec toute son obscurité mystificatrice ; une hypothèse qui renvoie à un fixisme pessimiste basé sur une mythologie, puisque y sont invoqués des faits inaccessibles aux techniques d'investigation dont dispose le psychologue clinicien.

Il reste utile, une fois rejetée cette mythologie, de s'interroger sur les facteurs du rendement en situation d'examen psychologique.

2. Effort et régulations énergétiques

Il peut être utile, pour analyser les modalités de l'effort fourni par le sujet, d'utiliser une épreuve du type « barrage de signes » (R. Zazzo, 1960 *a*). Un test de ce genre propose au sujet une tâche répétitive, monotone et assez longtemps poursuivie, ne présentant qu'un intérêt intrinsèque assez faible, et qui s'inscrit par tout cela en contradiction avec le souci de rendre les tâches attrayantes, qui a marqué la construction de la plupart des tests d'intelligence ; mais c'est par là qu'il peut constituer, d'une certaine manière, une bonne technique d'étude des conditions et facteurs du rendement. Il n'exige en effet qu'un travail mental en lui-même très simple ; la quantité de travail fourni dans un temps déterminé peut donc être tenue pour proportionnelle à l'effort investi par le sujet, indépendamment d'autres facteurs de difficulté. Si le terme d'effort paraît trop emprunté au langage populaire, on peut préférer parler de « mobilisation », de « tension », voire — en empruntant le terme à la psychophysiologie — d' « activation ».

On peut d'ailleurs nuancer l'analyse en distinguant la *vitesse* et la *qualité* du travail (nombre de signes examinés par unité de temps, nombre d'erreurs commises ce faisant) : l'équilibre vitesse-précision est caractéristique d'une sorte de choix implicite qui varie considérablement d'un sujet à l'autre, et peut varier dans le temps pour un même sujet.

Cet exemple met bien en évidence le type de problèmes qu'amène à poser l'étude de ce qu'on a pu appeler les « régulations énergétiques » (R. Perron, 1961). On est amené à s'interroger, en étudiant les résultats à une tâche de ce type, sur :

— la vitesse de mobilisation : amorçant un travail déterminé, avec quelle rapidité, quelles fluctuations et quels « ratés » éventuels le sujet apparaît-il capable de s'ajuster au niveau de tension optimum pour la bonne exécution de la tâche ?
— le « régime de croisière » : c'est-à-dire la quantité d'effort qu'il apparaît capable de fournir par unité de temps. Il est utile de distinguer ici deux aspects : le niveau de cet effort global (le « niveau de tension ») et le contrôle de son utilisation (par le biais des indices vitesse-précision notamment) ;
— les fluctuations en cours d'exécution de la tâche : certains sujets adoptent un régime de croisière tel que le rendement apparaît très stable dans le temps, en quantité et en qualité ; d'autres fournissent un effort si important qu'il est marqué par de brusques relâchements et des reprises. Mais ces à-coups peuvent aussi apparaître pour

des taux d'effort médiocres, marquant l'incapacité à fournir un effort soutenu même dans des conditions apparemment économiques (J. Nadel, 1969).

— l'éventuelle diminution progressive du rendement en fonction du temps, qu'elle se produise régulièrement ou par à-coups. On a coutume de parler de « fatigue » pour décrire une telle diminution.

Comment interpréter de tels constats ? Remarquons d'abord qu'on ne peut qu'observer des modalités d'adaptation, de mobilisation, de contrôle, etc., chez un sujet *actuel* et tel que son histoire personnelle l'a déterminé. Supposons que ce sujet apparaisse « fatigable », c'est-à-dire que son rendement décroisse progressivement au cours d'un travail prolongé. Il se peut que ceci relève de sa « constitution ». Mais pour le psychologue cette référence reste gratuite ; il peut par contre analyser les faits de façon utile s'il considère que cette « fatigabilité » traduit une certaine manière d'aborder et de vivre la tâche à exécuter, dans les conditions concrètes de son exécution. Rien n'est plus discutable que les notions de fatigue et de fatigabilité en matière d'activité psychologique, car l'observation la plus banale montre qu'un travail fastidieux provoque, très réellement, une sensation de fatigue bien plus précoce et accentuée qu'une activité passionnante... Tous les aspects de l'énergétique résumés ci-dessus soulèvent le même problème : ils traduisent plus directement et évidemment des aménagements adaptatifs intégrés au niveau de la personnalité que des aspects « constitutionnels ». Si un sujet apparaît en situation d'examen très ou très peu mobilisé, très bien ou très mal contrôlé, on est conduit à se demander comment il perçoit et aborde la situation d'examen et les tâches qu'on lui propose dans cette situation. On introduit alors dans le champ de l'interprétation ses motivations et ses modes de relations interpersonnelles. C'est situer l'étude au niveau de la personnalité.

3. Rendement et motivations

Pourquoi, en situation d'examen, un enfant fait-il ce qu'on lui demande de faire ? La question peut paraître naïve, mais à qui s'obstine à la poser il n'est pas si facile de répondre... Elle pose le problème des *motivations* qui poussent l'enfant à agir en réponse à une demande de l'adulte.

A un premier niveau s'offrent de multiples réponses. L'enfant peut faire ce qu'on lui demande de faire : parce que ça l'amuse ou l'intéresse ; pour briller aux yeux d'autrui, pour lui apparaître comme quelqu'un de doué, de capable ; pour faire la preuve à ses propres yeux de cette valeur personnelle, la difficulté même de la tâche pouvant apparaître comme un stimulant ; pour faire plaisir à l'examinateur, ou par soumission à l'autorité de l'adulte ; pour faire plaisir à ses parents, pour que ceux-ci soient contents de lui, etc. Aucune des motivations ainsi alléguées ne fournit réellement une explication, car toutes doivent elles-mêmes être expliquées : pourquoi, dans le cas général, un enfant aspire-t-il à briller aux yeux d'autrui, ou à ses propres yeux, pourquoi souhaite-t-il faire plaisir à l'examinateur, etc. ? Dans le cas de tel enfant particulier, comment s'établit ce jeu des motivations, et quels en sont les effets sur les conduites observées ? On peut certes, en première approximation, accepter l'idée que plus l'enfant est intéressé par le test, ou plus il souhaite faire la preuve aux yeux d'autrui de sa valeur personnelle, etc., plus il se mobilise face à la tâche qui lui est proposée, et meilleurs sont ses résultats. Un enfant peut certes donner des résultats médiocres — ou plus exactement, son rendement peut être faible — faute de ce type de motivations, voire par leur inversion (la tâche le rebute, il veut faire la preuve de son incompétence, l'examinateur lui déplaît et il cherche à le manifester, etc.). Ceci revient à poser les motivations en cause comme des sortes de variables quantitatives en liaison de proportionnalité simple avec le rendement. Mais ce n'est là qu'une toute première approche, et l'observation la plus banale montre que le tableau peut être singulièrement plus complexe. Le résultat peut être mauvais parce que l'enfant, trop motivé, mobilise une tension excessive, génératrice d'angoisse, de désorganisation émotionnelle et de réactions impulsives ou irréfléchies, etc. Il peut, en vertu des motivations mêmes énumérées ci-dessus, développer, pour aménager un échec possible, des conduites qui affectent le résultat (il préfère se taire lorsqu'il doute de la bonne réponse plutôt que de courir le risque d'une erreur, par exemple), etc. Enfin et surtout, ce qui préoccupe le clinicien, ce n'est pas tant de constater qu'un enfant apparaît, par exemple, extrêmement soucieux de lui plaire, c'est de comprendre la signification de cette conduite, c'est-à-dire de l'interpréter.

Il faut remarquer que toutes les motivations ainsi alléguées en tant que facteurs de rendement supposent l'action d'un *système de valeurs* qui pèse sur l'enfant ; ces valeurs lui sont, pour une très large part, proposées par toute la culture environnante, et plus particulièrement par ses parents et par l'école. En invoquant ces motivations, on suppose en effet que l'enfant souhaite normalement affronter des difficultés et les vaincre, qu'il souhaite réussir, briller, faire plaisir à l'adulte, etc. Il est vrai que notre culture propose à tout enfant un tel système de valeurs, et l'on peut constater empiriquement que l'enfant y adhère de manière croissante avec l'âge (M. Perron-Borelli et R. Perron, 1967 ; R. Perron, 1971). Mais, entre cette adhésion formelle et générale à un système de valeurs culturellement déterminé et ce qui commande les motivations d'un enfant en situation d'examen, il existe une marge qui peut être considérable (surtout lorsque cet enfant, vu en consultation médico-psychologique, présente précisément des difficultés notoires à s'insérer dans un tel système de valeurs...). Il n'est pas alors évident que tout enfant ait spontanément envie de réussir, de briller, de faire plaisir... Un enfant peut, plus ou moins délibérément, prendre une attitude opposante, agressive, rechercher l'échec, etc. C'est sans doute pour avoir méconnu cela que la pédagogie traditionnelle s'est enfermée dans un système de valeurs qui ne peut qu'envisager la réussite comme désirable et l'échec comme redoutable ; elle a mis en œuvre, en conséquence, des méthodes de stimulation basées sur le couple punition-récompense, blâme-louange, méthodes qu'elle suppose éducatives, par référence à ce système de valeurs. Ce faisant, elle tient pour originel, et en quelque sorte essentiel à l'enfant, un système de valeurs qui lui est offert, voire imposé, de l'extérieur, et auquel son adhésion personnelle est bien loin d'être acquise dans tous les cas. Il n'est pas étonnant, dans ces conditions, que cette optique éducative ait conduit à un pourcentage considérable d'échecs.

Le psychologue clinicien ne saurait, pour sa part, prendre à son compte une telle attitude. Lorsque, face à un enfant, il s'interroge sur ses motivations en situation d'examen, il doit évidemment s'interroger sur ce qui détermine réellement les attitudes et les conduites de l'enfant, et non pas tenir pour acquis ce qui *devrait* les déterminer... s'il était un « bon enfant ». Ce faisant, on est conduit à mettre en cause la situation d'examen elle-même, et la relation qui s'y développe entre l'enfant et le psychologue.

Toute la troisième partie de cet ouvrage sera consacrée à une discussion plus détaillée de ces problèmes.

DEUXIÈME PARTIE

L'analyse instrumentale

Introduction

Nous avons dit, dans le chapitre II, comment la diversification des tests et échelles d'intelligence avait conduit à remettre en doute la notion même de « niveau global », et à revenir à des préoccupations analytiques, provisoirement éludées par Binet. Nous avons dit aussi pourquoi cet effort d'analyse, quand il a été conduit sur le plan de la psychologie générale, a peu séduit les cliniciens, qui n'y trouvaient guère les notions et les instruments nécessaires à leur pratique quotidienne. Mais un autre courant de recherche s'est développé, depuis la dernière guerre surtout, à partir des problèmes posés par cette pratique elle-même. L'analyse du fonctionnement mental, dans ce nouveau courant, est en effet d'abord et avant tout une analyse des *dysfonctionnements*.

Le problème qui a joué un rôle moteur dans le développement de ce courant de recherches est celui des enfants présentant des troubles ou retards du langage. La psychologie de l'enfant normal, et son outillage pratique, ne fournissaient que des éléments insuffisants à la compréhension de ces cas. On s'est donc tourné vers les idées et les instruments élaborés en psychopathologie adulte à propos de cas semblables, c'est-à-dire à propos des aphasies. On s'est vite aperçu cependant que la transposition n'était pas simple : les aphasies sont des troubles dissociatifs, procédant par déstructuration, atteinte de ce qui était construit ; les troubles et retards du langage chez l'enfant sont des troubles évolutifs, affectant un processus de construction. L'un n'est pas l'inverse de l'autre, même si des notions communes peuvent être utilisées. Il a donc été nécessaire d'élaborer des notions nouvelles, en même temps qu'on développait de nouveaux outils d'évaluation, propres à l'analyse des « fonctions instrumentales » chez l'enfant.

Le terme d'analyse « instrumentale » fait maintenant partie du langage familier des consultations. Quelle signification lui accorder, et de quels *instruments* s'agit-il ?

Il semble que plusieurs acceptions soient, dans l'usage, plus ou moins mêlées :

— une difficulté particulière d'acquisition de la lecture, chez un enfant dont le niveau mental global est normal (une *dyslexie)* est une difficulté « instrumentale », en ce qu'elle affecte l'acquisition d'un *instrument* majeur du travail scolaire et, par là, du développement culturel et intellectuel de l'enfant ;

— un trouble du langage est une difficulté « instrumentale » parce que le langage est un *instrument* de la pensée et de la communication ;

— une difficulté particulière à organiser et orienter l'action dans l'espace et dans le temps est une difficulté « instrumentale » parce que cette capacité est sous-jacente au développement même du langage et de l'intelligence, auxquels elle fournit un *instrument* nécessaire à certaines étapes ou à certaines modalités de leur élaboration.

Du premier au troisième sens, il y a donc à la fois changement de plan (du plus superficiel, où il s'agit de l'acquisition d'une habileté, au plus fondamental, où on évoque une hypothétique mais essentielle fonction de base), et généralisation. De par cette multiplicité des sens, le terme est contestable ; il est cependant entré dans l'usage pour décrire une orientation du travail clinique en psychologie de l'enfant, et c'est sur cette base du fait établi que nous l'utilisons ici.

Replacé dans sa perspective historique, le courant de

l'analyse instrumentale se rattache donc à la tradition de la psychopathologie. Par là, l'analyse instrumentale prend d'abord appui sur une description de « symptômes ». Dans un deuxième temps, elle recherche cependant, audelà de cette description, les mécanismes et les structures de fonctionnement sous-jacents. Ce double objectif apparaît, en effet, très clairement dans la pratique de l'examen clinique en psychopathologie infantile. Certaines acquisitions nécessaires à l'adaptation de l'enfant, par exemple dans le domaine du langage oral ou écrit, apparaissent entravées ou altérées sans que ces troubles évolutifs puissent être imputés à un déficit global. Ceux-ci sont alors décrits — par une simple observation ou à l'aide d'instruments standardisés — et analysés suivant différents aspects. Dans cette première perspective, l'analyse instrumentale reste donc proche d'une description, plus ou moins analytique, des symptômes eux-mêmes. Mais on est très vite conduit à dépasser cette première étape de simple description, en recherchant des fonctions et des processus sous-jacents dont l'atteinte serait supposée rendre compte de ces troubles. S'agissant ici de troubles évolutifs, observés en période de croissance, cette recherche trouve tout naturellement son éclairage dans les théories ou les hypothèses de la psychologie génétique. C'est ainsi toute la construction mentale qui se trouve mise en cause. Certaines fonctions de base, comme la fonction symbolique, ou les fonctions d'intégration des repérages spatiotemporels, pourront apparaître altérées, et leurs troubles pourront rendre compte de telle ou telle forme de retard moteur, de tels troubles de la parole, de telle dyslexie; mais, en même temps et plus fondamentalement, les fonctions ainsi évoquées — et mises en évidence par l'analyse clinique — se trouvent être les outils de base du développement mental tout entier. Ainsi se posent de difficiles problèmes, à la fois théoriques et pratiques, touchant la *spécificité* de certains troubles instrumentaux et leur intrication avec le développement mental envisagé dans son ensemble.

Dans la pratique quotidienne des consultations médico-psychologiques, deux grandes catégories de difficultés instrumentales apparaissent fréquemment : ce sont les troubles de la motricité et les troubles du langage. Lorsque la perturbation est importante, elle provoque tôt la consultation : les parents s'inquiètent parce que le bébé ne tient pas assis sans soutien à 1 an, ne marche pas à 2 ans, ne prononce encore que peu de mots à 3 ans, etc. Lorsque le retard est ainsi très net et constaté précocement, il présente assez souvent un caractère global. Toutefois, dès le premier âge, il arrive aussi qu'un retard du langage, par exemple, se manifeste électivement, tandis que le développement de la motricité se poursuit à peu près normalement. Mais c'est généralement plus tard, notamment grâce à la fréquentation de l'école maternelle, que la spécificité de tel ou tel trouble apparaît clairement. Plus tard encore, les exigences de l'école primaire peuvent révéler des difficultés plus discrètes, restées jusque-là inaperçues, qui affectent électivement certaines activités complexes, comme c'est le cas dans les troubles lexicographiques.

Dans tous les cas, l'un des objectifs les plus importants de l'examen est d'évaluer la spécificité — ou la généralité — du retard observé.

Dans cette seconde partie, nous décrirons brièvement les troubles et retards de la motricité (chap. V) et du langage (chap. VI). Nous présenterons et discuterons ensuite (chap. VII) les notions couramment invoquées pour analyser les différents types de troubles instrumentaux ; cette discussion permettra de faire ressortir, au-delà de la diversité des symptômes, l'unité du champ et son articulation avec celui dont traitait la première partie. Enfin, les problèmes que pose, au niveau le plus global de l'interprétation, la compréhension de ces troubles seront repris dans la troisième partie.

CHAPITRE V

Les difficultés motrices

Nous n'envisagerons pas ici les troubles moteurs graves que le psychologue ne voit guère dans sa pratique quotidienne s'il ne travaille dans une consultation ou un centre spécialisés (services de neurologie, centres consacrés aux infirmes moteurs cérébraux, etc.). Sous les formes plus banales, relativement mineures, que nous considérons, il s'agit presque toujours :

— Soit de difficultés d'exécution d'actes complexes de la vie quotidienne : l'enfant casse des objets, il apprend tard et mal à manipuler couteaux et fourchettes, à boutonner ou à lacer, il se déplace de façon pataude, il monte tard et mal les escaliers, etc. ; bref, les parents s'inquiètent de sa « maladresse ». Ils utilisent là une notion de langage courant, à laquelle H. Wallon avait autrefois consacré un article (Wallon, 1928). Cette notion recouvre en fait au moins quatre types de difficultés : le retard moteur simple ; les troubles moteurs qui affectent la qualité et le style du geste, sans être pour autant réductibles à un retard ; les difficultés d'établissement de la dominance latérale ; les troubles praxiques portant sur l'exécution d'actes intentionnels complexes.

— Soit d'instabilité, c'est-à-dire d'agitation apparemment incoercible, perturbant l'exécution motrice et la fixation de l'attention, et compromettant par là la continuité et l'efficacité des conduites adaptatives.

Nous présenterons et discuterons dans ce qui suit ces différents groupes de difficultés.

1. Les retards moteurs

La façon la plus simple de comprendre les difficultés motrices est de concevoir l'enfant comme « en retard » quant au développement de sa motricité. Un enfant maladroit peut être dit « débile moteur », dans le même sens qu'un enfant de peu d'intelligence peut être dit « débile mental » : parce qu'il est en retard sur l'enfant normal de même âge. Cette notion de débilité motrice, proposée par Dupré en 1909, prête parfois à confusion : on a tant pris l'habitude, dans le langage courant des consultations, de parler de « débilité », sans qualificatif, pour désigner la déficience intellectuelle, que l'usage du même mot pour décrire un retard moteur introduit en fraude dans l'esprit de certains praticiens l'idée de déficit de l'intelligence. Sur le plan de la définition, débilité motrice signifie seulement retard du développement moteur, et rien d'autre. Il se peut que ce retard soit associé, ou non, au retard intellectuel ; c'est à l'observation d'en faire la preuve dans chaque cas individuel.

Utiliser ce type de notions, c'est se référer à un tableau du développement moteur normal, dont nous rappellerons brièvement les grandes lignes (1).

Au cours des premières semaines de la vie, le nourrisson présente deux types de réactions motrices : des réflexes, témoignant de montages neurophysiologiques très complexes, et une agitation diffuse, globale, indifférenciée, apparaissant dans les états d'excitation (joie ou colère) qu'elle vise à liquider. Toute l'évolution motrice procède, à partir de ces deux types d'activité primitive, par différenciation et intégration. Considérons en effet les premiers essais de préhension volontaire, vers 6 mois, lorsque l'enfant tente de saisir et de retenir le hochet qu'on lui présente. La réussite suppose la mise en œuvre de contractions et relâchements musculaires complexes : non seulement, à chaque moment de l'action,

(1) Voir : C. Koupernik, 1954 ; M. Stambak, 1963 ; H. Wallon, 1925, 1928, 1929, 1932, 1952, 1959.

doit se réaliser un équilibre bien défini entre muscles agonistes et antagonistes, au niveau des doigts, du poignet et du bras, mais cet équilibre doit varier au cours des phases successives de l'action (ouverture des doigts, avancement du bras et de la main, arrêt, fermeture des doigts sur l'objet). Ainsi, cet acte simple suppose la construction de *synergies* (équilibres des tensions musculaires) coordonnées simultanément et successivement. Cette coordination apparaît délicate. L'enfant manque son but parce qu'il proportionne mal l'ampleur et le déroulement temporel du geste au but à atteindre : la main s'ouvre trop tard ou se ferme trop tôt ; le mouvement du bras est freiné trop tôt, et l'objet reste hors de portée, ou trop tard, et il est frappé et s'échappe, etc. Pour surmonter ces difficultés, il multiplie les essais, avec une patience qui fait l'admiration de l'adulte. Au cours de ces essais, il tente de mieux utiliser les données sensorielles utiles pour guider l'action (données kinesthésiques, tactiles, visuelles) : c'est-à-dire que la coordination musculaire s'intègre dans une *coordination perceptivo-motrice* qui la dépasse, l'englobe et la régit. Au cours de cette activité, le geste doit se dérouler sur la base d'un *soutien tonico-postural* approprié, qui permet à l'enfant de rester en équilibre dans la position acquise et de maintenir le bras levé ; une tonicité insuffisante (hypotonie) provoque la chute, une tonicité excessive (hypertonie) bloque le mouvement ou accentue son style saccadé, inadéquat à une trajectoire bien calculée. Ce geste si simple se perfectionnera pendant des années, se faisant de plus ne plus souple et « huilé », pour atteindre tout à la fois à la rapidité maxima et à l'économie.

Au cours de cette construction du geste, l'enfant utilise fréquemment des éléments préformés, déjà disponibles dans des réflexes montés dès la naissance, comme le *grasping reflex* du nouveau-né (1).

(1) Fermeture des doigts autour de l'objet de petite dimension placé en contact avec la paume. L'intégration de ces réflexes archaïques dans l'activité complexe ultérieure suppose leur passage sous contrôle cortical, et dans une certaine mesure leur modification après, pour certains d'entre eux, un « silence » plus ou moins prolongé. C'est le cas, par exemple, de la marche : le nouveau-né produit, s'il est soutenu, une marche automatique parfaitement identifiable ; le réflexe disparaît normalement vers 3-4 mois, sa persistance apparaissant comme un signe pathologique. Lorsque la marche véritable apparaît, vers 12-15 mois, il s'agit évidemment d'une activité située à un niveau d'intégration psychophysiologique bien supérieur.

Mais surtout, il localise des *figures* motrices sur le *fond* tonico-postural : c'est-à-dire qu'il dégage de l'agitation diffuse des premiers temps des *gestes*, pourvus chacun de sa structure particulière et régis par une intentionnalité. Ceci se marque à la réduction progressive des *syncinésies*, contractions musculaires parasites, étrangères au but poursuivi, non intentionnelles et la plupart du temps non perçues par l'enfant (1). Cette réduction des syncinésies se poursuit pendant des années ; elle est indispensable à l'efficacité de tous les gestes simples, et surtout lorsque les deux mains doivent coordonner des activités différentes (dans l'apprentissage du piano, par exemple) ; elles sont plus maîtrisées qu'annulées, ainsi qu'en témoigne leur réapparition chez l'adulte même, en cas d'effort musculaire intense et prolongé, ou d'apprentissage nouveau particulièrement complexe. C'est surtout au niveau des membres supérieurs, et de la motricité fine de la main et des doigts, que les syncinésies persistent le plus longtemps. Leur réduction permet de différencier le rôle des deux mains, l'une plus volontiers chargée des activités délicates, l'autre jouant un rôle de soutien. C'est l'établissement de la *dominance latérale*. A mesure que les activités de la main se différencient ainsi, elles se font plus complexes, elles construisent des *praxies*, c'est-à-dire des séquences gestuelles à finalité intentionnelle : utiliser la cuiller, puis le couteau, enfiler et boutonner un vêtement, démonter et remonter un jeu à emboîtement, etc.

Telles sont, très brièvement rappelées, les principales caractéristiques du développement moteur. C'est au regard de ces caractéristiques qu'on peut tenter d'évaluer l'amplitude et les modalités d'un retard moteur : en examinant, chez un enfant donné, la rapidité et la précision d'un geste intentionnel, son soutien tonico-postural, la coordination aux deux niveaux définis ci-dessus, celui du geste lui-même (synergies et déroulement temporel) et celui de la coordination perceptivo-motrice, la persistance ou la réduction des syncinésies, la qualité des praxies, etc.

(1) Syncinésie *d'imitation*, lorsque la main gauche, par exemple, reproduit sans objet l'activité intentionnelle de la main droite, ou syncinésie *tonique*.

On a proposé des épreuves ou des observations codifiées pour l'évaluation de chacun de ces aspects du développement moteur (1). Il n'existe pas, à notre connaissance, d' « échelle globale » du développement moteur qui les rassemble tous de façon tout à fait satisfaisante, en vue d'une telle estimation. Il faut cependant signaler à cet égard la tentative d'Ozeretsky. Cet auteur a en effet proposé, en 1923, une « échelle métrique du développement moteur », construite sur le modèle du Binet-Simon (2). Le résultat est exprimé par un *âge moteur* qui peut, si on le souhaite, conduire au calcul d'un *quotient moteur*. Il s'agit donc bien d'une échelle globale ; mais Ozeretsky avait réparti les épreuves en six rubriques sur la base de conceptions théoriques empruntées au neurologiste Gourevitch (conceptions auxquelles se référait volontiers, par ailleurs, H. Wallon). Ce schéma analytique, qui a beaucoup vieilli, apparaît aujourd'hui assez contestable. De plus, les qualités métrologiques de l'épreuve, telle qu'elle avait été présentée par Ozeretsky et adaptée en français par Abramson et Kopp, laissent beaucoup à désirer, en dépit des efforts de révision de Guilmain (1948). Une excellente révision de cette échelle, réalisée aux Etats-Unis par W. Sloan (1955), a été traduite et réétalonnée en France sur un large échantillon d'enfants de 6 à 14 ans. L'échelle comporte 36 items présentés par difficulté croissante, et la répartition de ces épreuves en six rubriques, assez artificielle, est abandonnée.

On peut cependant s'interroger sur une telle visée d'évaluation d'un « niveau global » de la motricité. On saisit bien, en effet, l'avantage que pouvait présenter pour évaluer

(1) Voir, en particulier, PATIN, 1951.

(2) Traduite en français en 1925 par R. MERKIN, puis à nouveau, en 1936, par J. ABRAMSON et H. KOPP, elle a été longuement étudiée par GUILMAIN (1948), qui en a proposé une révision. Elle a connu un grand succès et inspiré de nombreuses études : J. PATIN, en 1951, donnait une bibliographie de 55 titres.

l'intelligence — notion floue et « globale » — la formule du hochepot, conduisant à additionner les réussites obtenues sur des épreuves courtes et variées ; l'avantage est moins évident en matière de motricité. Car il est plus facile de définir les qualités du geste efficace que celles de la démarche intellectuelle efficace ; il est plus facile, de ce fait, en utilisant une épreuve unique, ou une batterie de deux ou trois épreuves bien choisies, de se sentir assuré de ce qu'on évalue lorsqu'il s'agit de motricité que lorsqu'il s'agit d'intelligence. C'est ce qui a conduit plusieurs auteurs à proposer de telles batteries : citons ici le travail de M. Stambak (1955), dont la batterie permet d'établir un âge moteur et un quotient de développement moteur limités à l'*habileté manuelle.*

Il se peut, enfin, que le relatif manque d'intérêt pour les échelles globales de motricité implique quelque scepticisme quant à la notion même de retard moteur, et quant à son utilité pour rendre compte des difficultés motrices de beaucoup d'enfants. En bien des cas, en effet, ces difficultés paraissent consister en *troubles moteurs* que n'épuise pas la notion de retard simple et global.

2. Les troubles moteurs

Il arrive en effet qu'un enfant présente, dans sa motricité, d'évidents désordres, sans pour autant donner à l'observation l'impression d'un simple retard moteur ; qualitativement, ces désordres ne correspondent à rien qu'on puisse observer chez l'enfant normal plus jeune. Les modèles de pensée et d'investigation ont été ici fournis à la clinique infantile par la neurologie des adultes (étayée par la neurophysiologie et l'anatomo-pathologie clinique). Toute une lignée d'auteurs se sont attachés à décrire et expliquer, sur ce modèle, les troubles moteurs de l'enfance. Ainsi, H. Wallon (1932) a décrit différents syndromes (au sens que prend ce mot en pathologie), caractérisés chacun par des manifestations cliniques typiques : le syndrome d' « asynergie motrice et mentale », qui « traduit les défaillances de l'action régulatrice que l'appareil cérébelleux exerce sur le système moteur... » ; le syndrome extra-pyramidal supérieur, ou subchoréique, caractérisé notamment par l'instabilité, etc.

Cependant, il n'existe guère actuellement, semble-t-il, de typologie motrice capable d'offrir des outils d'examen suffisamment commodes et sûrs au psychologue non spécialisé. Il est cependant des tableaux, des styles de conduite motrice d'observation si fréquente qu'on ne peut les ignorer. Le cas majeur est, sans doute, celui de l'instabilité : l'enfant remue sans arrêt, se fixe difficilement sur une tâche, touche à tout, saute d'un intérêt à un autre. Ces troubles constituent l'un des motifs de consultation très fréquents, car ils sont en général mal tolérés dans la famille et à l'école. Il faut cependant distinguer deux formes bien distinctes d'instabilité. Une première forme d'instabilité dérive d'une incapacité de freinage et se situe bien au niveau de l'intégration motrice. Cette *instabilité motrice* est immédiatement repérable en situation d'examen : l'enfant a des décharges motrices qui l'agitent sans arrêt, même et surtout lorsqu'il fixe son attention sur une tâche ou un objet ; ainsi, au test des deux barrages de R. Zazzo, il examine la feuille avec soin pendant plusieurs minutes, mais change constamment de position sur sa chaise, agite la main gauche, croise et décroise les pieds, cligne des yeux, claque des lèvres, se mouche, se gratte, puis termine l'épreuve assis sur un pied, etc. Il donne constamment l'impression que cette motricité parasite échappe à son contrôle, d'autant plus que l'attention est fixée ailleurs ; ceci dure tout au long de l'examen, sans variation notable dans le temps ou en fonction de la relation avec l'examinateur. Ce tableau se rapproche beaucoup de celui du *subchoréique* de Wallon. Il faut en distinguer une instabilité qui procède bien plus évidemment de l'anxiété :

l'enfant tente d'échapper à l'angoisse créée par une certaine situation en se précipitant dans des activités étrangères au but poursuivi ; faute de pouvoir liquider son angoisse, celles-ci se succèdent indéfiniment. Il se peut que de tels enfants, amenés en consultation pour instabilité dans le cadre de la classe, apparaissent au psychologue parfaitement calmes. Mais l'instabilité pourra alors se révéler quand s'accentue la pression des questions ou des problèmes posés à l'enfant.

Il est fréquent, cependant, que les deux sources d'instabilité se combinent, c'est-à-dire que l'enfant développe un type d'instabilité qui témoigne à la fois de son anxiété et de la fragilité de ses freinages moteurs : c'est sans doute pour une part parce que les freinages sont peu efficaces que l'anxiété s'exprime de cette façon (plutôt, par exemple, que par la sidération qu'on observe chez certains enfants jeunes).

Dans des cas extrêmes, l'instabilité de l'enfant peut aller jusqu'à rendre impossible toute situation de test : ces enfants touchent à tout, bouleversent le matériel, manipulent le chronomètre, posent d'incessantes questions, explorent la pièce, etc. On voit bien alors à quel point motricité et personnalité se trouvent intriquées.

Sur ces intrications, H. Wallon avait particulièrement insisté, y recherchant les « origines du caractère » (1949) : la motricité, disait-il, et particulièrement le tonus musculaire, est l'étoffe des émotions. Si l'on se réfère aux origines du développement, on peut mieux comprendre leurs interrelations. Il y a là une voie d'approche féconde, mais, jusqu'à présent, elle a surtout donné lieu au développement de techniques d'examen au niveau de la première enfance (Lézine et Stambak, 1959 ; Stambak, 1963) (1). Dans la mesure cependant où la réduction

(1) Cependant, certaines techniques d'étude de la personnalité tirent pour une bonne part leur signification de cette interrelation entre motricité et caractère : par exemple le myokinétique de Mira y Lopez, ou certaines techniques d'analyse et d'interprétation de l'écriture.

progressive des syncinésies est liée à l'évolution des équilibres tonico-cinétiques, dans la mesure où leur réapparition est fonction des variations du tonus et des états de perturbation émotionnelle, les diverses épreuves de syncinésies proposées au psychologue peuvent être utiles (Stambak, 1960).

En s'efforçant de distinguer du simple retard moteur des *troubles* de la motricité, qui présenteraient des caractéristiques spécifiques et ne seraient pas réductibles à un retard, on a été amené à l'étude du *style* moteur. On a donc défini des composantes, des aspects de la motricité, qu'évalueraient différentes épreuves et dont l'équilibre définirait le style. L'équilibre le plus étudié est sans doute celui qui s'établit, pour chaque individu d'une façon relativement stable, entre la vitesse et la précision du geste. On peut, pour l'évaluer, comparer les résultats du sujet à deux épreuves, ou deux séries d'épreuves, visant à apprécier l'une la rapidité et l'autre la précision : par exemple, une épreuve de *tapping* et une épreuve de visée. On est cependant conduit à mettre en doute l'intérêt de variables descriptives de ce genre, du fait des multiples spécifications et significations possibles de la rapidité et surtout de la précision. De plus, les résultats dépendent beaucoup de la nature des épreuves choisies. Ce n'est certainement pas la même chose d'être précis au cours d'un jeu où il faut viser une cible et au cours d'un travail consistant à dessiner une carte de géographie... On a donc recherché des variables plus générales, des *constructs* qui puissent servir de modèles pour l'analyse du style moteur. Dans cette voie, M. Stambak (1965) a proposé une batterie de trois épreuves destinées à évaluer le « contrôle moteur ». Pour utiles que soient des épreuves de ce type, on ne peut oublier qu'elles situent l'étude à un niveau de conduite où il peut s'agir autant, sinon plus, de personnalité que de motricité.

3. Les problèmes de dominance latérale

Au cours de son développement moteur, l'enfant spécialise de plus en plus l'une de ses deux mains ; c'est à elle de préférence que sont confiées les activités nouvelles, c'est elle qui en intègre et en automatise la séquence gestuelle. C'est ce qu'on appelle l'établissement de la dominance latérale.

Il est utile de souligner d'emblée qu'il s'agit bien là d'un aspect de la motricité, et *stricto sensu*, de rien d'autre. L'établissement de la dominance latérale peut apparaître en relation — par des liaisons passablement complexes — avec le développement du schéma corporel, d'une part, et l'organisation et l'orientation de l'espace, d'autre part ; mais il faut l'en distinguer. Dire d'un sujet qu'il est gaucher, c'est de la façon la plus banale, constater qu'il utilise de préférence sa main gauche dans ses activités familières...

Il faut, certes, nuancer cette définition un peu sommaire. La notion de dominance latérale est, dans l'usage, étendue au-delà de la main, et appliquée à toutes les parties symétriques du corps susceptibles d'une motricité autonome. On peut ainsi rechercher le pied dominant (celui sur lequel on saute à cloche-pied, ou qui frappe le ballon), l'œil dominant (celui qui regarde à travers une fente), voire l'oreille dominante (celle qui se tourne vers la source sonore).

Il faut nuancer, de plus, notre première proposition selon laquelle la dominance latérale s'accentue progressivement au cours de l'enfance. On a pu tenter de mettre en évidence des indices de dominance qui apparaîtraient au cours de la première année, voire dès les six premiers mois (F. Flament, 1963) ; mais ces indices apparaissent instables, difficiles à apprécier, et somme toute assez peu probants. L'indécision est patente jusqu'à 4 à 5 ans, chez de nombreux enfants : tantôt c'est la main droite qui tient la cuiller, empile des cubes, dessine, etc., tantôt c'est la main gauche.

L'établissement d'une dominance franche est souhaitable : ce n'est que grâce à elle que s'établit une bonne coordination entre la main « dominante », qui se charge de l'activité fine et l'automatise au mieux, et la main « non dominante » qui se charge de l'activité de soutien (dans toutes les activités, du moins, où une telle collaboration est nécessaire, comme distribuer des cartes, etc.). On a pu montrer que les enfants chez qui l'indécision persiste trop longtemps sont, en moyenne, nettement plus maladroits que les droitiers et que les gauchers francs (R. Zazzo et N. Galifret-Granjon, 1960). Plus généralement, les problèmes de latéralisation sont liés aux problèmes de l'organisation du geste, à la maladresse (Stambak, Monod et de Ajuriaguerra, 1960). Mais il ne faut pas s'alarmer trop tôt : jusque vers 5 ans, en tout cas, c'est au travers de ses activités mêmes que l'enfant doit découvrir ce qu'est pour lui la bonne organisation de ses gestes ; le forcer précocement à opter pour le choix d'une main comporte, en général, plus d'inconvénients que d'avantages. C'est d'ailleurs entre 5 et 7 ans que sont demandées le plus souvent les consultations pour problèmes de latéralisation, c'est-à-dire lorsque l'apprentissage de l'écriture vient, légitimement cette fois, obliger à un choix.

La dominance latérale a été beaucoup discutée, au cours des trente ou quarante dernières années, dans les termes de la grande controverse « nature-nurture », hérédité-milieu, qui a pesé sur la psychologie au cours de toute cette période. En ce qui concerne la dominance latérale, le problème est posé à partir d'une constatation : les droitiers constituent la grande majorité des cas (70 à 95 %, selon la population étudiée et les critères retenus pour définir et évaluer la dominance), les gauchers restent l'exception. D'où les deux thèses qui s'affrontent et qui ont été discutées notamment par R. Zazzo (1948, 1960) et J. Château (1962).

1) La prévalence des droitiers dérive de causes inscrites dans la structure même du système nerveux humain, de façon relativement constante. On naît droitier, en ce sens que l'*hémi-cortex gauche* est préparé à prendre en charge de façon préférentielle les activités motrices complexes (il commande, en effet, la motricité de l'*hémi-corps droit*). On peut, exceptionnellement, naître gaucher, si c'est l'hémi-cortex droit qui, dans l'équilibre fonctionnel général du système nerveux central, est préformé pour cette dominance centrale. A ceci, il faut ajouter toutefois deux nuances :

— la dominance centrale « naturelle » peut être remise en cause par une lésion ou altération fonctionnelle : si, chez un sujet destiné à être droitier par la dominance naturelle de l'hémi-cortex gauche, cet hémi-cortex est atteint, l'hémi-cortex droit prend en charge la suppléance ; il s'agit alors d'un gaucher « pathologique » par opposition au gaucher « normal » (de la même façon, il peut y avoir des droitiers pathologiques) ;

— cette dominance centrale, naturelle ou par suppléance, ne peut pas se révéler clairement dès la naissance : elle n'apparaît que progressivement, au fur et à mesure de la construction des séquences gestuelles. Ces activités latéralisées peuvent d'ailleurs, en retour, confirmer l'hémi-cortex qui les commande dans sa prééminence fonctionnelle. Ainsi, le fait que la dominance latérale motrice s'affirme progressivement au cours de l'enfance ne constitue pas en soi un argument contre la thèse constitutionnaliste.

2) La dominance latérale est un fait de culture, même si la dominance droite s'observe dans des cultures très diffé-

rentes. C'est l'éducation, l'exemple des aînés, la nécessité d'employer des objets conçus par et pour les droitiers, qui crée la dominance droite chez la plupart des enfants. En témoignerait l'augmentation progressive de la proportion des droitiers de 6 à 14 ans ; cette augmentation est d'ailleurs plus nette pour la main que pour l'œil ou le pied, et plus nette encore pour des activités enseignées, comme l'écriture, que pour des activités développées spontanément, comme se servir d'un couteau ou lancer une balle (J. Château, 1962).

Suivant la position prise dans le grand débat « hérédité-milieu », on peut — on a pu, en tout cas — attribuer plus d'importance à l'un ou l'autre facteur de détermination de la dominance latérale. En fait, au regard des besoins des psychologues engagés dans une activité clinique, le problème reste assez académique. Le psychologue n'a que bien rarement les moyens — sauf en cas d'atteinte neurologique évidente — de situer les facteurs responsables de l'établissement ou du non-établissement de la dominance latérale, dans tel ou tel cas individuel (1). Comment donc se pose, pour lui, le problème de la dominance latérale dans le contexte habituel de l'examen psychologique ?

Ce problème peut être au centre même des motifs de consultation. Il s'agit alors, presque toujours, de problèmes scolaires relatifs à l'apprentissage de l'écriture : les parents consultent parce que l'enfant, hésitant sur le choix de la main scriptrice, ou choisissant la main gauche, écrit mal. La mauvaise qualité de l'écriture est alors — souvent à juste titre — imputée aux difficultés de latéralisation.

La tâche du psychologue est, dans ce cas, de déterminer

(1) Il n'en va pas de même pour le neurologue ; mais celui-ci met en œuvre des techniques d'examen qui lui sont propres et qui sortent du champ de l'examen psychologique.

quelle est la main *réellement dominante*, au-delà des hésitations, des préférences contingentes, souvent surdéterminées par certaines pressions de l'entourage ou par les attitudes de l'enfant en réaction à ces pressions. Bien plus qu'à expliquer, c'est alors à décrire que s'attache l'examen. Toute activité qui peut être exécutée d'un seul côté du corps fournit la matière d'une épreuve de dominance latérale : sauter à cloche-pied, frapper dans un ballon, regarder par une fente, planter un clou avec un marteau, se peigner, couper du papier avec des ciseaux, dévisser un bouchon, frotter une allumette, remonter une montre, etc. On peut faire exécuter réellement, ou simplement faire mimer ces activités. On peut utiliser comme épreuve de dominance latérale tout test moteur exécutable d'un côté, puis de l'autre : pointillage ou découpage, par exemple. Cependant, les multiples épreuves qu'on peut ainsi instituer n'ont pas toutes la même valeur et la même signification ; elles se différencient en effet :

— par la partie du corps engagée dans le mouvement (main, œil, pied) ;
— dans le cas des épreuves manuelles, par le fait que l'activité ne met en jeu qu'une seule main (par exemple dans le geste de se peigner), ou les deux mains à la fois, différenciées dans des fonctions complémentaires (par exemple dans le geste de distribuer un paquet de cartes) ;
— par le poids des apprentissages antérieurs : les activités grapho-motrices apparaissent, de ce fait, toujours plus latéralisées que les activités de jeu par exemple.

Pour contrôler ces facteurs d'hétérogénéité des épreuves possibles, on a réuni en batteries des épreuves standardisées. N. Galifret-Granjon a ainsi étudié six des épreuves antérieurement proposées par R. Zazzo (R. Zazzo et N. Galifret-Granjon, 1960) : deux épreuves pour la main (diadococinésie et distribution de cartes), deux épreuves pour l'œil (*sighting* et visée), deux épreuves pour le pied (marelle et *shooting*). On peut signaler également la batterie proposée par M. Auzias (1976), et celle, plus détaillée mais d'application moins commode, de Harris (1961).

Revenons au cas de l'enfant qui consulte pour difficultés d'apprentissage de l'écriture, liées à un éventuel problème de latéralisation. Si toutes les épreuves pratiquées indiquent une nette dominance à droite, ou à gauche, la réponse à la question posée est simple : l'enfant devrait écrire de sa main dominante. Mais il est rare que la situation soit aussi claire ; deux cas apparaissent fréquemment :

— celui de l'indécision : à certaines épreuves, il est impossible de décider quelle est la main dominante (rapidité et qualité du geste à peu près égales des deux côtés à la distribution de cartes, par exemple) ; à d'autres, où le choix est nécessaire (visée, par exemple) il se fait tantôt à droite, tantôt à gauche, et parfois, semble-t-il, comme au hasard ;
— celui des résultats hétérogènes : par exemple, la main droite et l'œil gauche sont dominants ; ou, au niveau même de la main, la diadococinésie est plus souple et plus rapide à gauche, mais les cartes sont plus vite et mieux distribuées de la main droite ; le sujet écrit de la main droite, mais utilise les ciseaux de la main gauche, etc.

Dans de tels cas, c'est le bon sens qui doit commander : si l'enfant est assez nettement gaucher, il vaut mieux qu'il écrive de la main gauche ; s'il est très légèrement gaucher ou ambidextre ou *a fortiori* légèrement droitier, il vaut mieux qu'il écrive de la main droite. Ainsi le conseil du psychologue tient compte de la pression sociale qui s'exprime en faveur des droitiers. Ceci est légitime : il est souvent difficile d'apparaître gaucher dans un monde de droitiers (1) et particulièrement dans le cadre de la classe. Ainsi, l'apprentissage à droite, s'il ne contrarie pas notoirement les tendances spontanées du sujet, est toujours préférable.

Il est difficile d'éviter que la solution conseillée ou adoptée ne soit surchargée par des attitudes de valorisation ou de dévalorisation. Sur ces attitudes, et sur leurs éventuels effets néfastes, on a autrefois beaucoup insisté. On a souligné que la gaucherie n'était pas en elle-même anormale, dans l'acception pathologique du mot, et encore moins condamnable. Que les termes de « bonne » main ou « mauvaise » main, employés par des pédagogues conservateurs, sont à proscrire ; que forcer un enfant gaucher à écrire de la main droite peut produire des effets très fâcheux (pour sa motricité, pour sa réussite scolaire, pour ses relations avec son entourage et sa personnalité, voire pour son langage), etc. On a vu, en conséquence, des pédagogues ou des parents anxieux s'attacher à relever, dès 2 ou 3 ans, les moindres signes de gaucherie, et les cultiver, voire les encourager : de sorte qu'on a vu apparaître en consultation, çà et là, des « droitiers contrariés »... Rien ne montre mieux que cette inversion des valeurs leur persistance même... Ces problèmes peuvent sans doute être abordés aujourd'hui avec plus de recul, permettant des prises de position plus nuancées et plus objectives.

Il arrive que l'examen de la dominance latérale s'inscrive dans une tout autre perspective : lorsque le psychologue y recherche les éléments d'un tableau qui dépasse d'emblée les problèmes de motricité et leurs incidences pratiques sur certains apprentissages. C'est le cas notamment lorsqu'il a affaire à des troubles du langage oral et écrit : nous verrons plus loin qu'il est alors conduit à rechercher

(1) Le célèbre humoriste Alphonse Allais résumait cette situation difficile du gaucher en disant que, dans notre civilisation, même les tasses à café sont faites pour les droitiers : elles ont l'anse à droite...

comment l'enfant organise et oriente son activité dans le temps et dans l'espace. Dans ce but, on utilise des épreuves perceptivo-motrices, qui impliquent une représentation de l'espace et du temps. Ces épreuves doivent être distinguées, nous l'avons souligné d'emblée, des épreuves motrices de dominance latérale envisagées ici. Cependant, le recours à ces dernières complète utilement l'investigation dans de tels cas. En effet, les difficultés d'orientation et d'organisation spatio-temporelles sont assez souvent — mais non toujours — liées à des difficultés de latéralisation motrice, dont elles procèdent pour une part. On a montré l'existence de telles liaisons, au moins en certains cas, en particulier dans celui des difficultés d'apprentissage de la lecture et de l'écriture (N. Galifret-Granjon, 1954 ; N. Galifret et J. de Ajuriaguerra, 1951 ; M. Stambak, V. Monod et J. de Ajuriaguerra, 1960). On voit donc, sur ces bases, s'esquisser un tableau assez cohérent, où sont impliqués les troubles de la dominance latérale, les troubles de l'orientation et de l'organisation spatio-temporelle et les troubles du langage oral ou écrit. L'analyse soigneuse de tels tableaux est toujours fort utile ; mais elle est éminemment difficile. Il faut se garder soigneusement des raccourcis caricaturaux, suggérés par une vulgarisation sommaire, du type : « Votre enfant est gaucher, il devrait bégayer... », ou : « Il fait des fautes d'orthographe, c'est la preuve qu'il est mal latéralisé... » Nous reviendrons ultérieurement (chap. VII) sur ces problèmes.

4. Les troubles praxiques

« Les praxies ou actions ne sont pas des mouvements quelconques, mais des systèmes de mouvements coordonnés en fonction d'un résultat ou d'une intention » : cette définition est donnée par J. Piaget (1960, p. 551), dans un article où se trouve très clairement discuté le rôle des praxies dans la construction de l'intelligence.

Les praxies sont donc des actes complexes adaptés à un but, et construits au cours d'une période d'apprentissage volontaire, même si, par la suite, les séquences gestuelles s'automatisent : enfiler une veste, boutonner, lacer, se peigner ou utiliser un outil, etc. Il arrive que cette construction soit difficile, voire impossible, pour les praxies les plus complexes (l'enfant est trop maladroit pour apprendre le piano ; il ne peut produire qu'une écriture très altérée, etc.) ; ces difficultés peuvent aussi s'étendre à des actes plus simples (il ne parvient pas à nouer ses lacets de soulier). Il se peut pourtant que la qualité des gestes élémentaires requis par ces activités (vitesse, précision, coordination sensori-motrice, etc.) ne soit pas altérée ; il reste, dans ce cas, que l'enfant ne parvient pas à construire d'une manière économique la « forme » spatio-temporelle de l'ensemble gestuel adapté à un but. Ces troubles ont été étudiés sous le nom de *dyspraxies*. On a recherché les modèles de cette étude dans les travaux consacrés aux troubles analogues observés chez l'adulte, les *apraxies* (de Ajuriaguerra, Hecaen et Angelergues, 1960). Mais on ne pouvait se contenter d'une simple transposition de ces modèles.

M. Stambak, D. L'Hériteau, M. Auzias, J. Bergès et J. de Ajuriaguerra (1964) ont tenté, par une étude très détaillée de 28 enfants dyspraxiques, de définir une approche valable de ce difficile problème. Ils se réfèrent d'une part aux notions acquises par l'étude des apraxies de l'adulte et, d'autre part, aux idées de Piaget sur le développement des praxies. Ils limitent d'ailleurs le champ de leur étude à une forme particulière, celle des « dyspraxies constructives » (difficulté à copier et construire des figures dans l'espace, et troubles associés). Quatre grands types de troubles ressortent de l'analyse clinique à laquelle procèdent les auteurs, sur ces 28 cas :

1. Les troubles proprement moteurs, qui dominent le tableau chez certains enfants : dans ce cas, les praxies s'organisent mal parce que leurs éléments gestuels sont mal maîtrisés, mal coordonnés ;

2. Des troubles du *schéma corporel*, c'est-à-dire de la perception et de la représentation du corps (troubles qui peuvent être évalués

par les *Epreuves de schéma corporel* de Daurat-Meljac, Bergès et Stambak, 1966). Car « c'est en somme en prenant pour base, comme point d'appui, le corps propre que le mouvement se développe dans un espace orienté, dirigé et agi, l'espace des objets, l'espace praxique » (p. 402). Si le schéma corporel reste flou, mal différencié et mal structuré, il manque à fournir un système stable de repérages à l'activité dirigée vers les objets, c'est-à-dire à la construction des praxies ;

3. Des troubles relatifs au déploiement de l'activité dans le temps, et surtout dans l'espace, et à sa symbolisation ; les auteurs discutent ces troubles en s'appuyant sur la distinction introduite par Piaget entre aspect « figuratif » et aspect « opératif » de la pensée ;

4. Des troubles affectifs. Ceux-ci peuvent être simplement associés, ou secondaires aux troubles instrumentaux eux-mêmes, par répercussion de leur pesée sur les relations entre l'enfant et son entourage, particulièrement ses parents. Mais ils peuvent être beaucoup plus profonds ; ainsi les auteurs évoquent, à propos de certains des dyspraxiques qu'ils ont étudiés, les notions de dysharmonie évolutive, de prépsychose, et même de psychose infantile.

L'analyse de la dyspraxie s'avère donc fort complexe. La définition même du syndrome paraît, dans l'état actuel des choses, devoir être précisée pour que le praticien ne se laisse pas aller à un usage relâché du terme. Dans l'étude citée, les auteurs ont pris, comme critère de sélection des enfants à étudier, une incapacité marquée à reproduire ou à construire des figures dans l'espace. Pratiquement, on a inclus dans le groupe à étudier des enfants qui réussissaient nettement moins bien, au WISC, l'échelle de performance que l'échelle verbale ; et des enfants (lorsque le WISC n'était pas appliqué) dont le niveau au Bender-Santucci (1) était nettement inférieur au Binet-Simon. Ceci est une définition opérationnelle de la dyspraxie, qui peut être admissible pour un travail de recherche

(1) Epreuve de copie de figures géométriques, mettant en œuvre les capacités d'organisation de l'espace graphique.

(quoiqu'on puisse considérer qu'il s'agit là d'une base bien fragile pour une étude si riche, et si lourde d'implications théoriques et cliniques). Mais il serait très imprudent de transposer ces critères dans la pratique clinique quotidienne, et de déclarer un enfant « dyspraxique » simplement parce qu'il échoue à copier les figures du Bender-Santucci... Dans l'état actuel des choses, la notion de dyspraxie ne peut être utilisée qu'avec beaucoup de prudence.

La conclusion la plus utile du travail cité est sans doute que l'étude des praxies, forme la plus complexe de la motricité, ne renvoie pas seulement à une démarche d'analyse instrumentale ; elle renvoie aussi à tous les problèmes d'interprétation et de synthèse des constats dont traitera la troisième partie de cet ouvrage.

CHAPITRE VI

Problèmes de langage

I. Le développement du langage

Avant d'aborder les troubles et retards du langage, nous rappellerons quelques notions de base sur son développement chez l'enfant normal (1).

Le langage est fonction de communication et fonction symbolique. Outre le développement de ces fonctions, il suppose, chez l'enfant, un processus d'apprentissage de la langue parlée par l'entourage ; cet apprentissage comporte d'abord la différenciation et la maîtrise du matériel phonétique de cette langue, puis l'acquisition de ses formes sémantiques et grammaticales.

A) *L'acquisition du matériel phonétique*

Sa maîtrise progressive s'appuie d'une part sur l'audition et la discrimination des formes sonores, d'autre part sur la capacité de reproduire celles-ci volontairement de manière correcte. Certains troubles ou retards du langage peuvent être dus à des déficits sensoriels ou moteurs affectant ces conditions de base. Le rôle de la carence auditive est flagrant dans le cas des enfants sourds-muets ; mais il est parfois plus difficile à mettre en évidence. C'est le cas des enfants dont l'audition est déficiente dans une partie

(1) Voir le numéro spécial consacré au langage par le *Bulletin de psychologie*, sous le titre « Aspects du langage » (1966). Voir aussi, parmi bien d'autres travaux, H. Wallon, 1942 ; J. Piaget, 1945 ; McCarthy, 1952 ; M. Cohen, 1952 ; E. A. Llorach, 1968.

seulement du spectre sonore ; de tels enfants réagissent au son, et à la voix, mais ne perçoivent qu'un matériel phonétique considérablement déformé. Il va de soi qu'en ce cas la reproduction est elle-même déformée (1). D'autres troubles du langage — notamment les « troubles d'articulation » — peuvent être dus à certaines malformations de l'appareil phonatoire.

Ces conditions de base étant supposées normales, comment s'effectue le développement du langage ? L'étoffe primitive n'en est pas, comme on a pu le croire, le cri, mais le *gazouillis*, qui apparaît d'ordinaire entre 1 et 2 mois, se manifestant plutôt dans les moments de détente, tandis que le cri est l'expression directe d'un besoin organique ou d'un bouleversement émotionnel. Le gazouillis semble d'abord un simple exercice moteur, non contrôlé par l'audition : il s'observe même chez les enfants sourds. Mais, très vite, le son émis est entendu, le gazouillis commence à passer sous le contrôle de l'audition : c'est alors que s'amorcent les jeux fonctionnels et les réactions circulaires par lesquels l'enfant isole parmi les vocalisations qui se succèdent plus ou moins au hasard tel ou tel phonème qu'il s'efforce de reproduire. Ces exercices vocaux ne restent d'ailleurs pas purement ludiques ; dès le 3e mois environ, ils s'intègrent dans un réseau d'interactions avec l'entourage. On observe, par exemple, que le gazouillis peut être amorcé ou amplifié par l'audition du langage parlé au voisinage de l'enfant. L'enfant « répond » et l'on peut, dans les moments favorables, observer de longs échanges où alternent les paroles de l'adulte et le gazouillis du bébé. Lorsque l'enfant a acquis le contrôle de certains phonèmes, c'est-à-dire lorsqu'il peut reproduire tel ou tel son plusieurs fois de suite, on observe qu'il devient capable, peu après, de les imiter s'ils lui sont proposés par une personne de l'entourage. Les possibilités d'imitation vont ensuite s'accroître d'étape en étape (Piaget, 1945). Au cours de ces étapes successives, l'enfant acquiert ainsi la maîtrise du matériel phonétique de sa langue maternelle, par un double processus de *tri* et de *délimitation* des phonèmes utiles, dont le gazouillis offrait la matière brute. Le gazouillis est plus riche, phonétiquement, que la langue adulte ; il contient potentiellement la matière de toute langue possible. Mais cette matière est fluctuante, plastique, non reproductible à

(1) L'examen de l'audition, dans de tels cas, ne peut être effectué que par un spécialiste des méthodes audiométriques.

volonté ; à mesure que l'enfant en acquiert le contrôle, il en précise et en limite les contenus ; en même temps, l'imitation oriente ce travail dans le sens d'une sélection et d'un stockage des phonèmes les plus utiles.

Il n'y a pas cependant encore, dans cette étape, de véritable langage. Le gazouillis exprime des états affectifs, il est un exercice sensori-moteur, un jeu fonctionnel ; il est même, de façon très archaïque, une communication. Mais le langage n'apparaît réellement que lorsque l'enfant, avec l'avènement de la *représentation*, passe au plan du symbole.

B) *L'apparition de la fonction symbolique*

Tel phonème ou groupe de phonèmes, qui n'était jusque-là qu'élément différencié du gazouillis, devient *mot* lorsqu'il prend une valeur signifiante : c'est-à-dire lorsqu'il est émis de façon stable et spécifique en référence à un signifié. Il peut s'agir d'un véritable mot de la langue plus ou moins déformé (« ta » pour tasse), d'un pseudo-mot, créé par l'enfant lui-même et qui n'appartient pas à la langue adulte, ou même d'un geste (par exemple indiquant un trait caractéristique d'un objet ou d'un animal pour désigner celui-ci). Il s'agit, dans tous ces cas, de langage, pour autant qu'apparaît une relation stable et spécifique entre un signifiant et un signifié, et pour autant que l'enfant manifeste une intention de communication. Il est remarquable que les premières *significations* apparaissent à peu près en même temps que les premières représentations : au moment même où l'enfant devient capable de dire « ta » à la vue d'une tasse, il est capable de rechercher activement la tasse absente et de dire « ta » pour la réclamer. Il y a là bien plus qu'une simple coïncidence. La représentation, c'est l'évocation de l'objet absent, postulant sa permanence hors de toute perception actuelle. Ce postulat de permanence (qui est tout autre chose que la simple prolongation d'une image sensorielle fugace et fragile), s'affirme par le langage : le mot signifiant contribue à fonder l'existence autonome de l'objet. Mais, en retour, il n'y a pas de signifiant possible sans objet isolable de l'environnement et distinct du sujet lui-même. Ainsi, signifiant et signifié se supposent et se déterminent mutuellement, dès l'origine ; c'est corrélativement, et en liaison réciproque étroite, que se construiront le monde des objets et le monde des symboles dont le langage parlé est le support privilégié.

L'enfant passe plusieurs mois à élaborer ces premières significations, qui ne peuvent d'abord s'attacher qu'à des objets ou des situations privilégiées. C'est dans la plupart des cas entre 8 et 15 mois qu'apparaissent les premiers signifiants (mot ou geste) ; et, contrairement à l'opinion banale, il s'agit rarement des mots papa et maman (1). Le stock de mots dont dispose l'enfant augmente très lentement pendant plusieurs mois : dans le cas banal, il reste limité, vers 14-16 mois, à une dizaine d'éléments environ.

Puis, assez brusquement, comme si l'enfant accédait à un nouveau plan d'utilisation du langage, les acquisitions se multiplient : en l'espace d'un mois environ, le vocabulaire disponible peut être multiplié par 4 ou 5... C'est comme si l'enfant découvrait alors que « toute chose a un nom » (W. Stern). C'est au moment où l'accroissement du vocabulaire devient notable que se posent les problèmes d'extension, de généralisation, de différenciation des significations ; les tâtonnements et les erreurs de l'enfant, souvent pittoresques à cette période, témoignent de l'intense activité de découverte qui est alors mise en œuvre.

C) *L'apprentissage de la langue*

Celui-ci suppose, outre l'augmentation du vocabulaire, la compréhension et l'acquisition des structures grammaticales.

Pendant la première période d'acquisition, jusqu'à 18-20 mois environ, l'enfant utilise des *mots-phrases* ; ceux-ci ont des significations polyvalentes où objet et action sont confondus et où l'action elle-même est évoquée globalement : seuls l'intention expressive et le contexte de la situation permettent à l'adulte de savoir si « mené » signifie « je voudrais aller promener », « je me promène », « je suis allé me promener », « je promène ma poupée », « maman est partie », voire désigne le manteau ou le chapeau associés à la promenade. Peu de temps après le brusque élargissement du vocabulaire, c'est-à-dire vers la fin de la seconde année, apparaît le début de la phrase véritable : « papa pati » signifie « papa est parti », ou « papa, je veux partir ». Pour rudimentaire qu'elle soit, cette syntaxe précise très sensiblement la signification, parce qu'elle

(1) Ceux-ci peuvent apparaître précocement, mais restent longtemps très fluctuants ; la stabilisation de leur signification suppose l'identification nettement différenciée, au niveau symbolique, des personnages parentaux, ce qui est évidemment d'acquisition beaucoup plus tardive.

introduit un lien entre deux éléments signifiants. Bientôt apparaîtra la phrase-type, constituée par un sujet, un verbe et un complément (bébé-mené-jardin). La précision de la signification s'est alors notablement accrue. L'étape suivante consiste dans l'addition d'adjectifs, l'introduction de termes de relation et des principales flexions des verbes. En dernier lieu, apparaissent l'usage correct des pronoms et les termes de relation plus abstraits (par exemple les conjonctions indiquant certains rapports de temps ou de causalité).

Après 4 ans, le développement du langage ne franchit plus d'étape qualitative importante ; il procède surtout par enrichissement du vocabulaire, allongement de la phrase, assouplissement, augmentation de la cohérence et de la rigueur syntactique, adéquation croissante de l'expression à l'intention de la communication, acquisition de nuances syntactiques plus subtiles.

2. Les troubles et retards du langage oral

On a distingué depuis longtemps deux grands types de difficultés dans le domaine de l'acquisition du langage : les difficultés d'articulation et les retards du langage proprement dits.

Les *difficultés d'articulation* portent sur le matériel phonétique. C'est l'émission des sons élémentaires de la langue qui apparaît dans ce cas défectueuse, de façon constante, et tout aussi bien dans le cas de syllabes isolées que de mots plus complexes : « sien » pour *chien*, « manzé » pour *manger*, etc. Quelques-unes de ces difficultés sont banales aux tout débuts du langage, mais elles sont vite réduites. Au-delà de 3-4 ans, on parle de troubles d'articulation lorsque le langage de l'enfant présente encore des déformations phonétiques notables. Celles-ci portent le plus souvent sur :

— la confusion de syllabes sourdes et sonores (« pa » pour « ba », « ka » pour « ga ») ;
— les zozottements, zézaiements, schlintements, chuintements, etc., c'est-à-dire les confusions de che, se, fe,

je, ze, ve (« sa » pour *chat*, « zouer » pour *jouer*, « fin » pour *vin*, etc.) ;
— des altérations du type « le » pour *re*, « gne » pour *ne*, etc. ;
— des déformations plus discrètes portant sur les voyelles et diphtongues (par exemple « u » prononcé *ou*).

Ces difficultés d'élocution peuvent relever de trois types de causes :
— des malformations locales (de la cavité buccale et du larynx) ;
— des troubles moteurs, au niveau élémentaire de la mobilisation musculaire, ou à celui, plus complexe, de la construction des séquences motrices nécessaires ;
— des troubles auditifs, que l'acuité se trouve diminuée pour certaines zones de fréquence ou que l'audition subisse un « brouillage » difficile à déchiffrer ; dans les deux cas, on conçoit que l'enfant ne puisse reproduire des sons qu'il n'entend que déformés ou amputés.

Les retards du langage proprement dits se situent à un tout autre niveau. Ils affectent la structure de la langue parlée, et portent plus sur la « réalisation » du langage que sur sa compréhension. Il peut s'agir, pour une part, d'un retard dans l'acquisition du vocabulaire, mais bien plus encore de perturbations relatives à la structure grammaticale. Le retard du langage peut aller de difficultés mineures (langage gauche, incorrect, grâce auquel l'enfant réussit cependant à exprimer l'essentiel) jusqu'à l'absence quasi complète de langage, par exemple dans les « audimutités » (Ajuriaguerra *et al.*, 1958). Affectant le langage dans sa structure même et dans son développement, ces troubles constituent un handicap à la scolarisation et, plus profondément, au développement de la pensée. En ce sens, c'est la catégorie de troubles du langage oral qui intéresse le plus directement le psychologue.

Cette distinction entre troubles d'articulation et retard

du langage est classique. S. Borel-Maisonny (1960) a introduit une troisième catégorie, celle des *troubles de la parole*. Il s'agit de déformations des mots dans leur structure phonétique globale, alors même que les phonèmes constituants peuvent parfaitement être émis, isolément ou dans d'autres ensembles. Il y a « incapacité de reproduire des syllabes complexes, des groupes de trois et même deux syllabes, tendance à confondre des sons voisins, et même encore une prononciation altérée de certains mots dont quelques éléments (sont) déformés, transposés ou caducs, sans qu'il y ait le moindre trouble d'articulation pour expliquer cet état de choses. Par exemple, dire « nounane » ou « jouna » pour « journal », « reb » pour « herbe », « oskos » pour « au kiosque », les « tiril » pour les « Tuileries », etc., alors qu'isolément chaque phonème constitutif est connu et bien prononcé dans une syllabe simple ne peut pas s'expliquer par une banale faute de mouvement » (S. Borel-Maisonny, 1960, vol. 2). Les manifestations les plus fréquentes de troubles de la parole sont :

— l'élision de la finale : « anco » pour « encore », « chaussu » pour « chaussure », « aga » pour « regarde », etc. ;
— l'inversion : « bourette » pour « brouette », « lé » pour « elle », « sécayé » ou « essaclé » pour « escalier », etc. ;
— la simplification et la déformation de groupes consonantiques : « fe » pour « *fl*eur », « aten » pour « apprendre », etc.

Les trois types de troubles peuvent évidemment coexister. C'est le cas dans la phrase suivante : « tasson, pisson, ti doné spin » (garçon, pinson, lui donner pain ; autrement dit : le garçon donne du pain au pinson). Il faut rappeler que certaines de ces difficultés sont banales dans les premières étapes d'acquisition, et jusque vers 3-4 ans. C'est leur persistance qui apparaît alarmante. Il peut y avoir alors simplement retard. Mais, le plus souvent, la notion de retard ne saurait suffire à rendre compte des anomalies observées. Une difficulté trop longtemps prolongée fixe certaines formes fautives. Dans ce cas, le langage se structure et se fige dans des modalités qu'il devient difficile de modifier.

L'analyse de ces différents types de troubles du langage oral n'est que partiellement du ressort du psychologue, à moins que celui-ci ne possède une compétence particulière dans ce domaine. Dans de nombreux cas, et grâce à l'existence des équipes de travail pluri-disciplinaires, il est utile d'avoir recours à des spécialistes, qu'il s'agisse de certains médecins ou psychologues ou, plus couramment, des orthophonistes ; ces derniers sont, en effet, particulièrement habilités à procéder à l'examen approfondi du langage qui permet de déterminer l'opportunité et les chances d'une rééducation. Mais on peut regretter qu'une telle division du travail, par ailleurs tout à fait souhaitable, serve parfois de prétexte à une démission du psychologue devant un type de problèmes dont les incidences et les déterminations proprement psychologiques sont si évidentes. Dans tous les cas, le psychologue se doit de situer les troubles du langage dans un contexte où ceux-ci interfèrent, à tous les niveaux, aussi bien avec l'élaboration des processus cognitifs qu'avec des facteurs relationnels. Pour cela, il doit posséder les notions et les instruments nécessaires à leur analyse. Dans une perspective plus pratique, le psychologue est souvent amené, à l'occasion d'une consultation dont les motifs sont globaux ou polyvalents, à déceler lui-même ce type de troubles.

La démarche de l'examen consiste à *décrire* les difficultés observées, puis à faire apparaître leur *concomitance* avec d'autres types de difficultés, pour en fin de compte apprécier leur pesée et leur signification dans l'ensemble du tableau clinique.

La description reste nécessairement sommaire dans le cas des troubles d'articulation, où elle doit se référer à des notions de phonétique très spécialisées, en général peu familières au psychologue. Elle peut être poussée plus loin en ce qui concerne les « troubles de la parole » où il s'agit, dans un premier temps, d'analyser les types de déformation observés dans la structure phonétique du discours (chute de la fin des mots, inversion typique dans certains contextes, etc.) (1). Mais il est certain que, dans ces cas où l'analyse porte surtout sur le matériel phonétique du langage, l'apport du psychologue non spécialisé reste assez limité. La recherche de certaines causes possibles de ces troubles, notamment en ce qui concerne l'audition, est elle-même entièrement du ressort des spécialistes. Cependant, le psychologue peut être amené à rechercher les liens qui peuvent exister entre certaines des difficultés observées et des difficultés « instrumentales » plus globales, concernant par exemple l'organisation de l'espace et du temps. Ces directions d'investigation seront envisagées dans le prochain chapitre.

En ce qui concerne les troubles et retards du langage proprement dits, c'est-à-dire ceux qui touchent à ses aspects sémantiques et syntactiques, l'examen devrait en incomber tout particulièrement au psychologue. Mais celui-ci se trouve, dans ce domaine, regrettablement démuni de notions et d'instruments utiles. Une simple description qualitative est toujours possible, mais elle ne va pas sans difficultés. Le vocabulaire dont l'enfant dispose

(1) Pour cela, on peut utilement se référer aux techniques d'examen proposées par S. BOREL-MAISONNY (1960), dont l'emploi correct relève plus d'une expérience et d'une familiarisation suffisantes que d'une technique très spécialisée. CHEVRIE-MULLER, SIMON et DECANTE (1981) ont proposé une batterie applicable de 4 à 8 ans, et comportant dix-sept épreuves réparties en cinq secteurs (articulation, phonologie, expression, compréhension, rétention). L'étalonnage sur un échantillon d'enfants sans troubles ou retards du langage fournit les normes qui manquaient aux épreuves de S. BOREL-MAISONNY. Un examen analogue peut être pratiqué dès 2 ans 9 mois au moyen d'une autre épreuve (CHEVRIE-MULLER, SIMON, LE NORMAND, FOURNIER, 1987). On peut également citer ici une épreuve de compréhension du langage oral proposée par A. KHOMSI (1987).

peut donner lieu assez facilement à une évaluation quantitative. Mais la plupart des échelles disponibles ne sont, en général, utilisables qu'à partir d'un certain niveau de développement du langage. Ainsi, le subtest « vocabulaire » du WISC donne lieu, le plus souvent, à des échecs massifs, sans valeur discriminative, chez les enfants jeunes présentant un retard du langage (soit parce que ce retard est trop important, soit parce que l'âge de l'enfant le situe à la limite inférieure de l'échelle). De plus, une épreuve de ce type, qui fait appel à la *définition* des mots, suscite des difficultés souvent insurmontables chez des enfants handicapés au point de vue verbal; ceci tient au caractère particulièrement onéreux du processus de définition qui demande un haut degré d'élaboration conceptuelle. De telles épreuves sont, par là, sujettes à des blocages ou à des refus massifs, dont il est bien difficile de savoir s'ils relèvent de la pauvreté même du vocabulaire, de difficultés d'ordre « opératoire », ou d'une inhibition plus ou moins spécifique par rapport à la nature de l'activité mentale requise (F. Guignard *et al.*, 1971). Des épreuves de dénomination d'objets sont, à cet égard, plus utiles pour approcher, de façon relativement pure, l'estimation du vocabulaire lui-même.

Quel que soit le type d'épreuves choisi et souhaitable, suivant l'âge de l'enfant et la gravité de son handicap verbal, l'étude qualitative des réponses peut apporter des éléments d'analyse, parfois beaucoup plus utiles que ne l'est la simple prise en considération de l'étendue du vocabulaire acquis (1).

Les aspects syntactiques sont évidemment beaucoup plus difficiles à évaluer. L'évaluation doit porter sur le degré de structuration du discours, défini globalement

(1) L'un de nous a utilisé une épreuve de dénomination d'images (M. Perron-Borelli, 1968). L'analyse des réponses incorrectes a montré que certaines caractéristiques de celles-ci paraissent liées à des structures psychopathologiques définies.

(construction et longueur des phrases), et sur le repérage de difficultés plus spécifiques (concernant par exemple l'usage des pronoms). L'évaluation quantitative s'avère ici particulièrement difficile, faute de grilles d'analyse adaptées et de références normatives.

On peut attendre des recherches de psycho-linguistique, actuellement en plein essor, qu'elles développent des notions d'où le psychologue pourrait dériver des instruments utiles à l'examen individuel. L'étude du langage, dans ses aspects individuels et cliniques, reste donc tributaire de la recherche théorique et de la mise au point d'instruments qui ont été, jusqu'ici, trop peu développées. Elle n'en constitue pas moins l'un des champs privilégiés de la psychologie clinique de l'enfant.

3. Les troubles d'apprentissage du langage écrit

L'école primaire est essentiellement, et d'abord, le lieu où l'on apprend à maîtriser la langue écrite. Les difficultés de cet apprentissage sont considérables, et les échecs nombreux. On a d'abord isolé, comme on l'a vu, les échecs dus à une insuffisance globale de moyens intellectuels. Pendant une très longue période — jusqu'au lendemain de la seconde guerre mondiale — on n'a guère dépassé cette première constatation ; de sorte qu'un enfant qui n'apprenait pas à lire en cours préparatoire était, par là même, suspecté de débilité mentale. Lorsqu'un examen psychologique venait mettre en évidence un « niveau global » moyen ou bon, ou lorsque l'intelligence de l'enfant était patente, l'échec restait sans explication ; ou bien l'on invoquait des troubles caractériels, voire la « paresse ». Il se peut, en effet, que l'échec d'acquisition de la langue écrite soit le symptôme le plus patent de problèmes de personnalité et de difficultés d'insertion dans ce milieu social nouveau qu'est l'école — au même titre d'ailleurs que des difficultés en calcul, l'incapacité à apprendre les leçons, etc. Mais on a isolé et étudié des tableaux d'échec plus particuliers, centrés sur les troubles d'acquisition de la langue écrite qui pourraient résulter, chez des enfants d'intelligence normale, de l'insuffisance de « fonctions » ou capacités de base nécessaires à cette acquisition. Il s'agit des troubles décrits sous les termes de « dysgraphie », « dyslexie », « dysorthographie ». L'intérêt considérable suscité par ces études tient sans doute à divers ordres de raisons, les unes pratiques, les autres théoriques.

Du point de vue pratique, la maîtrise de la langue écrite apparaît comme une condition de toute acquisition scolaire ultérieure ; il paraissait donc, à juste titre, essentiel d'aider ces enfants à compenser les difficultés qui, sans une intervention pédagogique appropriée, risquaient de provoquer un échec scolaire massif et définitif. D'un point de vue théorique, la clinique neuro-psychiatrique a instauré une longue tradition de travaux sur les altérations du langage (les aphasies) et les troubles connexes (asymbolies, agnosies, etc.), dans laquelle les auteurs intéressés par ce nouveau champ d'étude ont pu puiser leurs concepts et leurs instruments (voir, par exemple, N. Galifret-Granjon, 1958).

Nous discuterons rapidement des trois types de difficultés les plus fréquemment rencontrées en consultation : difficultés d'acquisition de l'écriture (dysgraphie), de la lecture (dyslexie), de l'orthographe (dysorthographie).

A) *Les dysgraphies*

L'écriture est une praxie, l'une des plus complexes que l'enfant ait à acquérir (Auzias, 1966). Cette acquisition suppose une évolution suffisante des capacités motrices de base : capacité de tenir de façon à la fois ferme et souple l'instrument scripteur, de le guider sur des trajectoires très déterminées (en refermant une boucle sur son point de départ, en ne freinant ni trop tôt ni trop tard, etc.), de fournir à la main et au bras l'assise tonique nécessaire, etc. Elle suppose aussi, au-delà, la création de synergies complexes, et leur intégration dans l'espace (de la feuille de papier) et dans le temps : ceci est l'aspect proprement praxique. Elle suppose enfin un niveau de développement général suffisant : on a pu montrer que, chez l'enfant, le développement de l'écriture est lié à celui de l'intelligence (Perron et Mignard, 1965). Car l'écriture est langage ; elle consiste à « coder », dans un nouveau système de symboles, au second degré, ces symboles de premier degré que sont les mots de la langue parlée. Elle est communication : le « codage » suppose un « décodage » ultérieur, car l'écriture est faite pour être lue. C'est un acte social, dont l'importance est fortement soulignée par les conditions normales de son acquisition : comme la lecture, elle est proposée — ou imposée — à l'enfant par ce groupe social majeur qu'est pour lui l'école.

Tous ces facteurs pèsent sur le rythme et les modalités d'apprentissage de l'écriture ; ils pèsent, par là même, sur les troubles de son acquisition, les dysgraphies. Plusieurs auteurs se sont attachés à décrire ces troubles (J. de Ajuriaguerra *et al.*, 1979, vol. 1), par l'analyse des formes graphiques fautives : erreurs de forme et de proportion dans le tracé des lettres, cabossage des lettres rondes, tremblement, progression saccadée, irrégularité de dimension et de direction, etc. ; mauvaise organisation du texte écrit ; maladresse du tracé, etc. Il est remarquable que certains des aspects ainsi décrits témoignent, au-delà des difficultés motrices de base, de l'effort produit par l'enfant dysgraphique pour compenser ces difficultés mêmes ; on a pu, sur la base de telles distinctions, décrire plusieurs types d'écritures dysgraphiques (Ajuriaguerra *et al.*, *op. cit.*, vol. 1, 3e partie). Les troubles de l'écriture ont également été étudiés quant au déroulement du geste scripteur : flexion excessive de la main, raideur et hypertonicité, crispation, absence de mobilité des doigts, etc. On a pu, chez une certaine proportion de dysgraphiques, mettre ces anomalies de la motricité graphique en relation avec des troubles de la motricité générale et de la latéralisation (Auzias, 1975). Cependant, certaines dysgraphies apparaissent totalement exemptes de tels troubles. Il apparaît alors que la genèse de la dysgraphie procède entièrement d'autres influences : difficulté à organiser les séquences gestuelles graphiques dans l'espace et dans le temps, ou problèmes affectifs liés à ce type particulier d'acquisition scolaire (1).

Qu'il y ait ou non difficultés motrices de base ou difficultés praxiques, la dysgraphie — comme tout autre échec scolaire majeur — est vécue par l'enfant comme une difficulté génératrice d'angoisse et de culpabilité, et suscite des réactions compensatoires qui peuvent aggraver le mal. Les méthodes de rééducation (Ajuriaguerra *et al.*, 1979, vol. 2) tiennent le plus grand compte de ces surcharges affectives : elles ne se contentent pas en effet de proposer à l'enfant des exercices propres à assouplir et lier le geste graphique, à détruire des séquences praxiques fâcheuses pour les remplacer par des séquences plus économiques et efficaces ; elles tendent toujours à dédramatiser l'échec et l'impuissance, à apprendre à l'enfant, autant qu'il est possible, la « joie d'écrire ».

B) *Les dyslexies* (2)

Dans les traditions scolaires, apprentissage de la lecture et apprentissage de l'écriture vont de pair et se renforcent mutuellement : l'enfant apprend à la fois à « coder » et à « décoder ». Cet

(1) C'est par ce dernier aspect que l'apprentissage de l'écriture est bien apprentissage du langage écrit, et que les dysgraphies peuvent être discutées dans ce chapitre. On aurait pu, cependant, en traiter également dans le chapitre V sous le titre « Dyspraxies ».

(2) On a beaucoup écrit, depuis vingt ans, sur ce type de troubles, dont nous ne pouvons donner ici qu'un bref aperçu. Nous renvoyons (outre les articles cités dans le texte) au numéro spécial de la revue *Enfance*, consacré à ce problème (1951), au numéro spécial du *Bulletin de psychologie* intitulé « Aspects du langage » (1966), et à Diatkine (1963), N. Galifret-Granjon (1951, 1954, 1958), N. Galifret et J. de Ajuriaguerra (1951), Gelbert (1963).

apprentissage se fait normalement dans la première classe de l'école primaire (cours préparatoire ou 11e) ; mais les grandes sections d'école maternelle proposent des activités préparatoires qui, en fait, amènent une certaine proportion des enfants (10 à 25 %) à un niveau de lecture-écriture suffisant pour que parfois l'enfant « saute » le cours préparatoire (1).

La première et essentielle condition de cet apprentissage, c'est que l'enfant ait atteint un niveau de développement mental suffisant, qu'on s'accorde d'ordinaire à fixer à 6 ans environ ; les enfants qui apprennent à lire avant (entre 5 et 6 ans) sont, *grosso modo*, ceux qui atteignent ce niveau mental plus vite, en d'autres termes, ceux dont le QI est supérieur à 100. Mais ce n'est là qu'une première et assez grossière approximation : A. Inizan (1963) a pu, grâce à une batterie de 8 épreuves spécialement conçues à cet effet, améliorer très nettement la prédiction de la réussite en lecture-écriture (chez des enfants examinés avant le début de l'apprentissage) par rapport à la prédiction formulée sur la base du seul Binet-Simon. Cette batterie accorde une large place aux épreuves qui, sur un matériel perceptif, mettent en jeu la capacité d'organiser l'activité dans l'espace et dans le temps ; on verra plus loin qu'il s'agit, en effet, de facteurs très souvent invoqués pour rendre compte des processus d'apprentissage de la lecture (2).

Quelle que soit la méthode pédagogique employée, l'apprentissage vise un double but : le décodage, c'est-à-dire une émission vocale correcte au vu du texte écrit, et la compréhension du texte lu. Les deux aspects vont en général de pair, mais peuvent se dissocier plus ou moins dans tel ou tel cas particulier : on trouve, en effet, à certains stades de l'apprentissage, des enfants capables de lire correctement à haute voix un texte simple, mais incapables de dire

(1) Ce qui ne va pas sans créer beaucoup de problèmes et provoquer quelques échecs : le cours préparatoire, en effet, donne d'autres enseignements, notamment en calcul, qui manquent à ces enfants ; il remplit, en outre, une fonction d'adaptation à un nouveau régime de travail et aux règles sociales de l'école primaire.

(2) On peut citer également l'épreuve PAMS (Khomsi, 1992), qui évalue les modes d'organisation de l'activité, les tests de « concepts de base » de A. Boehm (1989, 1990), qui visent à une évaluation des modalités d'adaptation aux apprentissages scolaires « fondamentaux », ainsi que le « test reversal » de Edfeldt (1970).

ensuite de quoi il s'agissait ; et, inversement, des enfants qui comprennent fort bien le contenu du texte lu malgré de nombreuses erreurs de déchiffrage. Ces erreurs sont, de toute façon, banales dans la période initiale de l'apprentissage, car les difficultés à surmonter sont nombreuses. Ce sont d'abord à des difficultés de reconnaissance des signes graphiques eux-mêmes (distinguer un m d'un n, ou, en lettres bâton, un p, un q, un d, un b, qui ne diffèrent que par l'orientation). Mais bien d'autres difficultés tiennent au fait, souligné par N. Galifret-Granjon (1966), que, dans notre langue, « les mêmes graphies n'ont pas toujours la même valeur phonétique » (p. 468). Cela tient, dit cet auteur, à trois types de raisons : l'alphabet latin, que nous a légué l'ancienne Rome, est devenu l'alphabet commun à des langues très différentes, et ne transcrit le contenu phonétique de chacune que très approximativement ; les grammairiens du XVIe et du XVIIe siècle ont compliqué les graphies du français par souci de marquer les étymologies (vraies ou fausses) en ajoutant des lettres sans valeur phonétique ; enfin et surtout, le français écrit abonde en graphies muettes à valeur grammaticale. Pour lire correctement, il est de ce fait souvent indispensable de comprendre la structure et le sens de la phrase (ainsi dans « les poules du couvent couvent », où la même graphie se lit de deux façons différentes).

On a pu compter, en français, vingt-six façons différentes d'écrire le son *si* : on conçoit, à ce seul exemple, la difficulté d'apprendre à lire... Il ne suffit pas, comme on a pu le croire autrefois, de bien connaître les vingt-six lettres de l'alphabet et leurs combinaisons élémentaires ; il faut en fait, constamment, opérer un va-et-vient entre la perception de la graphie et l'émission vocale, faire des « hypothèses » sur la traduction correcte : apprendre à lire, c'est apprendre à faire des hypothèses justes, et à sélectionner les indices pertinents.

On qualifie de « dyslexiques » les enfants qui n'y parviennent pas — ou plutôt, car l'échec total est très rare, qui n'y parviennent que tardivement et mal ; ceux-ci conservent, parfois jusqu'à l'âge adulte, une lecture hésitante, hachée, riche en erreurs (en mauvaises hypothèses non rectifiées). Cependant, cette première définition doit être nuancée :

1. Une cause patente d'échec d'apprentissage de la lecture entre 6 et 9 ans est évidemment l'infériorité des moyens intellectuels considérés globalement. Lorsqu'on a commencé à s'intéresser à la dyslexie (dans les années 1945-1950), on a donc choisi d'étudier des groupes d'enfants présentant de nettes difficultés d'apprentissage de la lecture malgré un QI normal ou supérieur. On se donnait ainsi le maximum de chances de mettre en évidence, sur un plan de recherche, d'éventuelles causes « spécifiques » des troubles, non réductibles à une infériorité intellectuelle globale. La multiplicité des travaux ainsi conduits a pu créer dans le public — et peut-être chez certains psychologues — la conviction, parfaitement erronée, que les dyslexiques sont nécessairement intelligents. En fait, rien n'empêche, bien entendu, que les causes spécifiques d'échec mises en évidence chez les enfants de niveau normal jouent également chez les enfants de niveau médiocre ou nettement déficitaires, accroissant encore leurs difficultés d'apprentissage. On retrouve ici, en ce qui concerne la langue écrite, le même type de problèmes qu'au niveau de la langue parlée, où un enfant peut présenter à la fois un déficit intellectuel caractérisé *et* un retard du langage non entièrement explicable par ce déficit.

2. On ne peut qualifier de dyslexique tout enfant qui lit mal ; on ne le peut que s'il continue à lire mal passé un certain temps d'apprentissage (en général, après un an de cours préparatoire au moins). Même ainsi, il faut réserver le cas des enfants de faible niveau intellectuel qui doublent, voire triplent, le cours préparatoire, en attendant de parvenir à un niveau global suffisant. Il est fréquent que cette longue stagnation scolaire favorise tout à la fois la fixation de mécanismes de lecture fautifs et de plus en plus figés, et la lassitude. De tels enfants ne parviennent jamais à lire correctement, même lorsque leur niveau mental global a largement dépassé le seuil de 6 ans ordinairement admis. Il s'agit alors d'échecs pédagogiques

patents, dont la responsabilité incombe pour une large part à l'école elle-même ; qualifier ces enfants de « dyslexiques » reviendrait à éluder cette responsabilité, et à les confondre avec des cas très différents.

3. Un enfant dyslexique est donc un enfant qui lit mal, après un an au moins d'apprentissage, sans qu'en soit responsable une insuffisance des moyens intellectuels considérés globalement. Mais ceci admis, deux tendances théoriques se sont opposées depuis vingt ans :

a) La dyslexie serait une difficulté élective d'apprentissage de la lecture due à certains handicaps spécifiques, touchant à la capacité d'organiser la perception et l'activité dans l'espace et dans le temps. On évite alors de classer comme dyslexies des difficultés en lecture imputables à d'autres origines (refus ou malaise scolaire, par exemple). Cette attitude théorique a largement prévalu pendant dix à quinze ans, sous l'impact de travaux montrant l'importance des facteurs d'échec mis ainsi au centre de la définition.

b) Il semble que depuis quelques années un nombre croissant d'auteurs préfèrent une définition plus large de la dyslexie : « Les différents troubles n'existent, en fait, que dans des ensembles. S'il y a des enfants électivement touchés dans un domaine étroitement limité, c'est peut-être plus rare qu'on ne l'a cru au début des recherches, et en particulier dans les années 50 » (N. Galifret-Granjon, 1966, p. 471). D'où une seconde position, où la notion de dyslexie reste purement descriptive d'une difficulté actuelle en lecture, certes relativement spécifique, mais sans implications quant aux causes du trouble. On en étudie, bien entendu, autant que possible la genèse dans chaque cas particulier, mais ceci ne pèse pas sur le classement de l'enfant comme dyslexique, celui-ci étant opéré sans aucune considération d'étiologie (C. Chiland, 1971).

Quelle que soit la définition à laquelle on adhère, un

enfant dyslexique est un enfant qui lit mal (1). Les fautes sont très variées :

— confusion de lettres de formes voisines : m et n par exemple, u et v, o et a, etc. ;
— confusion de lettres qui ne diffèrent que par l'orientation : b et d ou q et p (ceci ne vaut pas pour la lecture d'un texte en anglaise manuscrite ; par contre, les lettres bâton, imprimées ou manuscrites, favorisent ce type d'erreurs ; c'est un argument souvent avancé contre l'écriture « script ») ;
— suppression ou addition de lettres (attrape pour rattrape), interversion de lettres (rat pour art, bra pour bar, etc.) ou de syllabes (asrapiteur pour aspirateur) ;
— déchiffrement fautif des lettres doubles (rarive pour arrive) ou ignorance des règles de vocalisation qu'elles traduisent (poison pour poisson, ai-le-te- pour ailette, etc.) ;
— erreurs sur les diphtongues (pa-u-pière pour paupière, tra-in pour train, etc.) ;
— ignorance des valeurs phonétiques à accorder aux accents (ètè pour été) ;
— erreurs liées à l'incompréhension du sens de la phrase et de la valeur grammaticale des graphies (les poules du couvent couvent, lu « les poules du couvan couvan ») ;
— lecture globale erronée de mots entiers (concierge pour conscience, etc.).

La plupart de ces fautes sont banales au début de l'apprentissage ; c'est leur persistance qui devient anormale et qui caractérise la dyslexie. Le débutant (entre 5 et 7 ans) qui commet ce type de fautes se reprend en général, et lit très lentement, en partie parce qu'il cherche constam-

(1) Pour évaluer le niveau de lecture, on peut utiliser des épreuves proposées par LEFAVRAIS (1965), HERMABESSIÈRE et SAX (1972), de GIRIBONE et HUGON (1987), KHOMSI (1990).

ment à vérifier ce qu'il vient de dire, à contrôler la correction de ses hypothèses. Le dyslexique plus âgé lit, en général, plus vite et plus mal ; il se corrige moins ; il donne fréquemment l'impression de deviner le texte plutôt que de le déchiffrer, et de n'être pas perturbé par l'inintelligibilité de ce qu'il émet ; il peut cependant, de façon parfois surprenante, parvenir à une assez bonne compréhension d'ensemble du texte lu en dépit des incorrections de détail.

Certaines des fautes énumérées ci-dessus peuvent être directement rapportées à de mauvais repérages spatiaux (confusion de d et b, par exemple) ou temporels (inversion de lettres ou syllabes). Ce sont celles qui ont le plus été considérées comme « spécifiques » de la dyslexie, au sens le plus restreint défini ci-dessus.

Quoi qu'il en soit, les fautes de lecture tendent à se fixer en fonction de l'usage, et deviennent de plus en plus difficiles à redresser (à déconditionner disent certains pédagogues : il s'agit en effet, pour beaucoup d'entre elles, de montages erronés mais tenaces). C'est l'une des raisons pour lesquelles l'apprentissage de la lecture, commencé trop tôt par rapport aux possibilités de l'enfant, porte parfois des effets très nuisibles : le démarrage trop précoce tend tout à la fois, en effet, à multiplier les fautes et à les faire durer plus longtemps. Il y a donc lieu de lutter fermement contre la tendance que manifestent certains parents à faire commencer cet apprentissage trop tôt, avec des méthodes pédagogiques et une charge relationnelle parfois hautement contestables, sous prétexte de faire « gagner du temps » à l'enfant. Le meilleur critère pour juger que l'enfant est mûr pour apprendre à lire, c'est probablement son désir d'apprendre à lire : dans notre civilisation tout imprégnée de « chose écrite », ce désir est, dans la généralité des cas, un signe très sûr.

De ces brèves indications résulte la conduite à tenir lorsqu'on doit examiner un enfant suspect de dyslexie :

— tenir compte de son âge réel et de son histoire scolaire, c'est-à-dire des conditions d'apprentissage de la lecture ;
— pratiquer l'examen du niveau global, avec une échelle verbale type Binet-Simon, ou une échelle type WISC ;
— faire lire l'enfant. N'importe quel texte simple tiré d'un livre de lecture en usage dans les écoles primaires peut convenir. On a cependant préparé des textes de lecture qui possèdent le triple avantage de noter la vitesse de lecture, de fournir des textes soigneusement dosés quant aux difficultés (en général distribués en paragraphes de plus en plus difficiles) et de permettre par là une analyse qualitative des fautes (voir par exemple Inizan, 1963, et Lefavrais, 1965) ;
— rechercher, par entretien avec l'enfant et ses parents, et par des renseignements directs auprès de l'école, la façon dont l'enfant vit l'apprentissage de la lecture et, plus généralement, l'école ;
— pratiquer enfin l'analyse des capacités d'orientation et d'organisation spatiale et temporelle, sur laquelle nous reviendrons dans le prochain chapitre.

C) *Les dysorthographies*

La notion de dysorthographie, proposée postérieurement à celle de dyslexie, a connu un succès plus modeste.

De même qu'il ne faut pas se hâter de parler de dyslexie si un enfant de 6 ans et demi lit mal, il ne faut pas étiqueter « dysorthographique » tout enfant de 8 ans qui fait beaucoup de fautes dans les dictées. La complexité de l'orthographe française explique aisément la persistance de graphies erronées, et il faut se garder des illusions créées par un idéal pédagogique selon lequel l'enfant ne *doit* pas faire des fautes...

On distingue classiquement trois types de fautes (J. Simon, 1954) :

— Les fautes de règles, portant en général sur les désinences des mots (accords en genre et en nombre), mais aussi témoignant de la méconnaissance de distinctions grammaticales qui fondent des différences de graphies (confusion de *et* et *est*, *ou* et *où*, *a* et *à*, etc.).

— Les fautes d'usage, conduisant à ne pas respecter des graphies qui, pour l'enfant tout au moins, sont sans justification logique et doivent simplement être mémorisées (bonet pour bonnet, frain pour frein, doi pour doigt, etc.).

— Les fautes de phonétique, conduisant à une déformation des mots lorsqu'on relit la graphie produite par l'enfant (gournal pour journal, potre pour porte, loin pour lion, récobé pour corbeille, etc.).

C. Chiland (1963) propose de distinguer, plus finement, cinq types de fautes :

1. Fautes de phonétique (ou « de lecture ») ;
2. Fautes de découpage (agglutination de deux mots, comme dans « lésauto » pour les autos, ou coupure d'un mot en tronçons, comme dans « les gum » pour légume) ;
3. Confusion des parties du discours (confusion de *et* et *est*, on et ont, etc. ;
4. Fautes par méconnaissance de la syntaxe (fautes de règles proprement dites) ;
5. Fautes d'usage.

On tend, en général, à réserver le terme de dysorthographie pour désigner les enfants qui, passé les deux premières années de la scolarité primaire, continuent à faire beaucoup trop de fautes, et particulièrement graves (notamment les fautes de phonétique et de découpage).

Les déterminants possibles de la dysorthographie sont tout aussi variés que ceux de la dyslexie, sur laquelle, très souvent, elle vient se greffer. On trouve d'ailleurs, dans l'une et l'autre, des fautes analogues, par exemple les altérations du type « bourette » pour « brouette ». Cependant, lorsque s'observe un tel enchaînement, les difficultés ne sont pas simplement reconduites ; elles se développent sur un nouveau plan, où c'est toute la maîtrise du langage, en tant qu'instrument de communication, qui se trouve mise en cause. De ce fait, les surcharges affectives de l'échec en orthographe sont particulièrement graves, encore renforcées par la tradition de valorisation de la bonne orthographe et du « zéro éliminatoire » au Certificat d'études et à l'examen d'entrée en 6e.

On observe assez souvent deux séries génétiques :

1. Troubles de la parole — dyslexie — dysorthographie à prédominance de fautes phonétiques et de fautes de découpage.
2. Retard du langage — dyslexie — dysorthographie à prédominance de fautes grammaticales, marquant la difficulté à maîtriser le sens de la phrase.

Du fait de cette filiation des problèmes de la dyslexie et de la dysorthographie, les démarches de l'examen sont dans les deux cas très semblables.

L'introduction, dans la clinique infantile et la psychopédagogie, des notions de dyslexie et de dysorthographie a permis, en considérant les troubles du langage écrit comme spécifiques, de les isoler, de les étudier sans plus les confondre avec les effets généraux d'un retard ou d'une incapacité globale, et de leur chercher des remèdes. Mais leur généralisation — voire leur usage abusif, répondant à une mode — ne va pas sans inconvénients. Le principal est sans doute qu'elles ont, par leurs références puisées en psychopathologie adulte, par le lieu de leur développement scientifique (les consultations d'hygiène mentale et de neuropsychiatrie infantile), porté à « pathologiser » les difficultés en lecture et en orthographe. D'où le fait que certains parents viennent consulter parce que leur enfant « fait » une dyslexie, comme on « fait » une scarlatine... La dyslexie, la dysorthographie, pas plus que la dysgraphie ou la dyscalculie, ne sont à aucun titre des maladies : ce sont des difficultés marquées d'acquisition de certaines habiletés scolaires fondamentales, relevant parfois de handicaps identifiables, mais qu'on ne peut que très rarement considérer en eux-mêmes comme des états pathologiques. Ils peuvent, tout au plus, apparaître comme des éléments majeurs — soit en tant que symptômes, soit en tant qu' « épines » ou facteurs aggravants — d'un état pathologique beaucoup plus global, dont il faut, par ailleurs, étudier et comprendre la structure.

Nous verrons, dans le chapitre suivant, comment ces problèmes s'éclairent de la prise en considération de certains processus cognitifs, notamment dans le domaine de l'organisation des repérages spatio-temporels et des fonctions gnosiques. Mais surtout, c'est dans la perspective d'une interprétation globale, qui sera envisagée dans la troisième partie, qu'il faut les replacer pour en comprendre la signification psychologique (1).

(1) Dans cet ouvrage centré sur l'examen psychologique, nous n'envisagerons pas les questions concernant la progression des connaissances scolaires et ses difficultés : l'ampleur de ces problèmes et le volume des travaux qui leur ont été consacrés exigeraient un trop long développement. De nombreuses épreuves d'évaluation des acquis scolaires ont été proposées. Citons par exemple les classiques épreuves d'orthographe et de calcul de SUBES (1959), et les « Tests d'acquisitions scolaires en français et mathématiques » de LEPEZ (1982), BENAT (1982), D. et R. LEPEZ (1986), LEMAITRE (1986), LEPEZ et RIQUIER (1970).

CHAPITRE VII

Perspectives d'interprétation des troubles instrumentaux

En envisageant dans les deux chapitres précédents les principaux types de troubles instrumentaux, nous nous sommes situés essentiellement au niveau d'une description. En fait, l'effort de réflexion théorique et de recherche clinique, mené dans ce domaine depuis quelques décennies, ne s'est pas borné à cette simple description. L'établissement d'un catalogue de troubles n'a, en lui-même, aucune valeur explicative et par là ne peut suggérer des remèdes. Les concepts utilisés ont été puisés à deux grandes sources : la psychologie génétique et la neuropsychiatrie. On a cherché, grâce à cette double référence, à préciser les modalités de construction et les anomalies des processus sous-jacents aux activités en cause. On a tenté de dégager ce qui, dans des activités dont les contenus et les buts paraissent différents, est néanmoins commun. Ceci conduit nécessairement à faire appel à des abstractions, développées au niveau théorique. Ces élaborations théoriques peuvent paraître ardues, voire obscures, aux non-spécialistes. Il est cependant indispensable au clinicien d'en connaître l'essentiel : pour que les observations que lui offre sa pratique quotidienne puissent être autre chose qu'une collection de constats sans signification ; mais aussi pour qu'il évite de réduire, par une sorte de réalisme naïf, telle ou telle notion abstraite devenue d'usage courant à une observation particulière avec laquelle, pourtant, elle ne saurait coïncider (1).

1. Les idées sur le role de l'espace et du temps dans l'élaboration practo-gnosique et dans le langage

Le geste le plus simple se déroule dans le temps (il comporte un démarrage, une accélération, un freinage, qui se succèdent nécessairement dans cet ordre), et il est décrit dans l'espace. Il en va de même des praxies, ces séquences gestuelles complexes construites au cours de l'histoire individuelle afin d'atteindre des buts bien déterminés. Un trouble de la motricité, une dyspraxie ou une apraxie, comportent, qu'il y ait ou non atteinte neurologique caractérisée, et quelle que soit cette atteinte si elle existe, une incapacité à organiser l'activité dans l'espace et dans le temps. Ceci est évident, nous l'avons souligné, à propos des dysgraphies. Mais on a également recours à ces concepts de temps et d'espace lorsqu'on étudie les agnosies (troubles de la représentation), les asymbolies (troubles de la fonction symbolique), les aphasies (troubles dissociatifs du langage), ainsi que les troubles évolutifs du langage oral et écrit chez l'enfant. Dans tous ces cas, la relation entre le trouble observé et les difficultés à organiser l'espace et le temps est certes moins évidente que dans le cas de la motricité. Il est donc utile, pour éclairer cette relation, de procéder à un bref rappel historique.

(1) Que l'on pense, par exemple, à une confusion très commune qui consiste à identifier les troubles de l'organisation spatiale et les troubles de la dominance latérale (cf. chap. V).

L'étude des aphasies a, depuis le début du XIXe siècle, une déjà longue histoire (1). Dominée d'abord par la recherche de localisations anatomiques au niveau du cortex cérébral, et par la psychologie associationniste (une aphasie étant conçue comme résultat d'une lésion corticale détruisant les images verbales, auditives, etc., et leurs liens), elle a pris un tournant important avec les travaux de Henry Head au lendemain de la première guerre mondiale. Head avait, au cours de la guerre, pu observer un grand nombre de traumatisés crâniens dont le langage était resté gravement perturbé. Il avait imaginé, pour étayer ses examens cliniques, un certain nombre d'épreuves originales. L'une de ces épreuves consistait à faire reproduire par le patient un certain nombre de mouvements exécutés par le clinicien lui faisant face : porter un doigt sur un œil ou une oreille, dans les différentes combinaisons droite-gauche possibles. Quatre conduites du patient sont possibles : l'échec pur et simple ; des réactions plus ou moins erronées (par exemple, au mouvement « main droite sur œil gauche » le patient réagit en mettant la main droite sur l'œil droit) et variables d'un moment à l'autre ; la reproduction « en miroir » où le patient réagit comme s'il n'était que le reflet de son vis-à-vis (il met la main droite sur son œil droit en voyant celui-ci mettre sa main gauche sur son œil gauche) ; enfin la reproduction correcte. Cette dernière exige, de toute évidence, qu'on tienne compte de l'inversion droite-gauche qu'introduit la position face à face. Or, Head constata que les aphasiques échouent massivement à ce type d'épreuve ; ceci, selon lui, parce que la réussite suppose un certain recours au langage intérieur — chez eux détruit — du type : « il met sa main droite sur son œil gauche... ; je mets ma main

(1) Celle-ci a été bien résumée par OMBREDANE dans son ouvrage sur *L'aphasie et l'élaboration de la pensée explicite*, Presses Universitaires de France, 1951.

droite, la voici, sur mon œil gauche, celui-ci » ; ou, plus brièvement et au minimum, le recours à une formule du type : « C'est toujours l'opposé ». Cette incapacité à reproduire les mouvements témoigne donc, aux yeux de Head, de l'atteinte même du langage et plus généralement de la « fonction symbolique », dont le langage n'est qu'une expression particulière quoique majeure. Mais, à peu près à la même époque, W. Van Woerkom renverse la proposition : ce n'est pas, comme le croit Head, parce qu'il a perdu le langage que l'aphasique est incapable d'organiser la perception et l'action dans l'espace ; tout au contraire, c'est parce qu'il est atteint de cette incapacité qu'il ne parle plus. Là où Head ne voyait qu'un symptôme, Van Woerkom situe une cause. « L'originalité de Van Woerkom est d'avoir marqué plus nettement que ses devanciers, dans le progrès de la pensée au langage, la nécessité d'un processus d'organisation spatiale et temporelle qui devance l'usage des symboles, et peut être atteint primitivement par la maladie » (Ombredane, 1951, p. 245). C'est donc à la base de la construction même du langage et de la pensée qu'il faut situer ce processus d'organisation spatiale et temporelle qui en est la condition et l'assise nécessaire, à tel point que son atteinte compromet la superstructure qu'il avait permis d'édifier, c'est-à-dire le langage et la pensée catégorielle abstraite (dont les atteintes ont été tout spécialement étudiées par K. Goldstein).

En ce qui concerne l'espace, Mourgue (reprenant des idées de Bergson) insistait sur ses fonctions de « distinction, découpage, différenciation, opposition » : l'espace permet tout cela, c'est-à-dire permet l'individualisation et la mise en relation des objets concrets qui s'y distribuent. Mais les mêmes termes s'appliquent à la représentation, qui ne peut elle-même s'individualiser et se coordonner que dans un « espace mental » répondant aux mêmes caractéristiques. Quant à l'organisation temporelle de l'activité mentale, et à ses atteintes dans l'aphasie, von Monakow et Mourgue (1928) y avaient insisté en décrivant la succession dans le temps des phases d'élaboration de l'acte de langage.

Mais la distribution des éléments qui se différencient et s'ordonnent dans l'espace-temps physique, et dans son double, l'espace-temps mental, n'est possible que parce que les deux espaces-temps, dérivés l'un de l'autre, sont orientés. A aucun de ces deux niveaux, l'espace ni le temps ne sont amorphes.

C'est évident pour le temps, qui introduit entre les perceptions ou les actes qui s'y insèrent un ordre irréversible. Si l'établissement de cet ordre est difficile ou impossible, c'est toute la « mélodie cinétique » (pour reprendre l'expression de von Monakow) qui s'en trouve altérée ou détruite, au niveau des praxies, à celui de la représentation et de la pensée logique (quant à l'établissement des relations de causalité notamment), à celui du langage.

L'espace physique s'oriente, pour tout individu, selon trois dimensions : haut-bas, proche-lointain, droite-gauche. Ces trois dimensions sont référées à tout instant à la position actuelle du corps. Par là, la structuration de l'espace perçu et agi, puis de l'espace représenté, suppose que le corps soit pris comme point de repère fondamental. Il faut donc que la connaissance du corps soit suffisamment maîtrisée pour jouer ce rôle de système de référence permanent. D'où l'intérêt porté aux problèmes du « schéma corporel » et de la somatognosie : on entend par là tout ce qui touche à la construction du corps perçu (grâce à l'intégration des sensations cœnesthésiques, tactiles, kinesthésiques, visuelles, qui s'y rapportent) et du corps représenté, au niveau des images mentales mais aussi à celui du langage (la dénomination des parties du corps joue un rôle d'appoint notable dans cette construction). Le repérage de l'axe droite-gauche joue un rôle important dans la construction du schéma corporel, de « l'espace corporel », condition nécessaire de la construction de l'espace environnant (Wallon et Lurçat, 1962) ; l'établissement de la latéralisation motrice, c'est-à-dire le fait qu'un hémi-corps, et plus spécialement une main, jouent un rôle majeur dans l'activité motrice, aide à cette différenciation du schéma corporel.

Telle est donc, très brièvement résumée, l'articulation des notions les plus souvent invoquées pour justifier l'importance attribuée depuis quarante ans à l'espace et au temps dans le fonctionnement mental, du niveau des praxies à celui de la représentation, de la pensée logique et du langage. C'est d'abord sur le terrain de la neuropsychiatrie adulte, par l'étude des apraxies, des agnosies, des aphasies, que ces idées se sont développées ; mais, en partie sous cette impulsion, la psychologie génétique les a reprises et exploitées sur son terrain propre.

2. Les données de la psychologie génétique

Dès la constitution des premières coordinations sensori-motrices (par exemple, lorsque le bébé s'efforce d'intégrer les données visuelles et kinesthésiques quand les déplacements de sa propre main traversent son champ visuel) se construisent des « schèmes sensori-moteurs ». Ceux-ci ont été postulés et étudiés par J. Piaget. Ces schèmes sont susceptibles de modulations selon les circonstances et les objets particuliers de l'action, modifications rendues nécessaires par les différences de trajectoire, par les différences de forme et de taille des objets à saisir, etc. Leurs modulations sont régies, selon Piaget, par le double processus de l'*assimilation* et de l'*accommodation* (Piaget, 1936). Au cours de la première année, c'est-à-dire avant même l'apparition du langage, l'élaboration des praxies s'effectue grâce à un double travail de coordination, à la fois interne (organisation de la séquence gestuelle en fonction du but à atteindre, intégrant des variations contingentes des conditions de réalisation) et externe (coordination des praxies entre elles) : « ... en présence d'un objet nouveau, l'enfant lui appliquera à tour de rôle (à titre d'exploration) chacun des schèmes connus, comme pour déterminer la signification pratique ou l'usage de cet objet, et il le saisira pour le regarder, le sucer, etc., et il le secouera, le frottera contre le bord du berceau, le frappera d'une main en le tenant de l'autre, etc. » (Piaget, 1960, p. 553). Dans la suite du développement les praxies vont jouer, dans la période « préopératoire » (2 à 7 ans environ), puis dans celle des « opérations concrètes » (7-8 à 11-12 ans), un rôle fondamental : les actions intentionnelles, visant à la transformation de la réalité physique et à la maîtrise des perceptions associées à ces transformations, sont peu à peu *intériorisées.*

On voit donc comment, pour Piaget, la construction génétique procède de l'action réelle, physique — du mouvement et des praxies — à l'action mentale ; de l'une à l'autre, il y a enchaînement génétique nécessaire. Toute l'œuvre de Piaget repose sur cette idée fondamentale (voir également Piaget, 1956). Mais, au-delà des thèses propres à cet auteur, l'idée est acceptée par toute la psychologie génétique contemporaine ; Wallon lui-même y avait insisté en de nombreux travaux (par exemple : Wallon, 1942, 1952, 1956).

En même temps que s'élabore l'activité, au niveau des praxies, l'espace dans lequel se déploie cette activité se différencie et s'organise ; ceci sur un double plan, celui de « l'espace corporel » et celui de « l'espace environnant » (Wallon et Lurçat, 1962).

Les étapes de construction du schéma corporel ont fait l'objet de multiples études. Bergès et Lézine (1963) en ont donné une bibliographie, en même temps qu'ils présentaient une série d'épreuves utilisables pour l'étude du développement des praxies et du schéma corporel entre 3 et 6 ans. L'enfant repère progressivement et coordonne entre eux les différents territoires et segments corporels ; plus tard, il apprend les dénominations que leur affecte le langage, et cette verbalisation joue un rôle important dans l'établissement du schéma corporel, des gnosies relatives au corps. N. Galifret-Granjon (1960) a pu, dans cette perspective, présenter une épreuve de « gnosies digitales » qui en fait apparaître les progrès de 6 à 12 ans. Le repérage de l'axe droite-gauche contribue à cette élaboration. On en connaît les difficultés : ce n'est qu'entre 5 et 6 ans, en règle générale, que l'enfant parvient à distinguer sa main droite de sa main gauche. Dans l'acquisition de cette distinction, la dominance latérale joue un rôle important : la main droite, dans le cas le plus fréquent, s'individualise comme celle qui fait le plus et le mieux. Par là, le non-établissement d'une dominance latérale nette peut constituer un handicap sérieux à la différenciation du corps suivant l'axe droite-gauche et, au-delà, à l'utilisation de cet axe pour la construction de l'espace environnant.

Car, parallèlement à la construction de l'espace corporel se construit l'espace du monde extérieur (Wallon, 1931 ; 1949, 2e partie) : d'abord « espace buccal » limité aux explorations que permettent la bouche et les lèvres, il devient vite « espace proche », celui que peut atteindre la main. C'est le lieu où se construisent les coordinations sensori-motrices et les praxies, et où se différencient et se coordonnent les objets, distingués du corps lui-même. Pour que s'opère cette distinction, essentielle puisqu'elle fondera tout à la fois, et de façon complémentaire, le monde matériel et l'individualité du moi, il faut « projeter » en quelque sorte, dans un espace extérieur par là même constitué, tout ce qui, n'étant qu'imparfaitement contrôlable, doit être situé comme étranger au corps propre (Wallon, 1956). Ceci est beaucoup favorisé par l'apparition de la marche, qui accroît le rayon d'action, et par celle du langage, qui fait passer les objets au plan de la représentation et permet de mieux les individualiser. D'où le terme de

« stade projectif » utilisé par Wallon (1925) pour désigner cette période.

Construire l'espace, c'est y distribuer et articuler les objets dans un univers qui, par là même, s'investit de significations (M. Pinol-Douriez, 1975). Dans cette construction de l'espace environnant, l'établissement de l'axe droite-gauche joue un rôle important. Mais lorsque cet axe s'établit normalement (entre 4 et 7 ans) l'enfant n'en fera, pendant assez longtemps, qu'un usage limité. Certes, l'espace environnant est lui-même réparti en « ce qui est à droite, du côté de ma main droite, celle-ci » et « ce qui est à gauche, du côté de l'autre main ». Mais le moindre déplacement de l'enfant compromet ces distinctions, liées à la position qu'il occupe actuellement, et sans qu'il puisse concevoir que les repérages s'établissent autrement pour toute personne orientée différemment. Il déclare, de ce fait, un objet à gauche ou à droite, en fonction de sa position actuelle ; il le déclare tel *absolument*, en quelque sorte, sans pouvoir tenir compte de ce qu'introduit de contingent, dans une telle déclaration, sa propre position actuelle dans l'espace. Par là, il lui devient impossible d'être compris d'un camarade orienté différemment (1). Il lui faudra plusieurs années pour relativiser les repérages spatiaux, pour les décentrer de la référence exclusive au corps propre et, par là, arriver à concevoir que l'espace possède sa structure propre, au sein de laquelle s'effectuent des mises en relation entre objets indépendantes de la position actuelle de l'observateur. Ce n'est que vers 9 ans que l'enfant surmonte tout à fait les difficultés de l'inversion de l'axe droite-gauche que suppose l'exécution correcte des épreuves main-œil-oreille de Head (N. Galifret-Granjon, 1960), et plus tard encore qu'il pourra dessiner une maquette de paysage « comme le

(1) C'est pour éviter les malentendus nés de cette absence de relativisation que les instituteurs du cours préparatoire orientent prudemment la classe selon une dimension tout entière définie par les caractéristiques de l'espace environnant : le côté de la porte... le côté de la fenêtre...

verrait quelqu'un placé en face » (Piaget et Inhelder, 1948).

Cette construction de l'espace est entièrement liée à la construction du temps : « Le temps apparaît lié au mouvement et indissociable de l'espace. Il est la coordination des mouvements et joue à leur égard le même rôle que l'espace à l'égard des objets. L'espace coordonne les positions de l'objet dont les déplacements entraînent des états spatiaux distincts et successifs, que le temps coordonne » : ainsi Tran-Thong (1967) introduit-il la présentation de l'ouvrage consacré par Piaget et Inhelder (1946) au *Développement de la notion de temps chez l'enfant* (1).

Ainsi, on le voit, l'élaboration des repérages de temps et d'espace est placée au centre même de la construction de toute activité mentale ; des praxies aux opérations, à la représentation et au langage, ils en fournissent les cadres et le support. Par là, la psychologie génétique rejoint la neuropsychiatrie adulte, dont elle a repris et développé les idées sur le terrain qui lui est propre. Mais il ne s'agit pas d'une simple transposition ou d'un démarquage ; la filiation d'un domaine à l'autre est plus fondamentale. Car, depuis Hughlings Jackson, la neuropsychiatrie adulte s'est accoutumée à penser les dissociations pathologiques en termes de *régression* : la dissociation procède en ordre inverse de la construction ; c'est-à-dire que, au cours d'un processus pathologique de destruction d'une fonction, ce sont les expressions les plus tard construites, les plus complexes et différenciées de cette fonction, les plus fragiles, qui sont d'abord détruites. Jackson avait posé cette loi à propos des troubles neurologiques ; après lui, on l'a appliquée à la psychopathologie, qui s'en est trouvée fortement marquée (2). C'est donc tout naturellement que la psychologie génétique s'est saisie de notions et d'idées que la psychopathologie posait déjà en termes

(1) Cet ouvrage de Tran-Thong offre, par ailleurs, une très bonne présentation d'ensemble des travaux de Piaget et Wallon.

(2) Wallon (1951) a discuté la légitimité de cette extension.

génétiques. En dépit de cette indéniable filiation des notions utilisées, il est bien vite apparu cependant que les modèles théoriques développés par la neuropsychiatrie adulte, à propos de troubles dissociatifs, ne sont pas directement applicables aux troubles de la croissance de l'enfant. La divergence entre les deux optiques — celle des troubles dissociatifs et celle des troubles évolutifs — tient non seulement aux différences des manifestations observées, mais, plus fondamentalement peut-être, à la nécessité de faire appel à des facteurs de causalité eux-mêmes différents. Ainsi, si l'enfant développe un trouble du langage ou une dyslexie, ce n'est pas en fonction d'un facteur causal univoque, du type lésionnel, mais comme une modalité d'inadaptation à certains buts et à certaines exigences de l'entourage social. Le devenir de son trouble est donc déterminé par des causes très complexes qui s'articulent dans tout un réseau d'interactions.

C'est dans une telle perspective, qui tient compte à la fois de la convergence de divers facteurs et de leur intrication dynamique, qu'il faut donc situer l'approche psychologique des troubles instrumentaux. Les perspectives d'interprétation, au niveau de l'examen individuel, en découlent.

3. L'INTERPRÉTATION DES DIFFICULTÉS INSTRUMENTALES DANS L'EXAMEN PSYCHOLOGIQUE

On a proposé, sur les bases théoriques rappelées par ce qui précède, de nombreuses épreuves utilisables en clinique infantile. Il est impossible de les décrire ici.

Nous citerons cependant rapidement les plus utilisées actuellement dans les pays de langue française.

L'épreuve de schéma corporel de Daurat, Hmeljak, Stambak et Bergès (1966), étalonnée de 4 à 11 ans, vise à évaluer la connaissance des rapports spatiaux entre les différentes parties du corps : l'enfant doit situer à leurs places respectives et dans leurs rapports réciproques des pièces représentant les morceaux d'un corps, puis ceux d'un visage.

Le test des gnosies digitales de N. Galifret-Granjon (1960) concerne uniquement la différenciation des cinq doigts de la main. Il permet de déceler certaines incapacités de différenciation et de repérage des doigts, certaines *agnosies digitales* dont N. Galifret-Granjon rappelle que Gerstmann avait fait un symptôme majeur en l'intégrant dans le syndrome auquel son nom est resté attaché (agnosie digitale, agraphie, acalculie, confusion droite-gauche).

Le test d'imitation de gestes, proposé par J. Bergès et I. Lézine (1963), s'adresse à des enfants plus jeunes : l'enfant doit placer les mains ou les bras dans une certaine position montrée par l'examinateur.

La batterie « Piaget-Head » de N. Galifret-Granjon (1960) vise à apprécier l'orientation dans l'espace par une série d'épreuves : connaissance de la droite et de la gauche, possibilité de situer deux objets l'un par rapport à l'autre selon l'axe droite-gauche, possibilité d'effectuer la correction nécessitée par une rotation de 180° (l'observateur et l'enfant étant placés face à face).

Diverses épreuves de copies de dessins visent à apprécier l'organisation dans l'espace de la feuille de papier des éléments copiés ; elles se situent plus nettement que les précédentes au niveau de l'organisation perceptive et de la représentation. On peut citer l'épreuve de « copie d'une figure complexe », proposée par A. Rey et étudiée par P. Osterrieth (1945), ainsi que le test de copie de dessins de L. Bender, adapté en 1960 par H. Santucci et N. Galifret.

L'éventail des épreuves disponibles est plus restreint en ce qui concerne l'étude de la structuration dans le temps. Signalons cependant les épreuves de rythme de M. Stambak (1960), étalonnées de 6 à 12 ans, et concernant le tempo spontané, la reproduction de structures rythmiques et la compréhension d'un symbolisme de représentation visuelle de ces structures.

Nous avons rappelé à titre d'illustration ces quelques épreuves couramment utilisées. Il ne faudrait pas croire, cependant, que l'analyse instrumentale passe nécessairement par l'utilisation d'épreuves très spécialisées. Les fonctions que ces épreuves cherchent à isoler se trouvent fréquemment mises en œuvre dans les échelles de niveau mental. L'analyse instrumentale peut donc être, dans bien des cas, introduite lors de l'examen des résultats des échelles de niveau global. Ainsi, les difficultés à reproduire les séquences des cubes de Knox, ou à réaliser l'arrangement d'images du WISC, pour ne prendre que ces exemples, peuvent suffire à mettre en évidence l'existence de troubles instrumentaux. Il faut donc bien se garder d'une catégorisation simpliste, selon laquelle on supposerait qu'un test n'éprouve, par exemple, l'organisation spatiale que si telle était l'intention explicite de son auteur, ou même seulement si le terme figure dans son titre...

On constate que la pratique conduit parfois à de telles simplifications. Mais, au-delà de ce réalisme naïf, se trouve posé le difficile problème des rapports entre troubles instrumentaux et niveau mental.

4. La spécificité des troubles instrumentaux

On ne peut guère évoquer la notion de troubles instrumentaux si l'incapacité de l'enfant apparaît très générale, quelles que soient les tâches qu'on lui propose ; la notion n'a guère de sens, et en tout cas d'utilité, que si ces handicaps apparaissent limités à certains types d'activité, s'ils sont, comme on dit parfois, « spécifiques ».

Si un enfant de 7 ans présente un développement du langage oral du niveau de 3 ans, on ne parlera pas pour autant, et de ce seul fait, de retard du langage, si l'on souhaite invoquer par là un syndrome (impliquant, par exemple, la responsabilité d'un déficit électif des processus sous-jacents à l'acquisition du langage). Pour parler, dans un tel cas, d'un retard du langage, on s'assurera que le déficit n'est pas global. Si l'enfant n'a pas ou n'a guère dépassé ce même niveau de 3 ans pour toute activité mettant en jeu l'intelligence, on préférera évoquer la notion de déficience intellectuelle globale. On ne parlera donc de retard du langage que si l'enfant paraît avoir atteint un niveau de développement normal, ou quasi normal, dans les activités intellectuelles qui peuvent se déployer sans recours direct au langage. Comme donnée supplémentaire, on analysera l'état du langage lui-même, qui pourra faire apparaître des anomalies non réductibles à un simple retard.

Ainsi situé, le problème peut paraître assez simple et ses solutions techniques évidentes. Mais la réalité clinique est sensiblement plus complexe. Nous soulignerons trois types de difficultés auxquelles se heurte quotidiennement le clinicien. Tout d'abord, à partir de quelle amplitude du décalage entre la zone déficitaire et le niveau global peut-on parler de trouble *spécifique* ? Reprenons un exemple : soit un enfant de 10 ans dont le niveau est de 6 ans dans une échelle d'intelligence verbale, et de 8 ans dans une échelle d'intelligence non verbale : il apparaît globalement en retard, mais sensiblement plus dans la zone des activités impliquant le langage. Deux hypothèses peuvent être formulées. Selon la première, il s'agit d'une déficience intellectuelle générale, plus accentuée pour tout ce qui implique l'usage du langage (et l'on peut étayer cette hypothèse par maintes études sur des groupes de déficients mentaux montrant que le décalage en ce sens est banal). Selon la seconde hypothèse, il s'agirait au contraire d'un retard du langage, assez grave pour constituer un frein à l'ensemble du développement intellectuel, et par là répercuté sur des activités qui, bien que ne supposant pas son usage actuel, portent néanmoins la marque du déficit verbal qui a joué tout au long du développement antérieur. Pour choisir entre ces deux hypothèses, l'étude des constats actuels (analyse du niveau global et des résultats obtenus dans des épreuves spécialisées) ne saurait suffire. Le problème du diagnostic renvoie à une hypothèse génétique, et donc à toute l'histoire personnelle, et au développement des structures de fonctionnement et d'adaptation qui marquent celle-ci.

Ceci soulève donc une deuxième difficulté, relative aux problèmes de causalité qu'on se trouve ainsi conduit à évoquer. La causalité est à considérer en tant qu'un déficit donné peut en entraîner d'autres, par défaut de l'assise nécessaire à certains secteurs du développement ; par exemple le retard du langage tend à entraîner un retard dans l'élaboration conceptuelle. Mais, d'autre part, on peut invoquer une causalité sous-jacente aux handicaps observés, qui apparaissent alors comme des symptômes. En ce dernier sens, on considère communément que le déficit mental *global,* quelles que soient les discordances entre différents secteurs du développement, suppose le jeu de facteurs permanents, inscrits dans l'organisme même du sujet (facteurs héréditaires de sous-équipement, lésions ou altérations du système nerveux central). Cette conception classique de la débilité mentale a d'ailleurs subi, au cours de la période récente, des attaques de plus en plus vives (*Colloque sur les déficiences mentales*, 1972 ; Perron, 1968 *b*, 1973 *a*, 1979 *b*, Misès, 1975). De même, lorsqu'on parle de retard du langage, on implique souvent certains types de causes, jouant au niveau du système nerveux central (atteintes lésionnelles, voire simplement « fonctionnelles »), dont les effets restent limités à un certain secteur du développement mental. Ainsi se trouvent mises en cause, au niveau même de la pratique, certaines implications théoriques relatives à l'étiologie. Les conceptions étiologiques, qui ont marqué les dernières décennies, sont actuellement remises en cause. Dès lors, l'analyse *statique* des constats actuels (déficit « global » ou « spécifique »), si elle ne peut plus renvoyer simplement à des causes organiques permanentes, n'a plus guère de signification intrinsèque. La signification ne peut en être dégagée que par une démarche d'interprétation qui réintroduit une causalité historique et dynamique.

Le problème de la délimitation d'un déficit global et d'un déficit spécifique devient d'autant plus ardu — et, à la limite, il peut devenir insoluble — que les troubles instrumentaux sont plus étendus, et surtout plus divers. Qu'en advient-il, en effet, pour un enfant qui présente à la fois un handicap massif dans le domaine du langage et dans celui de la motricité ? C'est le cas, par exemple, de certains infirmes moteurs cérébraux. Le recours à une épreuve de performance, qui permettrait de déterminer, dans une certaine mesure, les possibilités intellectuelles indépendamment de l'usage du langage, devient alors lui-même impossible ; ou du moins la signification des résultats devient très incertaine, du fait que le handicap moteur retentit fortement sur les résultats à de telles épreuves. On peut alors recourir à une épreuve prévue pour de tels cas, comme l'échelle Columbia (Dague, Garelli et Lebettre, 1965) ; mais celle-ci suppose une perception visuelle intacte. Que faire alors si celle-ci est altérée ? De tels cas de handicaps multiples existent et posent au psychologue de bien difficiles problèmes techniques. On est conduit à essayer différentes épreuves, à les appliquer et à interpréter leurs résultats de façon souple, en tenant compte des handicaps observés. Par exemple, on pourra souligner que, si tel enfant obtient au Binet-Simon un QI de 64, il faut tenir compte du handicap verbal qui pèse sur ces résultats ; que si le QI au WISC performance obtenu par ce même enfant, n'est que de 55, les troubles de la motricité et de l'organisation spatiale expliquent aisément ces mauvais résultats, etc. Ainsi, on impute, peut-être avec raison, les échecs constatés à toute une série de handicaps spécifiques qui viennent affecter les performances. Il reste, dans ce cas, possible de supposer, au-delà de ce constat d'échec relativement généralisé, que l'enfant a néanmoins certaines possibilités intellectuelles qui n'ont pu être mises en évidence dans les conditions de l'examen psychométrique.

L'observation et l'interprétation clinique peuvent parfois étayer une telle hypothèse, et justifier qu'on ne réduise pas les faibles performances obtenues à une arriération globale. Mais il faut aussi se demander ce que sont ces « possibilités » dont aucune conduite actuelle n'atteste. Pour qu'elles soient autre chose qu'un mythe au nom duquel le psychologue se refuse à condamner l'enfant, il faut qu'elles puissent fonder un pronostic d'évolution. Tel est le cas lorsqu'on peut valablement supposer que, en mettant en œuvre certaines techniques rééducatives ou thérapeutiques appropriées, les handicaps pourront être levés de manière suffisante pour que s'ouvre ainsi la voie à une reprise du développement intellectuel. On voit qu'une telle conclusion dépasse de beaucoup les simples constats actuels à quoi l'on a parfois voulu limiter l'examen psychologique.

La démarche interprétative dans laquelle viennent s'intégrer ces constats ne saurait se réduire à une recherche de *causes*, au sens mécaniciste, c'est-à-dire renvoyant à l'hypothèse de lésions corticales localisées, ou de certaines modalités de dysfonctionnement liées à un état permanent du système nerveux central. Dans la grande majorité des cas, ces hypothèses sont invérifiables ; et, lorsqu'elles apparaissent fondées par des données neurologiques, celles-ci restent étrangères à la compétence du psychologue. Aussi ce dernier a-t-il tendance à se réfugier dans l'évocation d'une pseudo-causalité, parfois caricaturale, qui fait appel à des modes d'explication purement tautologiques.

Considérons, par exemple, le cas d'un enfant dysgraphique qui organise mal les séquences gestuelles de l'écriture, d'où des formes heurtées, cabossées, des enchaînements coûteux et maladroits, de la crispation, etc. On lui fait copier les dessins du Bender-Santucci : les résultats sont mauvais. On conclut à un déficit de l'organisation spatiale, où l'on situe la « cause » de la dysgraphie dans ce cas particulier. En introduisant cette relation de causalité, on risque fort de ne se donner qu'une pseudo-explication : car on suppose par là que la copie de dessins géométriques se situe au niveau des possibilités de base de l'enfant, dans un domaine dont l'écriture ne serait qu'un reflet (altéré par de multiples influences contingentes). Seule, en effet, cette hypothèse permet de voir dans la copie de dessins un témoin plus direct de l'organisation spatiale que l'écriture elle-même, et d'expliquer par l'échec à la première l'échec à la seconde. Mais ceci n'est guère légitime, car on peut inverser la proposition : rien n'interdit de penser, dans tel ou tel cas, que l'enfant a développé, au cours de son expérience scolaire, un malaise suscité par toute activité graphique, et dont la copie de dessins porte elle-même la marque. En ce cas, on pourrait dire que l'enfant échoue au Bender parce qu'il écrit mal, et non l'inverse... (1). Pour éviter l'introduction abusive de relations de causalité, il faut donc rétablir clairement la nécessaire distinction entre le plan des comportements, dont les tests permettent eux-mêmes l'observation dans des conditions différentes de celles qui déterminent les conduites quotidiennes, et celui des notions générales qu'on utilise pour regrouper des observations en ensembles cohérents. Un test utilisé à des fins d'analyse instrumentale est fait pour susciter certains types de comportements, dans des conditions codifiées ; mais la signification de ces comportements n'est jamais univoque. Il y a beaucoup de raisons différentes de mal copier une figure géométrique...

Ce qui permet d'interpréter les comportements observés, c'est le recours à des notions générales, par lesquelles on change de plan. Ainsi, on peut recourir à la notion d'organisation spatiale, si celle-ci permet de faire apparaître des relations entre des observations qui, sans elle, auraient

(1) Une telle hypothèse peut apparaître tout à fait justifiée dans un *cas particulier* ; cependant, cela n'est pas en contradiction avec l'hypothèse de recherche suivant laquelle, *en général*, les résultats au Bender sont moins dépendants de circonstances et facteurs contingents.

pu rester disparates (par exemple, entre la mauvaise écriture, l'échec à une copie de dessins, un trouble de repérage droite-gauche, etc.). Mais aucun test ne peut, en lui-même et de façon univoque, témoigner de la « capacité d'organisation spatiale » d'un enfant donné. En tant que notion générale et abstraite, celle-ci échappe en effet à toute évaluation directe, donc à toute « mesure ».

Dans la troisième partie de cet ouvrage, nous évoquerons les différentes dimensions dans lesquelles doit se situer la démarche interprétative concrète, par laquelle de telles implications simplistes pourront être dépassées.

TROISIÈME PARTIE

Les démarches de l'interprétation

CHAPITRE VIII

L'interprétation au niveau de la personnalité

Les deux premières parties de cet ouvrage ont discuté des principes de construction et d'emploi d'un certain nombre de techniques utilisables pour l'examen psychologique de l'enfant. Il s'agissait d'évaluations sectorielles de l'activité mentale, portant sur ses fonctions de base ou ses instruments, ou tendant à évaluer l'efficacité globale de cette activité (épreuves dites « de niveau intellectuel »). Mais dans tous les cas envisagés, l'évaluation porte sur les fonctions adaptatives, et plus précisément sur les activités cognitives. La clinique de ces épreuves, nous y avons insisté, ne saurait se limiter à l'énoncé de quelques résultats chiffrés. Elles offrent une occasion irremplaçable de saisir des *modes de fonctionnement et d'adaptation* de l'enfant, dans toute la concrétude de leurs manifestations, et ceci dans une situation donnée, face à un adulte investi d'une image et d'un rôle bien particuliers.

Certes, toutes ces techniques d'examen sont partielles, en ce sens que chacune se propose de donner sur l'individu examiné un certain type de renseignements, sans jamais pouvoir prétendre apporter toutes les informations utiles à une saisie d'ensemble. Cependant, chacune de ces épreuves à visée partielle est en fait exécutée par l'enfant tout entier ; un enfant qui y apporte souvent autre chose et plus que ce que supposait le « rationnel » du test. Le psychologue débutant est parfois dérouté par ces manifestations inattendues ; Il pourrait être porté, soit à déplorer des conduites fâcheuses de l'enfant (mais faut-il ici souligner qu'il ne saurait y avoir de « mauvais sujets » ?), soit à rejeter l'usage de tests décevants, qui ne répondraient pas aux attentes créées par une approche simplifiante. Ce serait rejeter du même coup des observations d'un grand intérêt.

Considérons par exemple le cas où l'enfant se trouve confronté avec une série d'épreuves d'efficience intellectuelle, dont chacune comporte des questions ou des tâches de difficulté croissante. Il arrive, de façon non exceptionnelle, que l'enfant aborde la première de ces épreuves avec plaisir, et exécute avec brio les premiers items, faciles, voire qu'il souligne ces réussites de remarques flatteuses pour lui-même ; mais que, dès les premières difficultés, se fasse jour un certain malaise. On voit alors l'enfant prendre une expression maussade ; son regard fuit ailleurs, son attention se porte sur autre chose, et il faut de façon réitérée le ramener vers les tâches à exécuter. On conserve finalement l'impression que les échecs relèvent plus d'une opposition déguisée que d'une véritable incapacité. Tout montre que c'est précisément cette incapacité que l'enfant redoute, et qu'il s'efforce d'en éviter la mise en évidence : toute sa conduite vise à installer l'incertitude sur ce qu'il eût fait s'il s'était efforcé d'atteindre la meilleure réussite possible. Le psychologue lui demandait cet engagement ; il s'y refuse, et par là met en doute le droit du psychologue à instaurer une telle contrainte, et au-delà à porter un jugement de valeur sur ses capacités. Les résultats chiffrés seront certes sujets à caution. On ne saurait les accepter tels quels ; mais les majorer de façon arbitraire est tout aussi illégitime, puisque l'attitude de l'enfant peut masquer une incapacité bien réelle. Faut-il tenir l'examen pour inutile ? Certes non, puisqu'il donne l'occasion d'analyser les positions de l'enfant face à la réussite et à l'échec dans des activités proposées par l'adulte, une analyse évidemment pertinente si l'enfant consulte pour difficultés scolaires.

On pourrait multiplier les exemples de ce type, montrant que la situation d'examen permet de mettre en lumière et d'analyser des modes de fonctionnement particuliers à l'enfant. Dira-t-on alors qu'il s'agit de sa « personnalité » ?

Certes. Ce serait une illusion fâcheuse que de concevoir le psychisme comme partagé en deux secteurs bien distincts, celui des fonctions cognitives d'une part, et celui de « la personnalité » d'autre part. Même si une telle illusion est entretenue par certaines traditions universitaires (et par les catalogues des éditeurs de tests...), ce n'en est pas moins une illusion, fatale à toute bonne démarche clinique. L'intelligence est *dans* la personnalité, non à côté. Il en résulte que chacun des tests qu'utilise l'examen psychologique, et leur ensemble, doivent être analysés en tant que témoins d'une *structure individuelle de modes de fonctionnement psychique*. Autrement dit, tout examen est à interpréter au niveau de la personnalité.

Certaines techniques visent plus particulièrement à étayer une telle interprétation ; ce sont celles qu'on désigne d'ordinaire, et un peu abusivement, « tests de personnalité ». Nous les envisagerons dans le chapitre suivant. Mais le problème déborde largement l'usage de ces techniques ; c'est pourquoi nous y consacrerons toute la troisième partie de cet ouvrage.

1. La multiplicité des significations

J. Favez-Boutonier avait souligné, dans un avant-propos au numéro spécial du *Bulletin de psychologie* consacré à la psychologie clinique (1968), que celle-ci, bien qu'en pleine extension, est à la recherche de sa définition, de ses buts, et de ses méthodes. Ceci reste vrai. La psychologie clinique continue à éprouver quelques difficultés à se délimiter par rapport à des disciplines voisines, en particulier la psychotechnique, la psychiatrie, la psychanalyse ; elle oscille de fonctions d'évaluation (de « diagnostic psychologique ») à des fonctions de prise en charge (rééducatives, thérapeutiques, d'intervention dans les groupes, etc.). Il existe à cet égard un certain malaise, dont les racines sont sans doute nombreuses ; nous tenterons ici d'en souligner quelques-unes.

Dans son effort pour accéder à un statut scientifique, la psychologie a cherché à se donner une méthodologie et des instruments aussi *objectifs* que possible, c'est-à-dire permettant le recueil d'observations aussi indépendantes qu'il se peut des contingences, et notamment des caractéristiques personnelles de l'observateur (de ce qu'il peut y avoir de *subjectif* dans sa façon de percevoir, d'analyser, d'interpréter). Cette recherche d'objectivité a guidé dans toute une première phase, psychotechnique, le développement des tests. Dans cette optique méthodologique, les tests ont été en effet conçus comme des instruments d'observation qui, utilisés de la même façon — standardisée — par différentes personnes, doivent conduire celles-ci (sous réserve qu'elles soient qualifiées pour leur emploi) aux mêmes conclusions. Cette idéologie « objectiviste » a dominé le développement de l'examen psychologique dans la première moitié de ce siècle. Elle a été et reste largement justifiée. Binet avait souligné que seule cette position pouvait permettre de dépasser, en matière d'évaluation des « états inférieurs de l'intelligence », le flou des diagnostics psychiatriques utilisés vers 1900, et de réduire ainsi les divergences relevées entre psychiatres de qualification apparemment égale, mais dont les méthodes et les vues théoriques différaient (Binet et Simon, 1905 *a*).

Si justifiée soit-elle, cette optique théorique a été parfois caricaturée jusqu'à conduire à l'instauration d'un véritable mythe de l'objectivité en matière d'examen psychologique. C'est la remise en cause, plus ou moins explicite selon les cliniciens, de ces positions objectivistes qui alimente, pour une part, le malaise actuel. Est-il possible, en effet, d'admettre qu'un test est un instrument parfaitement identique à lui-même, quel que soit le psychologue qui l'utilise et le sujet qui le « subit », quel que soit le jeu des demandes et des réponses de l'un et de l'autre, quel que soit le cadre institutionnel où s'inscrit ce jeu ? Est-il concevable que l'observation ainsi permise n'autorise qu'une seule interprétation ? Excluant toute herméneutique, une telle conception des tests relève plus des sciences physiques élémentaires et de la technique de l'ingénieur que de la psychologie. Ce sont bien pourtant de telles implications méthodologiques qui ont marqué le début de la pratique des tests. Un test bien fait devrait, suivant cette optique, livrer un résultat indépendant des conditions contingentes de l'observation, et dont l'interprétation serait univoque. Ainsi dira-t-on que le Binet-Simon mesure l'intelligence, que le PM 38 mesure le facteur G, que le Bender-Santucci mesure l'organisation spatiale... (1). Il s'ensuit que, si un enfant échoue à ces tests, cela signifie qu'il est peu intelligent, qu'il « manque de facteur G », qu'il est déficient quant à l'organisation spatiale... De telles conclusions doivent évidemment susciter les plus extrêmes réserves.

(1) Les praticiens enclins à ce type de simplifications emploient volontiers le terme de *mesure*. L'expression prête à discussion, car de quel niveau de mesure s'agit-il ? Le terme ne peut avoir évidemment le même sens en psychologie que dans les sciences physiques ; nous en avons discuté dans le chapitre III. Rappelons ici que les tests ne réalisent jamais qu'une « mesure » de niveau ordinal, c'est-à-dire ne peuvent guère faire mieux que d'échelonner les individus, de celui qui réussit le plus mal à celui qui réussit le mieux ; l'évaluation individuelle consiste à situer le sujet dans cet échelonnement. Il n'y a pas de zéro absolu, et l'équidistance des échelons reste en général fort douteuse, en dépit de la sophistication de procédures statistiques qui masquent le problème plus qu'elles ne le résolvent.

Tout d'abord, en réduisant toute évaluation à une « mesure », et l'enfant à une collection de chiffres, on se borne à le caractériser en termes de *plus* et *moins*, de supériorité et d'insuffisance ; ceci implique la référence à un système de valeurs, implicite mais omniprésent, en lui-même fort discutable (1). Mais surtout elle suppose qu'un résultat présente une signification univoque. C'est confondre l'intention éventuelle du test, qui a orienté la procédure suivie par son constructeur, et ses significations au niveau de l'individu à qui on l'applique. Ainsi, par exemple, le PM 38 peut être, à juste titre, considéré comme un bon test d'intelligence si l'on se réfère aux démarches qui ont présidé à sa création ; de multiples études ont démontré qu'il est fortement saturé en facteur G, c'est-à-dire que les résultats qu'il livre sont en forte corrélation avec ceux d'autres épreuves ordinairement reconnues comme de bons tests d'intelligence, dont il résume, en quelque sorte, la signification « générale ». Ceci est vrai au niveau des groupes de sujets qui ont servi à la mise au point et à l'étalonnage du test. Il ne s'ensuit pas pour autant que cela reste vrai pour tout sujet particulier. Si un sujet réussit ou échoue au PM 38, l'hypothèse *la plus probable* reste bien que c'est parce qu'il est — ou n'est pas — intelligent ; mais d'autres interprétations sont possibles. Il peut réussir, et plus encore échouer, pour des raisons différentes : si le matériel du test l'amuse, le stimule, est perçu comme une sorte de défi, il peut améliorer sensiblement ses résultats ; à l'inverse, il peut échouer parce qu'il trouve le test ennuyeux ou absurde, parce qu'il proteste contre le principe même de l'examen, parce qu'il réagit avec une précipitation excessive et ne contrôle pas assez ses réponses, voire parce qu'il manipule mal la feuille

(1) Un tel système de valeurs reflète sans doute une civilisation industrielle qui conduit à caractériser l'individu en termes de possibilités, d'aptitudes ou d'inaptitudes, en fin de compte en termes de rendement. (Perron, 1968 *a*).

de réponse, etc. (1). Ainsi, même dans le cas d'un test dont la structure et le mode de construction affirment très nettement l'intention, le clinicien est obligé, face aux résultats obtenus par un individu, de s'interroger sur la signification de ces résultats. Il lui faut admettre que plusieurs significations sont possibles, et tâcher de dégager celle qu'il convient de retenir en l'espèce. Si ceci est inévitable dans le cas de tests dont les intentions sont claires, ce l'est encore plus dans celui des tests — les plus nombreux — dont la construction est restée plus empirique : ainsi du Kohs dont nous avons souligné précédemment les multiples significations possibles (chap. II), ou d'une échelle aussi couramment utilisée que le WISC. De façon générale, un résultat individuel peut présenter une signification privilégiée, qu'il convient de dégager ; mais il peut aussi présenter, chez le même enfant, plusieurs significations en surdétermination. Un enfant peut donner un mauvais résultat au Kohs parce que ses capacités intellectuelles, considérées globalement, sont médiocres ; mais l'échec peut être aggravé parce qu'il s'agit alors, plus spécifiquement, d'analyser spatialement un matériel perceptif ; le malaise éprouvé par l'enfant peut entraver la mise au point et la mise en œuvre d'une démarche analytique cohérente, et provoquer la multiplication de tâtonnements aléatoires ; ce malaise peut s'alourdir de la non-réponse de l'opétateur aux sollicitations que lui adresse l'enfant lorsque celui-ci cherche dans son approbation la preuve d'un agencement correct des cubes ; et tout ceci peut déboucher sur des réactions catastrophiques telles que le résultat final soit très mauvais.

Ainsi, si la psychologie a pu rêver de tests « objectifs » à signification univoque, il s'agissait bien d'une illusion.

(1) Toute application de tests en collectif livre quelques très mauvais résultats dont l'interprétation est bien difficile, parce qu'il peut s'agir d'une mauvaise compréhension des consignes, d'un mauvais codage des réponses, etc.

L'abandon de telles illusions, rendu nécessaire par la pratique clinique, ne va pas sans créer un certain malaise chez le praticien. Celui-ci se voit, par là, contraint à renoncer au confort des pseudo-certitudes « scientifiques ». Il doit, dès lors, assumer la nécessité d'une réflexion critique et les risques d'un travail personnel d'interprétation. Dans ce travail, il recherche constamment la signification la plus probable des résultats qu'il obtient, et des conduites qu'il observe chez son sujet, en rapportant chaque donnée à tout ce qu'il sait par ailleurs de ce sujet, et en tentant de dégager la cohérence de l'ensemble. Ce faisant, c'est la personnalité du sujet qu'il envisage nécessairement, si la personnalité — pour en reprendre une définition banale — est bien ce qui fait la cohérence et la spécificité de chacun.

2. Modèles et spécificité individuelle

L'interprétation au niveau de la personnalité se fixe deux buts : rechercher une cohérence intelligible entre différentes données relatives à un même individu ; et dégager ce par quoi cet individu apparaît irréductible à tout autre. Il y faut deux points d'appui : celui, méthodologique, de règles régissant la démarche de l'interprétation ; et celui, théorique, d'un modèle de personnalité. Nous discuterons brièvement ces deux aspects du problème. C'est discuter des fondements de la psychologie clinique elle-même : car, dans la meilleure définition que nous puissions en donner, *la démarche clinique en psychologie est celle qui vise à construire en structure intelligible des observations centrées sur un individu.*

A) *La visée de cohérence*

La cohérence peut être recherchée dans des optiques théoriques bien différentes, et dans le cadre de démarches dont la méthodologie est elle-même bien différente.

On a longtemps recommandé une position qu'on peut aujourd'hui considérer comme caduque, mais qu'il est utile de rappeler dans la mesure où elle a fortement marqué en ses débuts la clinique psychologique de l'enfant. Cette position consistait à recueillir des observations « à l'aveugle », au moyen d'une batterie d'épreuves constituée d'emblée selon un schéma standard supposé pertinent au motif principal de consultation : dans tous les cas une échelle de niveau global, plus des épreuves instrumentales en cas de difficultés du langage oral ou écrit, des épreuves psychomotrices en cas de troubles psychomoteurs ou de dyspraxie, des épreuves projectives en cas de « troubles caractériels », etc. Ce premier choix opéré, le praticien appliquait ces épreuves avec une sorte de détachement qui lui semblait être la condition nécessaire de son objectivité ; démarche qui n'est pas sans analogie avec celle du réparateur de radio-télévision qui, en présence d'une panne ou anomalie d'un certain type, engage une routine de vérification prédéterminée pour localiser un défaut de fonctionnement... S'il procède ainsi, le psychologue n'est guère porté, tant qu'il examine l'enfant, à s'interroger sur la signification des observations possibles. Ce n'est qu'à la fin de l'examen qu'il rassemble ses résultats, et qu'il en recherche la cohérence. L'inconvénient majeur de cette position est que l'on risque fort, en interprétant ainsi *a posteriori* les résultats, de ne parvenir qu'à dégager — souvent à grand-peine — une cohérence toute formelle, dont rien ne garantit la validité. Nous pensons ici principalement aux efforts qui visent à dégager la structure et la signification psychologique d'un « pattern » de résultats numériques. On procède généralement en comparant la configuration des résultats individuels considérés à tel ou tel « pattern type » supposé caractéristique de telle ou telle catégorie nosologique, ou de tel ou tel groupe de sujets pris comme groupe de référence. Cette démarche a longtemps été en honneur parmi des praticiens utilisant le Wechsler pour évaluer un degré de « détérioration intellectuelle », le

MMPI pour classer le sujet dans un type de personnalité calqué sur un syndrome psychiatrique, une batterie d'épreuves pour le caractériser comme « débile type », voire le Rorschach pour déceler en lui un « syndrome organique », etc. Toutes ces procédures cliniques fondaient leur validité supposée sur les résultats de travaux de recherche établissant le pattern type d'une catégorie de sujets donnée ; il semblait alors évident que tout sujet présentant ce pattern pouvait être considéré comme appartenant à cette catégorie. La démarche n'est claire qu'en apparence. L'expérience a montré qu'en fait on ne peut lui accorder qu'un crédit limité. Au niveau de la recherche, les contre-épreuves expérimentales, sur des groupes supposés identiques, échouent souvent à retrouver le pattern type dégagé par la recherche originelle. Au niveau clinique, la simple classification du sujet dans une catégorie nosographique ou de personnalité s'avère la plupart du temps bien décevante, parce qu'elle ne procède pas à une analyse *fonctionnelle*, et par là s'avère impropre à étayer une action pédagogique ou thérapeutique. Si ce type de démarche s'est avéré insatisfaisant, en dépit de son apparente rationalité, c'est essentiellement parce qu'elle est fondée sur une conception taxinomique des variations psychologiques de l'homme, conception qui n'est plus guère soutenable ; nous y reviendrons ci-dessous (en B).

Beaucoup de praticiens continuent néanmoins à utiliser ce type de méthodes dans leur effort d'interprétation. S'ils en tirent quelque profit, c'est au prix d'un assouplissement clinique de la démarche : le plus souvent, ils superposent aux schémas mis en évidence par les travaux de recherche des « schémas implicites », élaborés tout au long de leur expérience clinique, et qui peuvent rendre compte beaucoup plus finement de la diversité des configurations observées. L'usage de tels schémas implicites n'a certes rien d'illégitime. Mais, dès lors qu'on introduit ainsi — à l'encontre des exigences d'objectivité « idéale » autrefois exprimées par les tenants de cette position — les risques d'une interprétation personnelle dont on ne peut apporter de preuve rigoureuse, on voit mal quel bénéfice il reste à s'interdire toute interprétation au cours même du recueil des observations...

Il semble en effet évident que le clinicien a beaucoup à gagner à s'interroger sur la signification de ce qu'il observe tout au long de l'examen. En choisissant de procéder ainsi, on fait intervenir l'interprétation d'emblée : celle-ci vient, en quelque sorte, informer l'observation elle-même, à laquelle elle donne toute sa richesse et sa portée. On ne voit bien — et parfois on ne voit tout court — que ce qu'on cherche ou qu'on attend.

Cette recherche permanente de signification, c'est d'emblée la recherche d'une cohérence, et il est ici commode d'en distinguer deux niveaux. A un premier niveau, le plus proche des observations elles-mêmes, le clinicien recherche comment s'enchaînent et s'organisent les comportements dont il est témoin. Après avoir « subi » sans enthousiasme une échelle de niveau global, un enfant demande à dessiner ; et il choisit de dessiner un paysage bucolique, vide de personnages. Pourquoi ? Il accompagne ce dessin de commentaires réprobateurs sur sa petite sœur : pourquoi, et pourquoi à ce moment ? Ces questions peuvent n'être pas posées, soit qu'on désespère de leur trouver une réponse plausible, soit qu'elles soient jugées d'emblée non pertinentes à étayer la connaissance qu'on recherche. A les poser, et à tenter de formuler des hypothèses sur les significations possibles de ces conduites et de leur enchaînement dans la situation où elles apparaissent, on gagne évidemment beaucoup. Par une telle interrogation, en effet, on leur prête sens, en fonction de ce qu'on sait déjà de l'enfant, et l'on appelle dans l'ordre du sens des observations à venir, autrement impossibles. Du même coup, on est conduit à formuler des prévisions, et à intervenir, de façon quasi expérimentale, pour les mettre à l'épreuve. Au cours de cette démarche, certaines hypothèses se trouvent écartées, d'autres confirmées ; des contradictions apparaissent, obligeant à formuler de nouvelles hypothèses. On peut espérer parvenir finalement, à ce premier niveau, à une construction cohérente des observations. Par exemple : tout indique que le test d'intelligence auquel l'enfant a été « soumis » lui rappelait désagréablement les pressions exercées sur lui par ses parents et par le maître pour qu'il travaille mieux en classe. Le dessin est venu exprimer son désir d'un monde qui serait affranchi d'une telle pesée des adultes, et de la présence de sa petite sœur plus brillante et sans pitié pour ses difficultés scolaires. La suite de l'examen, orienté selon cette hypothèse, viendra la confirmer, l'affiner, la modifier, etc. Ainsi, la recherche de l'interprétation doit être permanente. Mais une telle attitude n'est réellement efficace que si le praticien est capable d'une « écoute » elle-même permanente, et assez souple pour lui éviter de s'engager trop longtemps dans des voies erronées ; il doit en particulier, nous y reviendrons, rester très attentif à tout ce qui peut venir contredire ses hypothèses.

Car ce premier niveau de cohérence des observations procède nécessairement d'options théoriques. Il n'y a pas de regard naïf. A être utilisées sans prudence, ces options risquent de créer des zones aveugles. Ceci d'autant plus qu'en fait tout le travail du clinicien vise un second niveau de cohérence : au-delà des attitudes et conduites de l'enfant, celle de la structure psychique dont elles sont les témoins. Il peut être dès lors fallacieux d'accorder trop d'importance à une certaine cohérence formelle, sur justifications théoriques, si cela doit conduire à négliger certaines contradictions inhérentes à la structure même de la réalité psychique (contradictions fortement soulignées, dans des optiques bien différentes, par Wallon et par Freud). Seule une observation vigilante, soutenue par une réelle empathie, permet de saisir le « mouvement » même du sujet, au sens de sa dynamique affective et relationnelle. C'est seulement à se situer dans ce mouvement que telle ou telle observation, tel ou tel résultat, prennent leur sens. L'attitude ouverte, réceptive, du psychologue clinicien face à l'enfant n'est pas à cet égard sans analogie avec l' « attention flottante » du psychanalyste.

C'est beaucoup s'exposer ? Certes. La cohérence recherchée par la démarche clinique ne saurait relever d'une pure logique formelle. Elle passe par une « compréhension », pour une part empathique et intuitive, dans laquelle se réintroduit nécessairement la subjectivité du psychologue. On en voit bien les dangers : prendre fougueusement, et peut-être tout à fait à tort, le parti de l'enfant contre ses parents, parce que ce dont il souffre réveille chez le psychologue une blessure secrète de sa propre enfance ; le manipuler dans une attitude de toute-puissance, fût-elle sous des couleurs réparatrices ; lui imputer tel conflit, telle insuffisance, dont on souffre soi-même ; bref, pour l'essentiel, se laisser prendre aux pièges de toute construction projective. Considérant l'enfant, non plus comme un appareil défectueux où il importe de localiser une source de dysfonctionnement, mais bien en tant que sujet, son semblable, le psychologue ne peut éviter d'être lui-même sujet. La « subjectivité » dès lors n'est plus un mal, puisqu'elle est nécessaire, inévitable. Comment la maîtriser, la contrôler, en faire, non plus une source d'erreurs, mais un instrument de travail ? A ces questions, le psychanalyste donne ses réponses, les meilleures — ou les moins mauvaises — qu'il puisse leur apporter. La formation, l'expérience, les cadres de travail, les visées du psychologue clinicien de l'enfance sont autres. Mais, dans son principe, la réponse est forcément la même : ne pas laisser sa propre problématique envahir insidieusement le champ de l'interprétation. Il est à cet égard quelques règles techniques que nous énoncerons plus loin.

B) *La spécificité individuelle*

La démarche de l'examen, orientée par cette visée de cohérence, tend à construire en structure intelligible, dans le procès même de leur recueil, les informations relatives à l'enfant. A mesure qu'elle se construit, cette structure apparaît de plus en plus singulière : l'enfant est compris dans sa spécificité, c'est-à-dire perçu comme irréductible à tout autre individu. Cependant, la plupart du temps, il apparaît progressivement semblable à d'autres cas dont le souvenir peuple l'expérience du clinicien ; il appartient à une famille. Il n'y a là nulle contradiction, et l'admettre n'est pas revenir à cette pensée catégorielle dont nous avons dit plus haut les illusions. L'illusion est de prétendre définir l'individu par son appartenance à une classe, dans le cadre d'un modèle qui voudrait distribuer les êtres humains dans un système de classes exclusives. Ce modèle emprunte ses postulats à la logique aristotélicienne, où connaître les objets c'est les distinguer les uns des autres en les regroupant en classes, une classe étant définie par l'ensemble des caractéristiques communes aux objets qui s'y rangent. Dans cette démarche, tout objet présentant les caractéristiques qui définissent une classe est lui-même *entièrement* défini par son appartenance à cette classe ; tout objet qui ne les présente pas, ou ne les présente qu'incomplètement, en est exclu, et doit être défini par son appartenance à une autre classe. Dès lors, on est débile mental *ou* non, introverti *ou* extraverti, obsessionnel *ou* hystérique, etc. Cette démarche classificatoire a longtemps paru la plus rationnelle à la psychiatrie (et, après elle, à la caractérologie) ; elle avait fait pour une part, au XIXe siècle, le succès d'une médecine qui reprenait ce modèle de la botanique et de la zoologie (cf. Dagognet, 1970). Son inconvénient majeur est d'entraîner quasi fatalement la centration du regard sur ce qui est commun aux individus du groupe, et de le détourner de ce qui est spécifique à chacun ; dans cette optique, on ajoute d'ailleurs volontiers que seul le général est compréhensible et objet possible de science, et que le spécifique, l'individuel, doivent être abandonnés à l'art. En psychologie, et plus généralement dans les sciences humaines, cette position s'est révélée intenable. Si les recherches conduites en ce sens ont finalement échoué, c'est d'abord et simplement pour des raisons techniques ; elles procèdent en effet par comparaison de groupes (quelles sont les caractéristiques de la classe des obsessionnels, par différence avec celles de la classe des hystériques ?, etc.). Or il est très difficile d'échantillonner sur des critères suffisamment sûrs les sujets des groupes à comparer. On se résigne alors souvent à ne retenir qu'une petite proportion de cas déclarés « sûrs », ce qui frappe toute la démarche de doutes sérieux, puisqu'on admet ainsi d'emblée que la majorité de la population n'est guère catégorisable. Il est clair que cet échantillonnage n'est si difficile que parce que le postulat d'une distribution en catégories exclusives est erroné. C'est bien ce que constate le clinicien lorsqu'il échoue à situer de façon assez nette le cas individuel dans l'une de ces catégories ; ou lorsque, s'y efforçant, il éprouve un certain malaise, sentant bien qu'il néglige alors ce qui fait l'essentiel de la spécificité de son sujet, ce qui, précisément, permettrait le mieux de le comprendre. Car ce qui préoccupe le clinicien, ce n'est pas de savoir quelle étiquette assortir à l'individu, c'est de savoir *comment il fonctionne*, ce qui apparaît dans ce fonctionnement fâcheux, déséquilibré, maladaptant, source et lieu de souffrance : c'est de là que naît la demande d'aide, c'est là qu'elle doit porter. Le sujet alors n'est plus un *objet* à classer, c'est bien un *sujet* : sujet de ses perceptions, de ses actions, de ses désirs et de ses craintes, de ses fantasmes, ses pouvoirs, ses impuissances, sujet — ou qui aspire à l'être — de sa propre vie. Tout ceci n'empêche pas le clinicien de remarquer des similitudes entre différentes personnes ; mais il s'agit alors de similitudes, et non plus de l'illusoire identité postulée par la réduction à une même appartenance catégorielle. Les sujets ainsi rapprochés se ressemblent par un certain *mode de fonctionnement* de l'appareil psychique. Mais pour décrire et distinguer ces divers modes de fonctionnement, il est nécessaire de s'appuyer sur une théorie suffisamment forte.

C) *Les modèles théoriques*

En dépit de tentatives estimables, la psychologie clinique n'a pas réussi jusqu'à présent à dégager de ses pratiques un modèle théorique capable, en retour, de les fonder en droit. Sans doute certaines de ces pratiques ont-elles donné lieu à des formulations générales fort utiles pour comprendre, sous certains aspects, ces modes de fonctionnement dont la mise en évidence est son objet même (c'est le cas, en particulier, en ce qui concerne le Rorschach). Mais on ne saurait prétendre que ces formulations sectorielles constituent une théorie d'ensemble, c'est-à-dire un modèle du fonctionnement de l'appareil psychique. De sorte que chaque clinicien en est réduit à puiser ses références où il le peut, en fonction de ses intérêts et des nécessités de sa pratique. Au niveau de l'enfance, deux théories majeures sont fréquemment invoquées : la théorie piagétienne et la théorie psychanalytique. L'une et l'autre arment incontestablement la démarche. On ne peut se dissimuler, cependant, qu'elles ont été élaborées à partir de corps d'observations qui ne correspondent qu'assez mal à celles que se propose de conduire le clinicien dans le cadre de l'examen psychologique de l'enfant.

La théorie piagétienne concerne le « sujet épistémique », c'est-à-dire, au-delà des observations concrètes dont Piaget a généreusement émaillé ses ouvrages, un être abstrait sujet des opérations cognitives qu'il conduit. Cet enfant idéal passe par une série de structures fonctionnelles équilibrées ; après une « crise de croissance » où un certain mode de fonctionnement est remis en cause, l'ensemble se réorganise, par équilibration majorante, en une nouvelle structure, etc. La succession de ces étapes est par hypothèse *nécessaire* ; c'est-à-dire qu'une structure sort logiquement de la précédente par une sorte de nécessité interne (on sent ici la pesée du modèle de la croissance biologique, dont Piaget s'est constamment inspiré). L'interversion de deux étapes est impensable, et la coexistence de segments fonctionnels de niveaux génétiques différents très improbable. Ceci est très satisfaisant pour l'esprit tant qu'il s'agit du sujet épistémique. Il en va autrement face à un enfant concret, et surtout s'il se signale au psychologue par des anomalies de développement : on peut alors avoir l'impression de telles corxistences, voire d'interversions, imprévues dans le modèle théorique et dès lors bien difficiles à comprendre (cf. E. Schmid-Kistsikis, 1969 et 1976 ; Perron, 1976 *a* ; Pinol-Douriez, 1980).

La théorie psychanalytique est peut-être encore plus souvent invoquée. Mais son emploi en psychologie clinique de l'enfant est malaisé. Les termes s'y présentent — souvent avec une polysémie assez redoutable — en réseau serré, de sorte que des emprunts partiels risquent de dénaturer des notions sorties de leur contexte et appliquées à d'autres objets. Ainsi, parler du « transfert » de l'enfant sur le psychologue avec qui il passe deux heures n'est peut-être pas dénué de sens ; mais ce sens n'est certainement pas le même que si l'on emploie le terme pour qualifier certains aspects du fonctionnement d'un adulte après deux ans d'une cure psychanalytique. La multiplication de tels emprunts peut conserver au langage une allure psychanalytique ; il n'est pas sûr qu'il s'agisse encore de théorie psychanalytique.

Il est encore plus difficile d'allier, au-delà d'un éclectisme peut-être utile, mais peu satisfaisant, ces deux types de références théoriques. La théorie piagétienne, centrée sur le développement et le fonctionnement cognitifs, ignore délibérément de larges secteurs de la vie psychique. La théorie psychanalytique, plus ambitieuse sans doute, inclut une « théorie de la pensée » ; mais il faut bien admettre que ce n'est pas là qu'on peut trouver les meilleures références pour comprendre le développement intellectuel, ses particularités et ses distorsions. Mais surtout l'axiomatique des deux ensembles théoriques est profondément différente. Ainsi, les notions de fixation et de régression (qui supposent la permanence, au sein d'une structure, de sous-structures en enclave, témoins d'étapes antérieures du développement) sont centrales dans la théorie psychanalytique, mais sans correspondance possible dans la théorie piagétienne. Un remaniement d'ensemble, qui réduirait cet écart axiomatique (appelé de ses vœux par Piaget lui-même, cf. Piaget, 1972) constituerait pour la psychologie clinique de l'enfant un apport fondamental (cf. Perron, 1976 *b*) ; nous en sommes malheureusement encore bien loin.

3. Les règles de la démarche

Nous en énoncerons quatre, dans une formulation volontairement simplifiée.

Face à un enfant en consultation se posent trois questions fondamentales : que veut-on savoir ? Comment va-t-on le savoir ? Et comment contrôlera-t-on la validité de ce savoir ?

Toute consultation part d'une demande adressée au psychologue, ou, souvent, à une équipe dont fait partie le psychologue. L'analyse de cette demande constitue un premier temps de la démarche, par où se construit notre première question (que veut-on savoir ?). Car en fait on a affaire en général, non pas à une, mais bien à des demandes contradictoires, conflictuelles, et bien souvent autres que ce qui en est affirmé explicitement. La demande explicite n'est en général pas posée par l'enfant, mais par des adultes qui parlent en son nom : les parents, le maître, un médecin généraliste, une assistante sociale, etc. Si l'on interroge l'enfant sur les raisons de sa venue, c'est en général cette demande qu'il répète (à moins qu'il ne préfère se taire...) : il vient parce qu'il fait des fautes d'orthographe, écrit mal, « fait des bêtises », etc. Il peut paraître — et en être — sincèrement désolé, et demander qu'on l'aide à faire disparaître cette source de désagréments. Cependant, il existe *toujours* une autre demande de l'enfant. *Première règle* de la démarche : sentir, admettre, faire exister cette demande. Car ce qui est allégué d'abord, ce sont des symptômes, dont il importe de reconnaître le sens. Les difficultés scolaires, les troubles dits caractériels, etc., témoignent de conflits : conflits entre l'enfant et son entourage, conflits intra-psychiques en l'enfant lui-même (Perron-Borelli, 1966). L'analyse du mode de fonctionnement de l'enfant sera donc, par là même, une analyse de ces conflits. En règle générale, la demande de l'enfant est simple : qu'au-delà de ce qui lui est reproché (et qu'éventuellement il se reproche) au niveau des actes, il lui soit reconnu, pour qu'il puisse se le reconnaître lui-même, le droit à *être*. Il y faut une réelle sympathie pour l'enfant en tant que personne, exprimée plus par des attitudes, un regard, un sourire, que par des mots. Si l'on y parvient, la question sera mieux posée, l'examen plus riche, et éventuellement son bénéfice thérapeutique non négligeable.

Mais, de plus, la demande explicite des parents en masque en général d'autres, inavouables ou inconscientes. Ce peuvent être des demandes relatives à l'enfant (par exemple une demande de prise en charge peut masquer un rejet profond, depuis toujours impossible à reconnaître), ou des demandes personnelles dont l'enfant n'est que le prétexte (par exemple : des difficultés « caractérielles » sont le reflet et le symptôme d'une mésentente conjugale grave, véritable lieu de la demande des parents, qui ne peuvent d'emblée la poser ainsi et utilisent l'enfant comme médiateur).

Ce premier temps d'analyse de la demande dégage un premier état de la question « que veut-on savoir ? », c'est-à-dire un premier corps d'hypothèses, guidant le choix des techniques à utiliser. Ainsi va se trouver recueilli et construit un premier lot d'observations. *Seconde règle* de la démarche : les discuter en fonction des premières hypothèses. Elles peuvent alors recevoir trois statuts différents, selon qu'elles confirment ces hypothèses, apparaissent contradictoires, ou enfin non pertinentes. Il faut se méfier des confirmations, pour des raisons qui fonderont notre troisième règle ; de sorte qu'à maints égards les deux autres types d'observations sont plus intéressants. La contradiction est le moteur de la démarche ; c'est elle qui, en obligeant à remanier les hypothèses de départ, oblige à progresser. Il faut cependant distinguer ici contradiction et conflit : un fait peut être contradictoire à une hypothèse qu'il oblige à abandonner (par exemple : on avait pensé à des placements nourriciers malheureux, et l'anamnèse montre que ceci n'a pas eu lieu) ; mais un fait peut venir étayer l'hypothèse d'un conflit nodal (par exemple, celle d'une ambivalence majeure à l'égard d'un frère aîné en position de substitut paternel). Le troisième statut des faits n'est pas moins intéressant ; c'est celui où ils ne confirment ni n'infirment l'hypothèse, et ne peuvent prendre sens qu'ailleurs. Ce sont sans doute les plus difficiles à percevoir ; car l'hypothèse, comme la langue, est la meilleure et la pire des choses : elle construit le champ des observables en le délimitant, c'est-à-dire en risquant de créer des taches aveugles. Il faut cependant rester sensible à l'inattendu. Pas d'autre recette ici que l'expérience clinique et le maintien d'une certaine ingénuité du regard, à l'encontre de tout formalisme et de tout dogmatisme.

Troisième règle : se méfier des constructions trop cohérentes, c'est-à-dire en fait de ses propres attentes (cf. Perron, 1979 *a*). Le piège est double. C'est d'abord celui de la réduction intellectuelle : il est tentant de sélectionner les faits, et de les simplifier, pour parvenir à une belle construction. C'est aussi (et ceci fonde la réduction intellectuelle) les pièges de la dynamique du clinicien, s'il se trouve porté, pour des raisons toutes personnelles, à majorer tel aspect du problème et à ignorer tel autre. C'est évidemment le plus difficile à déjouer. Le travail en équipe et la confrontation des points de vue fournissent ici une aide irremplaçable.

Quatrième règle : Au terme de la démarche, on parvient à une construction relativement cohérente, où il importe de ne pas masquer les décalages, les contradictions, les zones obscures. Cet ensemble doit être construit selon trois axes :

— le fonctionnement actuel ;
— l'histoire qui a conduit à ce fonctionnement : histoire événementielle, mais aussi et surtout histoire de cette psychogenèse : nous y consacrerons le dernier chapitre de cet ouvrage ;
— un système de prévisions : que se passera-t-il si les choses restent en l'état ; que se passera-t-il si l'on met en œuvre tel ou tel type de mesures ? Toute la démarche débouche en effet sur ces paris, puisqu'il s'agit de répondre au mieux à des demandes. C'est pourquoi la démarche n'est en fait jamais achevée : elle se continue des observations qui viendront confirmer ou infirmer ces prévisions. C'est dire qu'en principe la (re)construction interprétative n'est jamais close, ainsi que le savent bien les psychologues qui, travaillant en institution, peuvent suivre les mêmes enfants pendant plusieurs années.

CHAPITRE IX

Les techniques d'approche de la personnalité

1. Principes généraux

Une certaine tradition universitaire contraste fâcheusement « intelligence » et « personnalité » (ou « affectivité »). Ceci est parfois formulé en termes tels qu'on semble alors opposer deux appareils psychiques différents, dont il devient impossible de comprendre la juxtaposition en un même individu. Cette opposition est renforcée par l'habitude de séparer en deux groupes bien distincts, dans les catalogues des éditeurs de tests et dans certains traités de base, les tests d'intelligence et les épreuves de personnalité. Même si cette distinction est commode, et pour une part légitime, nous ne saurions entériner ici les illusions qu'elle risque de véhiculer. Qu'est-ce donc qu'une épreuve de personnalité, et qu'entendre par « personnalité » ? Des propositions avancées dans le chapitre précédent, il ressort que toute démarche de l'examen psychologique, y compris lorsqu'on y utilise un test d'intelligence ou une épreuve d'analyse instrumentale, constitue un mode d'approche de la personnalité : celle-ci n'est pas juxtaposée à l'intelligence, elle l'englobe. Ceci est en accord avec cette formulation de P. Fraisse lorsqu'il offre cette définition au début d'un texte consacré à la méthode expérimentale en psychologie : « L'objet de la psychologie est (...) la personnalité humaine, envisagée comme intégration unitaire de toutes ses instances » (Fraisse, 1963, p. 74). Il reste cependant que le clinicien peut utiliser des épreuves qui visent à évaluer, sous tel ou tel aspect, les modalités de cette « intégration unitaire ». Qu'est-ce qui distingue ces épreuves de celles qui ont été discutées dans les deux premières parties de ce livre ?

On peut considérer le fonctionnement de l'appareil psychique sous deux aspects majeurs :

a) Ses fonctions adaptatives. — Face aux objets, aux événements et aux situations qui exigent de l'organisme une réaction adaptative, cet appareil vise à produire des comportements adéquats. Ceci décrit l'ensemble du fonctionnement cognitif, dont Piaget a analysé les étapes de construction, des schèmes sensori-moteurs de base aux praxies, puis aux opérations concrètes et enfin aux opérations formelles. Piaget a remarquablement argumenté l'idée qu'il s'agit là de la reprise, à un plan supérieur d'organisation du vivant, de ce qui définit les adaptations biologiques (Piaget, 1967). Il n'est pas inutile de rappeler que cette fonction centrale de l'appareil psychique n'est nullement méconnue par la théorie psychanalytique : le système Perception-Conscience dans la première topique freudienne, le Moi dans la seconde, sont pleinement reconnus dans ce rôle, même si Freud n'en a pas poussé très loin l'analyse sous cet aspect (1). C'est sur cet ensemble de fonctions adaptatives, centrées sur les processus cognitifs, que portent les épreuves discutées dans les deux premières parties de cet ouvrage, qu'il s'agisse d'épreuves d'intelligence « globale » ou d'épreuves

(1) Ceci est au contraire mis en relief par la « psychologie du Moi » hartmanienne, mais d'une façon à laquelle nous ne pouvons adhérer, pour de multiples raisons ; les deux principales sont que la notion de « fonctions du Moi libres de conflit » n'est guère acceptable en bonne théorie psychanalytique, et que Hartmann a cru pouvoir s'appuyer sur les données d'une psychologie scientifique aujourd'hui désuète (HARTMANN, 1968).

d'analyse instrumentale. Remarquons cependant qu'il s'agit alors de processus cognitifs portant sur des objets matériels, leurs transformations et les événements qui les impliquent, dans l'univers que tentent de maîtriser les techniques et la pensée réflexive, y compris scientifique. Il est cependant, constamment, des situations où les adaptations doivent s'opérer face à des personnes, présentes ou représentées. Il s'agit alors bien encore d'intelligence, au sens général ici redéfini, mais d'une intelligence relationnelle et sociale. Celle-ci n'est guère prise en compte par les épreuves classiques d'intelligence, telles que les a développées jusqu'ici notre civilisation technicienne ; c'est certainement une lacune.

b) L'équilibration interne de ce fonctionnement adaptatif. — Piaget a attaché une grande importance à cette équilibration ; il s'est cependant limité, très explicitement, à l'équilibration du fonctionnement cognitif lui-même, en tant qu'il porte sur des objets matériels, leurs transformations, leurs mouvements, leurs combinaisons, etc. Il est clair que le problème est beaucoup plus vaste. Cette équilibration dépend en effet de toute l'histoire antérieure du sujet, de toute son expérience passée, y compris, et sans doute de façon majeure, de tout ce qui a pu s'y intégrer d'expériences relationnelles. Ici s'offrent de nouveaux postulats, relatifs à la permanence de ces expériences et de structures antérieures où elles restent inscrites sous forme d'images, de relations entre ces images (les objets et les fantasmes dont parle le psychanalyste), de conflits, et enfin de processus inconscients. Les épreuves de personnalité les plus utiles, et les plus utilisées, ont pour définition commune de viser à évaluer cette équilibration générale de l'appareil psychique, dans ses modalités particulières à l'individu, en tant qu'elle apparaît plus ou moins coûteuse ou économique, plus ou moins harmonieuse ou discordante, plus ou moins source de bonheur ou de souffrance, et enfin en tant qu'elle assure plus ou moins bien les adaptations but fondamental de tout l'appareil. Aucune de ces épreuves ne peut prétendre évaluer l'ensemble de ces aspects de l'équilibration. Certaines portent plus particulièrement sur les images parentales ou les images de soi, d'autres sur telle ou telle modalité relationnelle (l'agressivité par exemple), éventuellement dans tel type de relations (les relations maître-élève par exemple), etc. Mais toutes sans doute ont à prendre une option théorique et technique quant aux deux axes fondamentaux de l'analyse : celle qui porte sur des « contenus » (quel type de besoins, de pulsions, de conflits, d'images, etc., sont prévalents chez le sujet ?), et celle qui porte sur les processus défensifs mis en jeu pour tout à la fois contenir, transformer et exprimer ces contenus.

2. Les techniques d'étude de la personnalité

Bien peu de ces techniques méritent le nom de « tests », si le terme implique l'usage rigoureux de procédures quantitatives pour la construction, la vérification des qualités métriques, l'étalonnage, et finalement l'évaluation des réactions d'un individu. C'est pourquoi on parle plus volontiers, dans un sens élargi, d' « épreuves » de personnalité. Il apparaît difficile de les distribuer de façon satisfaisante sous des rubriques distinctes. La notion d' « épreuve projective » ne saurait, sauf généralisation abusive, coïncider avec celle d' « épreuve de personnalité ». On peut en effet douter que le terme s'applique bien aux épreuves de dessin, et plus encore s'il s'agit d'une épreuve de complètement de phrases ; il est notoirement inadéquat dans le cas d'un questionnaire, etc. Même dans les cas où l'usage en est bien établi (le Rorschach et les épreuves dites projectives thématiques comme le TAT), la notion de « projection » est ici rien moins que claire. Elle est entrée dans l'usage à la suite d'une proposition de Franck, en 1939 ; mais l'expression « épreuves identificatoires » aurait sans doute également pu être adoptée, sans être elle-même dépourvue d'ambiguïtés. Il s'agit là en effet de notions nées, dans le champ psychanalytique, d'un certaine type de phénomènes, ceux que met en évidence le processus de la cure dans l' « espace analytique » ; il ne va pas de soi que ces notions puissent s'appliquer, sans transpositions, à des faits d'un autre type, observables dans des conditions bien différentes (cf. Anzieu, 1965, et *Psychologie projective*, 1963). Ces réserves faites, nous proposerons, pour la commodité de l'exposé, cinq rubriques.

a) Les épreuves dites projectives

La plus ancienne, et sans doute la plus connue, a été proposée en 1915 par le psychiatre suisse Hermann Rorschach ; il avait imaginé de demander à ses malades de dire tout ce que leur suggéraient des taches d'encre affectées d'un axe de symétrie par pliage. Les dix planches finalement retenues par Rorschach ont fait l'objet d'innombrables travaux, qui aujourd'hui étayent solidement l'interprétation clinique (cf. Loosli-Usteri, 1965, et N. Rausch de Traubenberg, 1970). Certains de ces travaux portent sur l'enfance ; on peut signaler en particulier les ouvrages de Louise Bates Ames, 1952, et C. Beizmann, 1961 ; plus récemment, N. Rausch de Traubenberg et M.-F. Boizou ont consacré un livre important au *Rorschach en clinique infantile* (1977). On trouvera dans ce dernier ouvrage de précieuses indications sur le bon usage de l'épreuve au niveau de l'enfance, en particulier quant aux conditions de passation et aux règles de conduite de l'examen, et quant à l'emploi en ce cas des cotations classiques. Les principes de l'interprétation sont énoncés selon deux axes. Un premier axe distingue différents niveaux d'organisation des conflits exprimés dans le protocole (selon les grands paliers évolutifs distingués par la théorie psychanalytique : fondements de l'identité personnelle, oralité, analité, génitalité) ; un second axe concerne l'analyse des processus défensifs qui s'attachent à réduire l'angoisse. Ces processus prennent chez l'enfant des modalités bien particulières, dont la situation créée par le Rorschach permet une analyse remarquablement fine si l'on suit le schéma proposé par ces deux auteurs. Soixante-dix protocoles, reproduits *in extenso*, sont analysés dans l'ouvrage ; il s'agit là d'un matériel clinique très riche, dont l'étude ne saurait être trop recommandée au psychologue qui désire se former à l'usage du Rorschach en clinique infantile.

Les épreuves dites « projectives thématiques » sont construites suivant un autre principe, suggéré en 1935 par Murray. Cet auteur proposait à ses sujets des photographies ou des dessins représentant des personnages engagés dans des situations à signification ambiguë, et leur demandait d'imaginer dans chaque cas une histoire dont ce pouvait être l'illustration. L'expérience a montré que, si cette invite à une création de type littéraire pouvait susciter quelques réticences, celles-ci sont en général vite dépassées pour peu que la situation soit convenablement créée et les « stimuli » bien choisis. Ces derniers doivent en effet fortement suggérer un certain type de situation, de relations interpersonnelles, d'images de personnes, mais laisser le champ aussi libre que possible aux développements du thème ainsi suggéré. Par là, il s'agit bien, comme dans le cas du Rorschach, d'une épreuve qu'on peut dire « projective » (l'organisation du discours étant supposée témoigner, par ses particularités, de celles de la structure psychique du narrateur) ; cependant, on voit qu'ici le terme « processus d'identification » pourrait tout aussi bien convenir, puisque les personnages qui progressivement peuplent l'univers imaginaire du protocole peuvent être tenus pour refléter diverses facettes de la représentation de soi du narrateur. Une telle proposition devrait cependant être nuancée selon deux correctifs importants : ces représentations de soi sont pour une large part préconscientes et inconscientes ; et elles incluent des images d'autrui elles-mêmes préconscientes et inconscientes, objets internes et imagos. On ne peut en effet éviter de préciser en termes psychanalytiques les notions de « projection » et d' « identification », sous peine de les affadir en une psychologisation superficielle où elles perdraient l'essentiel de leur pouvoir explicatif. Telle n'était pas l'optique théorique de Murray et de ses continuateurs, qui se contentaient d'une analyse descriptive peu théorisée. Cette analyse procédait en deux temps : en un premier temps, mise en évidence des thèmes dramatiques perçus et développés par le sujet (d'où le nom de « Test d'aperception thématique, TAT, donné à l'épreuve) ; en un second temps, l'analyse utilisait l'opposition des « besoins » du sujet et des « contraintes » opposées par la société à la satisfaction de ces besoins. Ceci procédait d'une conception assez simpliste de la vie psychique, réduite à une opposition individu/société, où l'individu serait le lieu de « besoins » fondamentaux, conçus comme un donné premier n'appelant en lui-même aucune explication. La démarche clinique consistait alors simplement à repérer les besoins prévalents chez le sujet, et la façon dont il leur oppose des contraintes sociales. Une telle conception n'est plus aujourd'hui tenable, et la plupart des auteurs se sont orientés vers une théorisation et une clinique plus ou moins fortement marquées par la psychanalyse (cf. notamment Shentoub, 1973 *a* et 1973 *b*, et Shentoub et Debray, 1970-1971) ; ceci soulève de nombreux problèmes qui ne peuvent être discutés ici.

Le TAT lui-même n'a guère été étudié au niveau de l'enfance. Le choix des planches rend en effet l'épreuve difficilement utilisable au-dessous de 10 ou 12 ans. C'est pourquoi un certain nombre d'auteurs ont proposé, sur le même principe, des planches plus « réactives » chez l'enfant (1). L'épreuve la plus connue est le CAT (Children's Apperception Test), proposé par L. et S. Bellak (1960)

(1) Il est utile de citer ici les trois « Planches de situation scolaire complémentaires au TAT » de NATHAN et MAUCO (1966).

(cf. G. Boulanger-Balleyguier, 1960). Il s'agit de dix planches, représentant des animaux hominisés évoluant dans un environnement humain, dans le style de certaines illustrations des livres pour enfants. Selon les auteurs, ceci faciliterait les processus de projection-identification, l'enfant se trouvant plus à l'aise pour exprimer besoins, pulsions, tendances, conflits, etc., s'il peut les inscrire au compte d'animaux ; leur imputation à des représentations humaines risquerait en effet, en prenant des formes trop crues, de susciter des résistances que les représentations animales permettraient en quelque sorte de contourner. On peut douter que cette argumentation soit valable. L'expérience montre en effet que beaucoup d'enfants (surtout au-delà de 8-9 ans) sont gênés par le caractère artificiel des représentations proposées ; en fait il semble bien que, à l'encontre de ce que pensaient L. et S. Bellak, l'enfant se sente plus proche de représentations humaines, à condition que les situations proposées soient convenablement choisies. Ceci ouvre une seconde critique : les planches du CAT visent à illustrer des conflits fondamentaux définis selon une vision assez schématique de la théorie psychanalytique : elles sont supposées évoquer tour à tour la scène primitive, l'oralité, l'analité, la jalousie fraternelle, etc. Mais la dynamique psychique est en fait bien plus complexe, car tout s'y joue sur l'intrication de ces thèmes conflictuels ; le but essentiel de la démarche clinique étant d'analyser les modalités individuelles de cette intrication, on peut douter que des centrations ponctuelles comme celles auxquelles prétend le CAT soient en fait utiles ; elles risquent de plus de favoriser chez le psychologue clinicien une interprétation réductrice et simplifiante où la théorie psychanalytique n'apparaîtrait plus que comme un prétexte.

Le test « Patte Noire », proposé par L. Corman (1969, 1973, 1976), échappe en partie à ces objections. L'auteur s'est inspiré pour sa mise au point d'une épreuve très connue aux Etats-Unis, le « Blacky Pictures », où un fil continu est offert pour l'élaboration du protocole par un héros unique, le petit chien Blacky. Patte Noire est un petit cochon, distingué de ses deux frères (ou sœurs) par une large tache noire sur la cuisse et la jambe gauches. La famille, composée des deux parents et des trois petits, apparaît en diverses constellations dans toute une série de situations propres à susciter des développements thématiques intéressants (Patte Noire hésite entre téter sa mère ou manger comme un grand avec son père ; il regarde furtivement ses parents s'embrasser ; il en est brutalement séparé ; il se complaît dans des jeux sales, etc.). L'enfant est prié de développer librement « les aventures de Patte Noire » en utilisant seulement les planches qui lui plaisent le plus. Cette souplesse technique plaît aux enfants, et donne incontestablement des protocoles riches ; de plus, un certain nombre de questions sur les « préférences et identifications », qu'on pose après la production des récits eux-mêmes, visent à en éclairer les significations. Les directives données par l'auteur pour guider l'interprétation clinique s'inspirent d'un schéma psychanalytique quelque peu rigide, mais que le clinicien peut adapter selon son propre mode d'approche.

L'un de nous a proposé, sous le nom de « DPI » (Dynamique Personnelle et Images, Perron, 1969 *a*), une épreuve composée de 24 planches et qui dans sa forme complète suppose deux séances de travail avec l'enfant (une forme abrégée, de 13 planches, peut être appliquée en une séance). En ce cas sont représentés des personnages humains, dans des décors familiers réduits au minimum, et souvent sans décor ; le personnage central, ou unique, est dans la plupart des planches un enfant. La technique graphique (lavis d'encre de Chine en larges taches, grande dimension des planches, absence de marges blanches) vise à favoriser l' « entrée dans le champ » à la façon dont cela peut se produire au cinéma lors d'une projection intéressante. Le choix des planches a initialement été guidé par la centration sur la thématique de l'entreprise, en entendant par « entreprise » toute action coordonnée en fonction d'un but que le sujet se propose, ou qu'il accepte de reprendre en charge s'il lui est proposé ou imposé de l'extérieur. L'analyse de cette thématique, antérieurement étudiée par des auteurs comme McClelland sous le terme « besoin d'accomplissement » *(achievement motive)*, conduit à caractériser les origines de la situation présente, les difficultés rencontrées par le héros, ses réactions face à ces difficultés (conduites de détour et de délai, position d'objectifs intermédiaires), et les issues en termes de réussite et d'échec. Le but premier de l'épreuve est donc d'analyser l'image du héros (et, par hypothèse en termes de projection-identification, du narrateur) en tant qu'il est capable d'entreprendre et de faire face, c'est-à-dire sous l'angle des « valeurs du faire » (Perron, 1970, 1971). C'est étudier des images de soi centrées sur l'auto-estimation de l'équipement personnel, la nature et le niveau des buts, la confiance en soi, etc. Mais une telle thématique ne peut être analysée indépendamment de son contexte dans la dynamique personnelle (en entendant ici « dynamique » au sens psychanalytique : ensemble du jeu conflictuel inconscient). D'autres thématiques fondamentales sont donc prises en considération : interdits et transgression, culpabilité, solitude et abandon, agression, etc. Un axe important est fourni par l'analyse des relations parents-enfants et des images parentales, dans l'univers humain imaginaire du protocole. La démarche interprétative s'étaye des résultats d'un travail de recherche procédant par analyse de contenu sur 300 protocoles d'enfants de 5 à 14 ans (Perron, 1975 *a* et 1975 *b*, Perron et Mathon, 1976). On accorde un intérêt tout particulier à l'étude de l'élaboration défensive du récit, c'est-à-dire des procédés utilisés pour contenir, canaliser, transformer — bref, réduire et rendre acceptable — dans le processus de création du récit, la charge représentations-affects soulevée initialement par chaque planche. L'analyse génétique a montré très clairement, sur ce matériel, que le développement de l'enfant le met progressivement en possession des moyens de cette élaboration défensive, dont l'aspect formel correspond aux règles du discours narratif, et dont l'assise réside dans le fonctionnement des processus secondaires au sens de Freud (Perron, 1975-1976). Dès lors, l'interprétation clinique revient à envisager le protocole sous l'angle des procédés de transformation qui y sont mis en œuvre, ces procédés définissant un mode de fonctionnement psychique caractéristique de l'individu, une structure (Perron, 1976 *c*).

b) Créations verbales sans support perceptif

Le support perceptif fourni, au Rorschach par des taches d'encre, dans les épreuves thématiques par des dessins, n'est pas indispensable. C'est le postulat adopté par un certain nombre d'auteurs qui obtiennent directement des verbalisations en réponse à des questions orientées vers tel ou tel aspect du fonctionnement personnel. Ainsi, R. Zazzo et T. Mathon ont proposé, sous le nom de « Bestiaire », une épreuve qui suggère à l'enfant des transformations imaginaires « comme avec une baguette magique » : quel animal voudrait-il être (ne pas être), et pourquoi ? quel âge de la vie choisirait-il, et pourquoi ? et quel sexe, et pourquoi ? Au-delà des règles de cotation et des références statistiques proposées par les auteurs, ce type de questions peut induire une activité fantasmatique fort intéressante (Zazzo et Mathon, 1979). Cette activité fantasmatique est sollicitée sous une autre forme par le « Test des Contes », de J. Royer (1978), et par le « Test des Trois Personnages », de M. Backès-Thomas (1969). Le Test des Contes exploite et perfectionne une technique autrefois proposée par L. Düss sous le nom de « méthode des fables » (Düss, 1950) et aux Etats-Unis par J.-L. Despert. Louisa Düss proposait dix fables inachevées, qu'on lisait à l'enfant et qu'on lui demandait d'achever à son gré. De façon analogue, le « Test des Contes » de J. Royer propose 21 textes brefs qu'on demande à l'enfant de continuer ; il y est aidé dans chaque cas par des questions précises (exemple, le conte n° 10 : « Dans la montagne, une maman ourse avait eu des petits oursons. L'un d'eux n'était pas pareil aux autres. » Questions : qu'est-ce qu'il avait de pas pareil ? pourquoi n'était-il pas pareil ? qu'est-ce que la maman ourse pensait de son ourson pas pareil ? l'aimait-elle ? et le papa ours ?, etc.). L'auteur a procédé à une analyse soigneuse des réponses données par 166 enfants de 6 à 13 ans. Le « Test des Trois personnages », de M. Backès-Thomas, procède de la même source. Il consiste en 18 questions dont la succession vise à faire élaborer une histoire qui concerne trois personnes, leurs caractéristiques personnelles, leurs relations, les conflits qui les opposent, etc. Comme au DPI, la notion d' « images de personnes » joue un rôle important dans l'interprétation clinique, conduite selon quatre axes : analyse thématique, analyse formelle, analyse psychosociale, et analyse de la relation entre l'enfant et le psychologue. L'épreuve donne lieu à un important travail de recherche (objet d'une publication périodique), qui fournit une assise de valeur à l'interprétation clinique.

c) Les épreuves constructives

Il s'agit ici d'épreuves où est fourni un matériel, en général très varié, que l'enfant peut manipuler à sa guise et organiser dans l'espace pour y créer un décor, y développer une action dramatique, etc. L'épreuve MAPS (Make a Picture Story), qui répond à cette définition, est en fait proche des épreuves projectives thématiques. On y sollicite en effet la création de récits, mais l'enfant en construit lui-même les scènes en utilisant des personnages (figurés par des silhouettes découpées et coloriées) qu'il peut placer dans des décors conçus à la manière de décors de théâtre (Shneidmann, 1960, Bessing, 1963). Le « Test du Village » propose, à la façon d'un jeu de construction, un matériel composé de maisons, dont certaines sont spécifiées par une enseigne (la mairie, l'école, l'épicerie, le bureau de poste, etc.), et d'éléments de décor rural (haies, arbres, etc.). Le jeu consiste à « construire un village ». L'épreuve a été proposée en diverses versions, par Arthus (1949), Mucchielli (1960), Mabille (1950) et M. Monod (1970). Ce dernier auteur en a réalisé une mise en forme soigneuse, qui permet d'étayer l'interprétation clinique sur des résultats de recherche solides. Le « Test du Monde », de Ch. Bühler (1959), analogue, comporte de plus un grand nombre de personnages, d'animaux, de véhicules, etc., à une échelle compatible avec celle des bâtiments et des éléments de décor. Le « Scéno-test », de G. von Staabs (1951) porte plus directement sur les relations interpersonnelles, le matériel étant constitué par des poupées souples qui représentent les principaux personnages de la constellation familiale, entourés d'animaux familiers, d'objets usuels, etc. L'enfant est invité à organiser ce matériel et à dire « ce qui se passe », ce qui rapproche cette épreuve du MAPS et des épreuves projectives thématiques type TAT.

d) Les épreuves de dessin

Les épreuves de dessin jouissent, à juste titre, d'une grande faveur en psychologie clinique de l'enfant. Le dessin est, pour l'enfant, une activité très familière, en général bien acceptée par lui ; d'autre part, l'application de ces épreuves, sinon leur interprétation, est d'une extrême facilité (matériel très réduit, consignes souples, brièveté, etc.). Le dessin de l'enfant témoigne, par ailleurs, dans une certaine marge d'âges (entre 3 et 10-12 ans), du développement mental global. La maîtrise motrice, l'organisation générale de la représentation dans l'espace de la feuille, la richesse en détails, etc., augmentent avec l'âge, comme en témoignent de nombreux travaux, parmi lesquels l'étude de Luquet (1927) est restée classique. On a donc pu établir des tests de dessin qui, tel celui de F. Goodenough (1926), cotent systématiquement sur une grille ou liste d'items un certain nombre de caractéristiques ; ceci permet d'attribuer une note à chaque dessin et, en référant cette note à un étalonnage, de lui attribuer un « âge de développement ». Si l'on considère les facteurs en jeu, on comprend que, statistiquement, cet âge de développement graphique soit en bonne corrélation avec l'âge mental. Mais, au niveau de l'individu, il faut rester très prudent en ce qui concerne l'utilisation du niveau graphique comme indice d'intelligence, car de très nombreux facteurs y interfèrent avec les facteurs proprement intellectuels. C'est donc plus, sans doute, en tant que source de renseignements sur la personnalité que le dessin apparaît utile au psychologue clinicien de l'enfance. On peut faire copier des modèles (Prudhommeau, 1947), ou demander à l'enfant de dessiner sur un thème donné, ou sur une série de thèmes comme dans l'intéressante épreuve proposée par J. Le Men sous le nom de « Test D10 » (Le Men, 1960) ; le thème de l'arbre a été particulièrement exploité (Mathieu, 1961 ; Stora, 1978). Mais, le plus souvent, on suggère à l'enfant de dessiner des personnages (cf. A. Abraham, 1963 et 1976). Ceci peut subir différentes variantes : dessin d'un personnage anonyme, auto-portrait ou portrait de telle personne désignée à l'enfant, dessin de la famille (une famille, ta famille : Corman, 1964 ; M. Perron-Borelli, 1965), ou, plus succinctement, d'« un enfant avec ses parents ». Dans ce dernier cas, il est intéressant d'analyser le « langage graphique » de la différence des sexes et de la différence des générations (Osterrieth et Cambier, 1976 ; Perron-Borelli et Perron, 1975-1976). Le thème de la famille se prête bien à l'abord rapide des problèmes vécus par l'enfant dans son entourage familial ; on peut y analyser les caractéristiques du dessin lui-même (dimensions et positions relatives des personnages, différences quant au soin apporté à leur exécution, déformations ou surcharges, additions et omissions de personnages, etc.), mais aussi les verbalisations dont l'enfant accompagne son exécution, spontanément ou en réponse aux questions qu'on lui pose. Le dessin de la famille peut en effet fournir une amorce commode pour un entretien axé sur les conflits familiaux. Signalons encore le « Test HTP » (House, Tree, Person), qui demande le dessin d'une maison, d'un arbre et d'un personnage ; cette épreuve, très en faveur aux Etats-Unis, a récemment fait l'objet d'une étude soigneuse de D. Engelhart (1980).

Pour être moins lourde, moins encombrée de technicité que l'interprétation des grandes épreuves projectives comme le Rorschach ou le TAT, l'interprétation des dessins d'enfants au niveau de la personnalité n'en est pas moins difficile (on trouvera d'utiles indications à cet égard dans l'ouvrage de J. Boutonier, 1959, et dans celui, plus détaillé, de D. Widlöcher, 1965). Cette interprétation doit être constamment menée en s'interrogeant sur la signification des conduites graphiques, au fur et à mesure de leur déroulement (car une partie notable de la signification recherchée est dans ce déroulement même, et échappe par conséquent au simple examen du dessin achevé). Cette recherche de signification se situe à différents plans : celui de la graphomotricité elle-même, celui des « intentions narratives », mais aussi celui de la « projection » de déterminants inconscients. La prise en considération de ce dernier niveau est indispensable ; elle est cependant fort délicate et exige, pour conserver la prudence et le bon sens souhaitables, une solide formation. C'est peut-être en matière de dessin qu'on voit s'exprimer le plus facilement des interprétations de valeur douteuse, qui s'appuient sur des correspondances symboliques hâtivement décryptées par des cliniciens peu soucieux de fonder la validité de leurs assertions. Certes, le moindre dessin d'enfant possède une signification expressive et symbolique, surtout s'il est produit en situation d'examen. Mais il est particulièrement difficile de dégager ces significations si l'on ne dispose pas d'un contexte suffisant, ce qui est souvent le cas dans l'examen.

Tout psychothérapeute d'enfants sait que certains dessins ne deviennent pleinement intelligibles qu'avec le recul et les informations apportées par de nombreuses séances ultérieures. Ceci doit inciter le praticien à une grande prudence.

e) Questionnaires et entretien

Les questionnaires sont moins utilisés chez l'enfant que chez l'adulte, pour des raisons assez évidentes, notamment les risques d'erreurs liées à l'usage du langage, et à la formulation contraignante des questions et des réponses. On en a cependant proposé un certain nombre. Certains, dérivés de l'analyse factorielle, tendent à un inventaire général de personnalité. C'est le cas du questionnaire préparé par R. B. Cattell, qui vise à évaluer 14 facteurs de personnalité entre 8 et 12 ans (Porter et Cattell, 1964). D'autres sont centrés sur des thèmes plus spécifiques. C'est le cas par exemple du « Test d'adaptation personnelle » de Rogers (1959), axé sur la socialisation, ou des questionnaires dits « d'intérêts », préparés en général dans l'optique de l'orientation scolaire et professionnelle, et qui permettent d'utiles analyses en fonction de l'âge et du sexe des répondants (Larcebeau, 1965 et 1967). C'est le cas également des questionnaires d'anxiété, qui ont suscité de nombreux travaux en raison de la fréquence des blocages affectifs en situation scolaire (Demangeon, 1966 ; Zlotowicz, 1974 et 1978). Certains questionnaires adressés aux parents, mais visant à préciser certaines conduites de l'enfant, peuvent être également cités : ils concernent les relations intrafamiliales (Hoffmann et Lippitt, 1960), les pratiques éducatives, et, au-delà, les attitudes parentales d'où dérivent ces pratiques (Parental Attitudes Research Instrument, de Schaefer et Bell, 1958), les systèmes de valeurs qui pour une part déterminent les attitudes (Perron, 1971), etc. Particulièrement utile apparaît l' « Echelle de Développement psychosocial » mise au point par M. C. Hurtig et R. Zazzo, qui permet de situer l'enfant sur la trajectoire de la conquête de l'autonomie (Hurtig et Zazzo, 1979).

Enfin, il faut mentionner, parmi les techniques d'approche de la personnalité, l'entretien avec l'enfant. Prenant forme de dialogue, il doit suivre très souplement les mouvements de ce dernier, et les règles en sont plus difficiles à définir. Nous y consacrerons toute une partie du prochain chapitre.

CHAPITRE X

L'analyse de la relation en situation d'examen

I. La relation en situation d'examen

Il est impossible d'interpréter les attitudes, conduites et résultats d'un enfant vu en situation d'examen sans se demander ce que signifie pour lui cette situation, en elle-même assez inhabituelle. L'enfant, à la différence de l'adulte, ne consulte jamais de son propre chef : il est conduit à la consultation par ses parents, souvent sur la suggestion d'un maître, d'une assistante scolaire, d'un médecin de famille, etc. Il est toujours utile de savoir comment cette démarche lui a été présentée. Il n'est pas rare, en effet, qu'elle se colore, plus ou moins nettement, d'un aspect quelque peu punitif, les parents ayant de longue date menacé l'enfant d'une telle démarche s'il ne parvenait pas à réduire ses difficultés... La consultation signe alors l'échec de l'enfant à s'amender spontanément, et par là sa faute. Si elle se situe dans un cadre évidemment médical (hôpital, dispensaire, etc.), les difficultés qui la motivent se colorent fréquemment, aux yeux de l'enfant et même à ceux de ses parents, d'une nuance pathologique dont la résonance est assez ambiguë : que ces difficultés apparaissent du domaine médical est à la fois inquiétant (du fait de l'association avec des idées de maladie, d'hérédité, etc.) et rassurant de par la toute-puissance prêtée aux interventions thérapeutiques. Il n'est pas rare non plus que certains parents amènent en consultation un enfant à qui ils n'ont donné aucune explication ; ainsi traité en objet, l'enfant qui ne peut que soupçonner le but et l'issue de la démarche entoure celle-ci, plus ou moins obscurément, de fantasmes et de craintes évidemment néfastes.

Il est donc utile de savoir comment l'enfant aborde la consultation, quelle signification il lui accorde, ce qu'il en espère et en redoute, et quelle figure il prête aux professionnels qui l'y accueillent. Sur cet abord pèsent évidemment, dans le cas général, l'inquiétude et la demande des parents. Par définition, tout enfant conduit en consultation est un enfant chez qui « quelque chose ne va pas ». Avec une évidence et une gravité extrêmement variables d'un cas à l'autre, l'acte de consultation est nécessairement déclenché par une insatisfaction, une inquiétude, un malaise, un grief ressentis par les adultes qui en ont la charge. Cette inquiétude, et leur demande, prennent des modalités et des expressions indéfiniment variées ; celles-ci sont déterminées par les relations qu'ils ont développées avec l'enfant tout au long de sa vie, et compte tenu de son éventuelle insertion dans une fratrie, ainsi que par leurs difficultés personnelles ou de couple. L'inquiétude et la demande peuvent être discrètes et bien maîtrisées, les parents se présentant alors comme capables de les assumer ; en ce cas, la consultation est recherchée sans trop d'anxiété et perçue comme ouvrant l'espoir d'améliorations possibles. A l'inverse, certains parents débordés par les difficultés de l'enfant — qui sont alors pour une grande part les difficultés mêmes de leur propre relation avec cet enfant — s'accrochent à la consultation comme à une bouée de sauvetage, avec un vécu d'impuissance, de démission, de culpabilité. La consultation peut parfois apparaître comme un dernier recours, dont l'échec redouté déboucherait sur un avenir sombre. Dans beaucoup de cas, l'ambivalence des parents est patente : derrière les protestations d'amour et de responsabilité pèse le rejet de cet enfant vécu comme source de difficultés et d'angoisse ; et ce conflit surcharge considérablement l'anxiété créée par les difficultés objectives qui ont motivé la consultation. De l'un à l'autre de ces deux extrêmes, toutes les attitudes parentales peuvent apparaître, compliquées par les conflits qui surgissent, avec une acuité elle-même très variable, entre les deux parents.

Ainsi, dès avant la consultation et par la consultation même, l'enfant se trouve personnellement mis en cause. Si, interrogé, il dit qu'il ne sait pas pourquoi il vient, cette réponse a massivement valeur de défense vis-à-vis de réalités déplaisantes et d'une intervention professionnelle qui, en risquant de mettre ces réalités en pleine lumière, ouvre de redoutables perspectives. Il sait bien toujours (au-delà de 4-5 ans au moins) que ses parents l'amènent en consultation parce que quelque chose ne va pas, parce qu'il ne satisfait pas, en quelque manière, à ce qu'ils attendent de lui, parce qu'il n'est pas un « bon enfant ». Il se trouve ainsi mis en cause, tout d'abord quant à ses conduites, à ses actes. Mais, au-delà de ce qu'il fait, se trouve ainsi mis en cause ce qu'il est : ce qu'il est pour ses parents, c'est-à-dire en tant qu'objet de leur amour ou de leur rejet ; mais aussi ce qu'il *est* en tant que personne, peut-être essentiellement incapable ou condamnable... On comprend, dans ces conditions, que la consultation soit pour l'enfant source d'inquiétude. Il arrive que son malaise se traduise par une opposition à l'examen, soit ouverte (s'exprimant, notamment, chez les plus jeunes, par le négativisme, le mutisme, les crises de larmes ou de colère), soit plus indirecte (morosité, mauvaise humeur, indifférence agressive, « n'importe-quisme », instabilité incoercible, etc.). Il arrive aussi que l'enfant, adoptant la position des parents, des maîtres, du psychologue lui-même, s'affirme désireux de comprendre pourquoi « ça ne va pas » et, avec l'aide de professionnels compétents, d'y porter remède. Il se peut enfin qu'il affiche vis-à-vis de l'examen une apparente indifférence, impliquant que c'est l'affaire des adultes et refusant de se sentir personnellement concerné. Il s'agit toujours, à un premier niveau, d'une prise de position par rapport à un problème et une démarche posés par les adultes, par rapport à une demande qu'ils font peser sur lui. Mais, au-delà, l'enfant a-t-il lui-même quelque chose à demander au psychologue ? Dans la plupart des cas, il peut sembler que non ; cependant, on peut poser en principe qu'il existe toujours une demande sous-jacente, qu'il faut savoir discerner. Face à cet adulte supposé capable de comprendre, il demande précisément à être compris, accepté, aimé, pour ce qu'il est, au-delà et indépendamment de ce qu'il fait. Mis en cause et en danger de dévalorisation sur le plan de ses actes, il demande tout simplement à *être* ; il traduit par là, sous sa forme originelle, la demande fondamentale de tout être humain. Si l'on ne pose pas en principe qu'existe toujours, si masquée soit-elle, cette demande profonde, on ne peut conduire et interpréter valablement un entretien ; on ne peut même utiliser valablement les tests, qui risquent alors de se réduire à d'illusoires outils de mesure et d'analyse d'une machine humaine jugée défectueuse.

Au regard de cette demande des parents, et de celle de l'enfant lui-même, quelle est la demande du psychologue ? Au niveau le plus conscient et superficiel, elle est évidente : il veut comprendre la nature des difficultés que rencontre l'enfant, et par là contribuer à y porter remède. Il attend donc de l'enfant qu'il se prête à un examen jugé indispensable à l'atteinte de ce but ; il est convaincu d'agir ainsi au bénéfice de l'enfant. D'où la déception — voire chez certains débutants le désarroi et l'irritation — si l'enfant, d'une façon ou d'une autre, ne joue pas le jeu qui lui est proposé, s'il se révèle hostile à l'examen, ou simplement « intestable ». Le psychologue est alors conduit à déployer des tactiques, qui témoignent de son habileté professionnelle, pour parvenir à ses fins. Si bénévoles que puissent être ces tactiques, il court alors le risque de se laisser piéger dans une sorte de combat avec un enfant perçu comme récalcitrant. Ce faisant, il ne pourrait que présenter l'image d'un personnage contraignant — précisément celle du maître ou du parent — vis-à-vis duquel l'enfant retrouverait, suivant les mêmes modalités, ses problèmes quotidiens. D'une façon plus générale, il faut beaucoup de doigté au psychologue pour ne pas apparaître, aux yeux de l'enfant, trop impliqué dans les conflits qui l'opposent à ses parents, ou qui opposent ses parents entre eux. En tant qu'adulte, et en tant que professionnel chargé de trouver des modalités thérapeutiques et éducatives efficaces là où les méthodes habituelles ont échoué, il risque fort d'apparaître d'emblée à l'enfant « du côté des parents ». Au-delà, il tend à être investi de la « toute-puissance » que perdent les parents eux-mêmes en sollicitant une aide. Le psychologue affirme, certes, qu'il fait primer l'intérêt de l'enfant. Mais bien souvent, il ne saurait adhérer à ce que l'enfant souhaite actuellement : si, par exemple, un enfant de 8 ans souhaite ne plus jamais aller à l'école, on imagine mal le psychologue aller sans restriction en ce sens... L'intérêt de l'enfant ne peut être défini qu'à long terme, et nécessairement par référence à un système de valeurs (en fonction duquel, par exemple, on pose que la réussite scolaire est souhaitable). Ce système de valeurs peut fort bien contredire les souhaits actuels de l'enfant, mais s'accorder à ceux des parents. Le psychologue ne peut guère alors éviter d'apparaître impliqué dans le conflit. On voit la difficulté des problèmes ainsi soulevés : problèmes techniques, mais aussi problèmes déontologiques, au sens le plus large.

2. La relation dans les tests d'efficience

Le contact avec l'enfant est plus ou moins proche et direct selon la nature des tests pratiqués. Ainsi, le psychologue apparaît sans doute peu présent au sujet quand celui-ci exécute un dessin ; il « pèse » plus sur l'exécution d'épreuves de performance, comme les cubes de Kohs ou les assemblages, lorsqu'il surveille la progression vers la solution et en chronomètre le temps ; il est présent au maximum dans les tests verbaux où se succèdent rapidement questions et réponses. La comparaison des attitudes et conduites de l'enfant dans ces diverses situations constitue précisément un premier moyen d'analyse de la relation.

Quelles que soient à cet égard les différences entre tests d'efficience, tous suscitent, de par leur nature même, la « mise en cause de la valeur personnelle » du sujet (R. Perron, 1968). L'enfant s'y trouve, en effet, directement mis en cause dans ce qu'il peut faire. C'est l'objet même des tests que d'établir ses capacités, au sens défini par Piéron. Rappelons la définition que donne du test le *Vocabulaire de la psychologie* élaboré sous sa direction : « C'est une épreuve définie, impliquant une tâche à remplir, identique pour tous les sujets examinés, avec une technique précise pour l'appréciation du succès ou de l'échec, ou pour la notation numérique de la réussite. » Le test se propose donc, aussi explicitement que possible, d'évaluer ce que le sujet peut et ne peut pas faire, en termes de réussite ou d'échec, c'est-à-dire en termes de valeurs. Le sujet est jugé par là quant à certaines « qualités personnelles » elles-mêmes valorisées, au premier rang desquelles se trouve l'intelligence, valeur centrale de notre civilisation. De plus, la méthodologie même des tests implique que ce jugement soit référé à la comparaison de ce que fait le sujet et de ce que font les autres (étalonnage) : en définitive, ce que l'on cherche à établir, c'est dans quelle mesure il fait *mieux* ou *moins bien* que les autres.

Que l'enfant soumis aux tests ressente tout cela, plus ou moins explicitement, apparaît souvent clairement dans les attitudes de valorisation-dévalorisation qu'il développe face à ses activités et à ses résultats. La situation de test tend à réactiver les problèmes de compétition, de rivalité, d'affirmation de soi, qui jouent un rôle essentiel dans la dynamique personnelle.

Il pourrait sembler en première approche que, en face d'un test comme en face de toute entreprise qui pose le problème de la réussite ou de l'échec et celui de la comparaison avec autrui, l'enfant soit entièrement dominé par le désir de réussir (ou la crainte d'échouer qui lui est complémentaire). En fait, précisément parce que notre culture met massivement l'accent sur la valorisation de la réussite et la dévalorisation de l'échec, le psychologue est conduit à analyser les conflits et les résistances qui se trouvent par là suscités chez l'enfant. On doit alors évoquer le jeu de tendances contradictoires, certaines ayant valeur de défense et pouvant porter l'enfant, à l'encontre de son désir affirmé de réussite, à craindre celle-ci et à rechercher l'échec. L'observation en situation de test révèle certaines « conduites d'échec » dont l'expression comportementale est parfois manifeste. Une trop bonne réussite peut apparaître à l'enfant comme menaçante, si elle contribue à faire la preuve, par exemple, que son échec scolaire n'est pas dû à un manque de moyens (car alors l'entourage n'aura que plus tendance à accuser son mauvais vouloir...). Mais la réussite ouvre aussi d'autres dangers ; elle implique le passage à un plan d'existence, d'activité, de relations sociales, où il devient nécessaire d'assumer plus largement les pouvoirs, les initiatives, l'autonomie — mais aussi le risque et le relatif isolement — du « grand » et, au-delà, de l'adulte. Le danger réside aussi dans le fait que, nécessairement, ce progrès implique le dépassement — et, symboliquement, la destruction — des *modèles* que fournissaient antérieurement les images parentales. Cette idée, fondamentale chez Freud, a été reprise, dans une perspective culturaliste par K. Horney. Celle-ci a vigoureusement souligné l'anxiété que crée, dans notre société compétitive, le conflit entre le désir de réussir et la crainte de sa propre agressivité qu'implique toute réalisation de soi.

Un tel recul devant la réussite et le fait même de grandir peut être assez central pour freiner le développement lui-même, y compris et surtout en ce qui concerne les fonctions intellectuelles. C'est alors l'inhibition intellectuelle qui intervient, sous différentes modalités (décrites notamment par Danon-Boileau et Lab, 1962). On voit quelles incidences peut avoir la mise en évidence de tels mécanismes quant à l'interprétation des constats actuels d'efficience intellectuelle et quant aux différents pronostics d'évolution possibles. Très souvent d'ailleurs de tels freinages viennent jouer en surcharge de difficultés objectives : l'enfant écrit mal, bégaye, aborde l'école primaire avec des possibilités intellectuelles réduites, etc., et s'enferme progressivement dans son incapacité, préférant ce statut et ce rôle d'incapable aux dangers qu'ouvrirait l'effort pour les dépasser.

Ainsi, il est nécessaire, pour interpréter les résultats obtenus dans un test d'efficience, de tenir compte des attitudes et conduites de l'enfant face à ce test. Ces attitudes doivent elles-mêmes se comprendre comme des modalités individuelles d'aménagement d'une relation — relation à la tâche, relation à soi-même et relation à autrui, tout ensemble intriquées — qui s'expriment le plus directement, dans le champ actuel de l'examen, comme une relation à l'examinateur. Tout ce qui pèse sur cette relation, et notamment tout ce que le psychologue lui-même y introduit, est susceptible d'infléchir les résultats de manière significative, et entre par là dans le champ de l'interprétation.

3. La relation dans l'entretien

L'entretien a d'abord pour objectif d'établir et de maintenir une relation favorable au bon déroulement de l'examen psychologique dans son ensemble. Tout examen doit ainsi commencer par un « bavardage » familier, de contenu en général banal, visant à sécuriser l'enfant, à dédramatiser la situation, à gagner sa confiance et sa collaboration. Il s'agit de se montrer à lui comme une personne compréhensive, qui s'abstiendra de tout jugement moral, *a fortiori* de toute attitude punitive. Quelques minutes de contact détendu, à la faveur duquel on amène l'enfant à s'exprimer le plus librement possible, y suffisent en général. Il se peut cependant qu'on n'obtienne alors qu'une adhésion fragile, et que le malaise — voire l'opposition — surgisse dès l'abord des tests ; il est alors parfois préférable d'en suspendre l'exécution et de tenter de dissiper, ou à tout le moins d'alléger, ce malaise par la reprise de la conversation initiale. Cette prise de contact « banale », qui est usuelle dans tout examen, peut d'emblée déboucher, dans certains cas, sur des échanges plus significatifs : l'enfant peut chercher à exprimer, dès ce moment, ses problèmes les plus aigus. Ceci ne va pas sans inconvénient si l'on se propose de pratiquer des tests ; car la relation s'établit alors avec une proximité et un engagement affectif qui rendent plus difficile la prise de distance requise par leur application. En règle générale, il est sans doute préférable d'éviter l'évocation trop rapide des questions brûlantes. Une telle évocation « à froid » risque de susciter des défenses massives et de fermer tout espoir de les aborder ensuite. Cependant, il ne faut pas moins se garder d'établir ce premier contact avec une légèreté et un enjouement factices, qui ne pourraient être ressentis par l'enfant que comme une méconnaissance, voire une dénégation agressive, de l'importance de ses problèmes.

Le psychologue doit être très attentif aux modalités relationnelles, souvent très significatives, qui s'établissent dès les premières minutes de contact. On peut, à ce moment, observer les attitudes spontanées de l'enfant face à l'adulte, alors que jouent toutes les défenses mises en jeu par la situation d'examen. Il peut être d'un grand intérêt de comparer ces attitudes à celles qui apparaîtront ultérieurement, lors de l'entretien proprement dit, lorsque ces défenses se trouveront plus spécifiquement centrées sur une problématique définie. Si le psychologue considère comme sans importance la première prise de contact, il laisse échapper un moment privilégié de son observation, qui ne pourra évidemment être répété.

Dans tout ceci, il ne s'agit guère encore d'entretien à proprement parler. Celui-ci, qu'il vaut mieux aborder en général après l'utilisation des tests (y compris après l'application des épreuves projectives, qui risquent de porter la marque d'un entretien trop chaud pratiqué auparavant), vise lui-même plusieurs buts.

Le premier peut consister en un simple recueil d'informations. Pour situer et interpréter son examen, le psychologue a besoin de recueillir un certain nombre d'informations sur les conduites quotidiennes de l'enfant, sur sa scolarité, sur sa famille et sur les relations intra-familiales, etc. La plupart de ces informations peuvent être obtenues de l'enfant lui-même. On préfère pourtant parfois les solliciter des parents, jugés plus capables de les fournir avec une précision et une objectivité suffisantes. Il ne faut pas oublier cependant que les parents sont eux-mêmes partie prenante dans les difficultés qui motivent la consultation ; ceci peut les conduire à de sérieuses distorsions, qu'il faut tenter de percevoir et d'analyser. On peut alors se demander si les informations fournies par l'enfant lui-même — au moins à partir d'un certain âge et dans certains domaines — ne sont pas tout aussi crédibles que celles fournies par les parents (1). Le psychologue introduirait lui-même dans la relation une très fâcheuse distorsion s'il posait *a priori* et dans tous les cas que les déclarations de l'enfant sont plus partiales ou moins utiles.

Il va de soi cependant que les renseignements donnés par l'enfant peuvent être, sur tel ou tel point, partiels — voire partiaux — ou déformés. On ne saurait donc s'en contenter et il faut les confronter à d'autres sources. Mais cette confrontation est en elle-même pleine d'intérêt, et sa portée dépasse de beaucoup la simple rectification d'inexactitudes. Ainsi, si l'enfant prié d'énumérer les membres de sa famille omet de citer une sœur avec laquelle il est en conflit, s'il ne fait pas mention d'un événement récent très important, s'il se prétend à tort très bon élève, etc., ces entorses à une information complète et objective ne procèdent pas en général de son incapacité à la fournir, mais apparaissent très significatives des problèmes auxquels il se heurte. L'enfant exprime ce qu'il croit — ou veut nous faire croire — ce qu'il pense, ce qu'il ressent. Ce qu'il dit de l'école, de ses camarades, du maître, de ses frères et sœurs, de ses parents, les caractéristiques qu'il leur attribue au travers des faits qu'il évoque, tout cela dessine une certaine image qu'il a de lui-même et des principales figures de son entourage, ainsi que des groupes ou institutions desquels il participe. Cette image présente donc en elle-même un intérêt. Il n'est certes pas inutile de la confronter aux renseignements dont on dispose par ailleurs sur les faits ou les personnes en cause. Mais ce serait une attitude naïvement réaliste que de ne la tenir pour significative que pour autant qu'elle

(1) Ceci est particulièrement évident, quand on à affaire à des enfants assez grands, à propos des informations qu'ils peuvent fournir sur leur scolarité : celles-ci sont souvent riches et précises, malgré les connotations affectives qui y sont introduites, alors que les parents ne livrent très souvent à ce sujet que des affirmations globales et sans nuances, portant massivement la marque de leur exigence ou de leurs inquiétudes.

apparaît, en ce sens, « objective ». Tout clinicien sait bien qu'en l'espèce les décalages sont au moins aussi intéressants que les concordances (1). Il serait donc parfaitement illégitime qu'il refuse de prendre en considération ce que perçoit, vit et pense le principal intéressé, l'enfant. Si l'on posait *a priori* que ce point de vue est le moins recevable, ce serait susciter une très grave difficulté déontologique. Cela reviendrait, pratiquement, à considérer que le point de vue de l'enfant est suspect, c'est-à-dire à « accuser » celui-ci de ne pas se conformer au système de valeurs qui lui est imposé par ses parents et par la société (2).

Il est donc tout à fait légitime, et même essentiel, de chercher dans l'entretien à dégager le point de vue de l'enfant ; la difficulté réside seulement dans les modes d'approche et dans l'interprétation des données ainsi recueillies. Il est impossible de tenter valablement cette interprétation sans base théorique permettant de distinguer les déterminants de ce que dit l'enfant, en fonction des niveaux de conscience dont ils procèdent. A un premier niveau, l'enfant attribue, consciemment et explicitement, un certain nombre d'attitudes, de conduites, de caractéristiques personnelles, à lui-même et à son entourage : il se dit paresseux et craintif, il dit son père toujours juste, etc. Mais, de façon sous-jacente à ces images explicites, peuvent apparaître clairement des images bien différentes : il cite telle aventure où il s'est comporté avec courage, il raconte un événement où son père l'a puni à tort, etc. Pour comprendre ces apparentes contradictions,

(1) L'un de nous a tenté d'étudier systématiquement la nature, l'amplitude et la signification de tels décalages sur un groupe d'enfants dits caractériels (M. Perron-Borelli, 1966).

(2) Le psychologue est souvent placé, à cet égard, dans une situation difficile : il n'est pas rare que s'établisse entre les parents et lui une sorte de connivence, sur la base de cette attitude implicite, même si, de façon réactionnelle, il pose par ailleurs que « l'enfant a toujours raison »..., ce qui revient à dire que les parents ont raison sur le fond (quant aux buts), et tort sur la forme (quant aux méthodes).

on peut postuler le jeu d'*images*, au sens psychanalytique, et d'une dynamique défensive qui en dérive.

Au-delà de la prise en considération des contenus, l'entretien offre une situation privilégiée pour analyser la relation en tant que telle. Tout ce qu'exprime l'enfant au cours de l'entretien — du plus conscient au plus profond — est exprimé *par* quelqu'un *pour* quelqu'un. Le psychologue est à ses yeux un « personnage significatif », qui lui présente une certaine image, et qui contribue par là à déterminer ses attitudes, ses conduites, ses déclarations ou confidences. L'aspect le plus général de cette image est fonction du rôle qu'assume le psychologue, selon lequel il est celui qui possède la compétence et l'autorité qui lui permettent de comprendre « ce qui ne va pas » et de suggérer des remèdes. Il est délégué dans ce rôle par la société, qui lui confie la mission de normaliser les conduites de l'enfant, de réduire ce qu'elles peuvent avoir de nuisible à son intégration sociale présente et future (1). Mais cette image très générale se spécifie en fonction des *modèles* qui se sont constitués pour chaque enfant au cours de son histoire personnelle. Personnage investi de puissance, le psychologue, comme le médecin ou le maître, présente aux yeux de l'enfant les caractéristiques essentielles des images parentales. C'est par là que, d'emblée, il apparaît « significatif » : à des degrés divers et suivant différentes modalités d'un enfant à l'autre, il apparaît ainsi à la fois bénéfique et redoutable, suivant les intentions et les effets imputés à sa puissance. Ceci est vrai sans doute, de façon très générale, quels que soient le sexe, l'âge, la personnalité du psychologue ;

(1) Une telle position normative, qu'on a pu qualifier d' « orthopédique », a été fortement contestée dans l'après-68. Cette contestation nous paraît légitime et féconde. Mais elle n'a pu prendre justement tant de vigueur que parce que l'attitude qu'elle dénonce est profondément impliquée dans toute notre pratique. En fait, il n'est sans doute pas possible de récuser totalement un tel rôle normatif. Quoi qu'il en soit, il est peu douteux que le psychologue, comme le médecin, soient ainsi perçus par ceux qui les consultent.

mais il est clair que la relation établie sur ces bases se différencie considérablement selon qu'il s'agit d'un homme ou d'une femme, jeune ou âgé, autoritaire ou permissif, etc. A chaque psychologue de connaître et de maîtriser le mieux possible cette équation personnelle, et, plus généralement, ce que sa propre personnalité peut introduire dans la relation. La voie d'approche la plus simple consiste sans doute pour lui à s'interroger sur ce qu'est sa propre demande face à l'enfant. Nous avons rappelé plus haut les éléments les plus explicites de cette demande : comprendre les difficultés de l'enfant, l'aider, et, dans ce but, pratiquer l'examen suivant les voies les mieux adaptées. Mais derrière cette demande explicite, découlant du rôle qu'il assume, joue une autre demande, implicite. Il peut, par exemple, tendre à affirmer par l'examen son habileté professionnelle et sa puissance de pénétration psychologique (soit une composante agressive qui a toutes chances d'être ressentie comme telle par l'enfant) ; il peut au contraire souhaiter apparaître comme sympathique, capable de comprendre et d'admettre inconditionnellement autrui (soit une attitude de séduction qui peut effectivement séduire l'enfant, mais aussi susciter sa défiance), etc. Ainsi, dans tout couple psychologue-sujet se développe une relation spécifique, qui n'est pas simple addition ou multiplication de ce qu'y apporte chacun des deux protagonistes ; il s'agit bien, chaque fois, d'une *interaction* originale (Guillaumin, 1968), dont l'analyse est un moment essentiel de l'interprétation.

CHAPITRE XI

La mise en perspective dans l'histoire individuelle

Nous avons discuté, dans ce qui précède, les principaux moments et aspects de l'examen psychologique de l'enfant. L'objet de cette dernière partie de l'ouvrage était de restituer l'unité de ce qui, dans les deux premières, aurait pu apparaître quelque peu juxtaposé. Nous avons insisté sur un premier principe d'unité : celui qu'introduit une visée interprétative axée sur l'abord de l'enfant comme personne. Il faut maintenant, pour conclure, compléter : la personne dont on recherche ainsi la cohérence, l'unité, l'originalité, est une personne en devenir ; elle ne peut être saisie qu'au travers de son histoire.

1. La recherche de facteurs explicatifs

Une interprétation qui se réduirait à un effort d'organisation des constats actuels risquerait fort de rester partielle. C'est dans la dimension de l'histoire individuelle que le psychologue recherche, pour autant qu'il le peut, des enchaînements de causalité. Les facteurs explicatifs — dans un sens très large de ce terme — auxquels il fait appel peuvent, pour la commodité, être classés en quatre grandes rubriques.

1. Il faut s'interroger tout d'abord sur les conditions de développement de l'enfant, telles qu'elles ont pu jouer aux différents moments de son histoire. Ses conditions de vie, au sens le plus matériel, ont pu être déterminées par l'environnement géographique, socio-économique, socio-culturel. Il faut considérer aussi les conditions éducatives qui, dans cet environnement, dérivent du mode de vie des parents, et de leurs conceptions et pratiques éducatives, mais aussi de l'histoire scolaire. Les modalités de relations interpersonnelles au sein du milieu familial constituent également, en ce sens, des conditions de développement. Enfin, certaines caractéristiques propres à l'enfant sont à envisager sous cet angle, pour autant qu'elles pèsent sur son développement psychologique tout en lui restant relativement externes (par exemple, cardiopathie, tuberculose osseuse, etc.). Toutes ces conditions du développement peuvent en freiner ou accélérer le cours et même, dans une certaine mesure, le modeler, sans cependant suffire à en rendre compte.

2. De façon plus ponctuelle, on recherche, dans l'histoire de l'enfant, les événements et les traumatismes éventuels qui ont pu peser sur son développement. Il peut s'agir d'événements affectant l'environnement dans son ensemble ; par exemple, une transplantation de la famille, obligeant à une réacclimatation difficile dans un nouveau milieu, la naissance d'un petit frère, la mort du père ou de la mère, le divorce des parents, etc. Mais il peut s'agir aussi d'événements affectant plus directement le sujet lui-même : accident, agression grave, maladie entraînant une séparation du milieu familial par hospitalisation, etc.

3. On ne peut négliger, bien entendu, tout ce qui se situe au niveau des caractéristiques inscrites dans l' « équipement », c'est-à-dire, par hypothèse, fondées sur des particularités de l'organisme. Nous avons souligné, dans les chapitres précédents, l'importance qui a été longtemps

accordée à ce type de facteurs, importance démesurée au regard de la pauvreté des moyens d'investigation dont dispose, en fait, la clinique pour en apprécier le poids effectif dans la plupart des cas individuels. Mais ce serait certainement tomber dans l'excès inverse que d'en nier totalement l'existence et le jeu.

4. Le dernier type de facteurs explicatifs est tout à la fois le plus important aux yeux du psychologue et le plus difficile à analyser. Les conditions et facteurs de développement qui viennent d'être envisagés ne peuvent être conçus comme jouant chacun indépendamment des autres, par une relation de causalité simple et univoque. Il est d'observation constante, en effet, qu'une « même » condition défavorable au développement, un « même » événement, peuvent exercer des effets très différents selon le contexte dans lequel ils interviennent et développent ces effets. Par contexte, nous entendons ici l'ensemble des conditions d'environnement, des relations, des structures psychologiques déjà constituées au moment où joue ce dont on recherche, par hypothèse, les effets. Ainsi, un traumatisme prend des résonances et exerce des effets bien différents en fonction d'un tel contexte et suivant la manière dont il est vécu. Mais les effets mêmes qu'il produit modifient ce contexte : dès lors, ces effets deviennent causes, puisque c'est en fonction du nouvel ensemble de facteurs ainsi modifié que va désormais se développer l'enfant, qu'il va vivre par exemple de nouveaux événements. Tout le problème est ici, on le voit, dans les modes d'intégration des facteurs et des conditions de développement, au niveau proprement psychologique, dont H. Wallon avait bien souligné qu'il constituait un « nouveau plan de réalité ». C'est à ce niveau que se développent effectivement les « enchaînements de causalité » dont nous parlions plus haut.

De ces considérations, il découle qu'aucun des facteurs explicatifs qu'invoque le clinicien ne peut être conçu comme exerçant une action intemporelle, soit ponctuelle (limitée à un moment bien déterminé de la vie du sujet), soit au contraire permanente (d'effet identique dans les phases successives de son développement). La constellation des facteurs en jeu et leur état d'équilibre change constamment, en fonction des aléas de la vie, mais aussi en fonction même du développement de l'enfant. Il en résulte qu'un même événement peut exercer des effets très différents selon l'âge auquel il survient. Il est évident, par exemple, que la surdité totale est plus néfaste si elle s'installe avant le développement du langage qu'après, que la disparition de la mère est bien plus destructrice à 15 mois qu'à 10 ans, etc. Il en va de même pour des conditions de développement ou caractéristiques du sujet apparemment stables : ainsi, un milieu culturel très fruste ne pèse pas du tout de la même manière sur le premier développement psychomoteur et sur l'acquisition du langage, sur la scolarité primaire et sur les études secondaires ; un trouble moteur discret peut devenir d'une importance capitale lors de l'apprentissage de l'écriture, etc.

Ainsi, pour tenter de saisir le jeu des facteurs de causalité, on ne saurait se contenter d'en envisager l'intrication de façon statique ; ce qu'on est conduit à rechercher, ce sont bien des enchaînements de causalité, situés dans leur déroulement temporel, au cours des phases successives de la vie de l'enfant. L'interprétation exige donc que l'on recueille le maximum d'informations sur l'histoire de l'enfant : c'est ce que permet l'anamnèse.

2. L'ANAMNÈSE

L'anamnèse est, étymologiquement, le « retour à la mémoire ». Pour la médecine, c'est la recherche des « antécédents » de la maladie, de ce qui, dans le passé personnel ou familial du malade, pourrait contribuer à l'explication de sa maladie. La psychologie clinique, en adoptant le terme, l'a sensiblement généralisé : l'anamnèse devient la recherche de tout ce qui a pu peser sur le développement du sujet et dont la connaissance peut contribuer à l'explication de son état présent (la définition du terme n'incluant plus nécessairement de connotations pathologiques à cet état).

Les renseignements qu'on est ainsi conduit à rechercher sont en général sollicités des parents, le plus souvent de la mère. Il n'est pas inutile, cependant, de rechercher un complément de renseignements auprès de l'école, du médecin de famille, de l'assistante sociale, et de l'enfant lui-même.

Ces renseignements se situent d'abord, et le plus classiquement, au niveau des événements et des données objectives relatives au développement : déroulement de la grossesse et de l'accouchement, première alimentation, premier développement psychomoteur, acquisition du langage ; maladies, séparations et traumatismes affectifs éventuels, etc. Pour les enfants plus âgés, il est particulièrement important de reconstituer aussi précisément que possible l'histoire scolaire. La recherche des « antécédents familiaux », c'est-à-dire des anomalies psychiques ou de comportement chez d'autres membres de la famille — en particulier les ascendants et collatéraux directs —, très en faveur à l'époque où l'on croyait à l'importance prévalente de la transmission héréditaire des anomalies mentales, retient aujourd'hui beaucoup moins l'attention de la plupart des cliniciens. Elle n'est cependant pas à négliger, dans la mesure où de telles anomalies peuvent contribuer à déterminer un climat familial et des attitudes parentales qui peuvent peser sur le développement de l'enfant.

Au-delà de ces informations relativement ponctuelles, l'anamnèse vise à préciser les conditions générales du développement de l'enfant : niveau socio-économique et socio-culturel de la famille, habitat, fréquence et qualité des relations sociales, mode de vie, etc. Il faut attacher une importance particulière à la mise en évidence des conditions éducatives : conceptions affirmées par les parents quant aux principes et aux règles à suivre, attitudes et conduites éducatives qu'ils développent en fait (et qui peuvent différer sensiblement des principes affirmés), richesse et variété des stimulations éducatives et des aliments offerts aux intérêts de l'enfant, atmosphère éducative (autoritaire, contraignante, à base prévalente de punitions, ou au contraire permissive ou hypervalorisante, ou surprotectrice, etc.) ; les attitudes des parents face aux problèmes d'acquisition des disciplines et des principes moraux élémentaires, face à la scolarité, et face aux problèmes que pose l'accès à l'autonomie, sont à cet égard très significatifs.

Au-delà de ces conditions générales de développement se situe un troisième type de facteurs : les facteurs relationnels, qui définissent le climat général de la vie familiale et, plus précisément, les relations qu'a développées l'enfant avec son père, sa mère, ses frères et sœurs, ainsi que les relations de couple des parents.

Il serait évidemment illusoire de chercher à situer tout l'effet de ces événements, conditions et facteurs du développement au niveau d'une action en quelque sorte mécanique, extérieure à l'affectivité et au vécu. Même dans le cas où intervient une atteinte organique patente (si, par exemple, une encéphalite vient à 15 mois altérer gravement un développement psychologique jusque-là normal), on ne peut ignorer que l'événement est vécu et fixé — en général avec quelle intensité dramatique — par les parents et par l'enfant lui-même. Ceci pèse sur la suite du développement, de sorte qu'à l'effet organique se superpose un effet proprement psychologique dont on ne peut négliger l'importance. Il faut donc rechercher, dans les faits qui sont rapportés, la manière dont ceux-ci sont perçus et vécus.

En ce qui concerne les parents, il est classique de poser

la question sous forme d'une « critique du témoignage » : il est certain que, même s'agissant de faits précis, les témoignages qu'apporte l'anamnèse sont toujours *a priori* suspects d'omissions, d'additions, de déformations, d'imprécisions ou d'inexactitudes, de fréquence et d'amplitude très variables selon les personnes. Dans ces conditions, le psychologue peut s'attacher à discerner la vérité et la réalité des faits rapportés : dans cette visée, il considère les distorsions de témoignage comme des artefacts gênants, qu'il s'efforce d'éliminer. Ceci est certes utile. Si, par exemple, il apparaît probable que l'enfant a été séparé des parents pendant la première enfance, il est important de savoir aussi exactement que possible pour quelle raison, de quel âge à quel âge, avec qui et où l'enfant a vécu pendant ce temps, comment il a réagi à la séparation et à la reprise de contact avec les parents, etc. Mais si l'on se contentait de considérer les distorsions du témoignage comme de simples erreurs, qu'il s'agit seulement de corriger, on perdrait une information de grande importance. On peut, en effet, tenter par ailleurs d'analyser ces distorsions en tant qu'elles révèlent la façon dont les parents ont vécu et vivent encore les événements en cause, et le poids que par là ceux-ci ont pris dans leurs relations avec l'enfant. Pour reprendre l'exemple précédent, si la mère d'un enfant de 10 ans ne se rappelle que très vaguement avoir confié le bébé à « des nourrices » entre 3 mois et 2 ans, cela témoigne très probablement et d'une forte composante de rejet et du fait qu'elle préfère ne pas trop s'en souvenir, par défense contre la culpabilité liée à ce rejet.

C'est avec cette double visée qu'il importe de considérer les éléments livrés par l'anamnèse, et de critiquer, en particulier, les facteurs et événements qui y sont rapportés comme majeurs par les parents. Il n'est pas rare, en effet, que ceux-ci développent une explication personnelle des troubles de l'enfant, surchargée de leur anxiété et de leurs problèmes propres. L'un des points de cristallisation majeurs est, ici encore, l'hérédité : les parents cherchent *d'où*, ou plus précisément *de qui*, proviennent les difficultés, les handicaps — les tares... — présentés par l'enfant. On observe souvent à cet égard une sorte d'oscillation entre la culpabilité (« cela vient de moi, de mes parents »...) et le rejet de la responsabilité sur le conjoint. On voit par là, très souvent, les problèmes présentés par l'enfant cristalliser, amplifier et révéler au cours de l'entretien les tensions internes au couple, dont l'origine est en général étrangère à l'enfant lui-même. Il faut reconnaître que les idées populaires sur la constitution et l'hérédité qui imprègnent toute notre culture trouvent d'apparentes mais massives cautions dans plus d'un siècle de pensée scientifique en matière de pathologie mentale...

Il arrive que le point de cristallisation soit un événement : par exemple, si l'enfant présente un gros retard mental, c'est, suppose-t-on, qu'il a eu à 4 ans une maladie qui a peut-être laissé des séquelles lésionnelles, etc. « De là vient tout le mal », car auparavant l'enfant était parfaitement normal... Le psychologue ne peut évidemment reprendre à son compte, sans critique, de telles hypothèses. Même justifiées, celles-ci correspondent toujours à une reconstruction *a posteriori* de la part des parents, qui n'est souvent qu'une tentative d'aménagement de l'angoisse suscitée par les difficultés de l'enfant.

En regard de ces distorsions et amplifications qui affectent le témoignage des parents, certaines omissions — qui peuvent prendre le caractère de véritables scotomes — ne sont pas moins significatives. Ainsi, dans le cas de cet enfant qui manifestait depuis quelque temps un désintérêt scolaire et présentait des manifestations anxieuses (cauchemars, refus alimentaire, etc.) : selon la mère, la vie de l'enfant n'avait été marquée par aucun événement bien particulier ; on savait cependant d'autre source que quelque temps auparavant était morte la grand-mère maternelle, qui avait joué un rôle important dans l'éducation de l'enfant. L'entretien avec celui-ci montrait clairement qu'il avait vécu et vivait encore l'événement avec une angoisse intense. Le silence de la mère sur cet événement majeur témoignait en l'espèce d'une méconnaissance des réactions de l'enfant qui ne pouvait s'expliquer que par l'incidence de sa problématique personnelle. Ainsi, on observe fréquemment que certains événements font l'objet, dans le milieu familial, de véritables tabous, au point qu'ils ne sont pas évoqués dans l'anamnèse ; cependant, de par leur caractère même de tabous, il est évident qu'ils pèsent très lourdement sur l'enfant.

Les données de l'anamnèse doivent donc être soumises à une critique très attentive ; elles doivent être elles-mêmes objet du travail d'interprétation.

3. L'interprétation en fonction de l'histoire personnelle

Ainsi abordée, l'histoire de l'enfant — qui n'est pas seulement une suite d'événements mais aussi l'histoire de ses relations avec l'entourage, et l'histoire du jeu des affects et des représentations qui sous-tendent ces relations — constitue la trame et le support de l'interprétation. Nous reprendrons, à cet égard, les problèmes posés par l'interprétation du niveau mental et des données de l'analyse instrumentale.

Nous avons, dans le premier chapitre, rappelé et discuté la distinction classique entre évaluation du niveau de *développement* intellectuel et évaluation de l'*intelligence-aptitude* supposée sous-jacente à ce développement. On a longuement recherché, derrière le constat empirique du niveau de développement atteint à un moment donné, la véritable puissance intellectuelle supposée commander le rythme de ce développement ; en tant que telle, l'entité ainsi invoquée était posée comme donnée à l'individu de façon permanente, d'emblée et sans modification concevable au cours de son existence (sauf accident majeur affectant le système nerveux central). Autrement dit, l'essentiel de l'intelligence était référé à des potentialités innées, variables d'un individu à l'autre, mais fixes pour un même individu. Dans cette perspective, l'interprétation du niveau mental conduisait donc à invoquer, de façon prévalente, un équipement organique. Cependant, on ne niait pas que le développement pût être freiné ou accéléré par les conditions de vie de l'enfant (opportunités et stimulations éducatives, niveau socio-culturel de la famille, voire qualité des échanges affectifs) ; mais l'accent étant bien mis sur l'équipement organique, la variabilité de ces conditions de développement était supposée n'exercer que des effets mineurs.

Cette conception, qu'encourageait fortement la psychiatrie classique (et, au-delà, toute la culture environnante), a pesé très lourdement en particulier sur les notions relatives à la déficience mentale. L'idiotie, l'imbécillité, la débilité mentale, conçues comme trois degrés de gravité d'un seul et même état, l'arriération, ont été en effet tout naturellement référées à l'idée d'une causalité organique prévalente, voire unique (R. Perron, 1979 *b*).

Sur un plan plus général, on a longuement cherché à déterminer les influences respectives de l'*hérédité* et du *milieu* sur le développement des caractéristiques individuelles : c'est la grande controverse « *nature-nurture* » du début de ce siècle. Les difficultés méthodologiques et théoriques auxquelles on s'est heurté pour tirer des conclusions cohérentes de résultats très contradictoires ont donné à penser que le problème était posé en termes trop simples : les deux termes hérédité-milieu, et surtout sans doute ce dernier, recouvrent en fait une très grande variété de facteurs, dont le jeu ne peut être purement additif. L'accent était mis parallèlement, sous l'influence de la psychanalyse, sur le jeu des déterminations relationnelles et affectives.

Cette évolution des idées a marqué, bien évidemment, la pratique clinique elle-même. On voit actuellement nombre de praticiens osciller, à cet égard, entre des habitudes de pensée héritées de positions théoriques anciennes et une remise en cause de ces positions rendue nécessaire par leur pratique même. Cette oscillation, faute d'une nouvelle élaboration théorique — qui n'est encore qu'embryonnaire — est le plus souvent source de malaise (1).

Pratiquement, tout résultat obtenu à un test doit être interprété en plusieurs temps. Il faut, dans un premier temps, ne le considérer que pour ce qu'il est *stricto sensu*, c'est-à-dire comme un *constat actuel*, obtenu *dans un certain domaine du fonctionnement psychique* (en fonction du test utilisé) et *dans certaines conditions* (en fonction de ce qu'introduit, dans chaque cas, la situation d'examen). Les différents points de cette définition peuvent fournir les fils conducteurs de la démarche interprétative.

C'est bien d'abord en tant que constat actuel que les résultats doivent être analysés ; le premier temps de l'interprétation consiste donc à dégager la signification de ce constat actuel en tant que tel.

Tout constat, en effet, est obtenu par la mise en œuvre d'un test particulier. Mais, de toute évidence, les conclusions qu'on recherche doivent déborder largement le simple énoncé de ce que l'enfant a fait ou n'a pas fait dans le cadre de ce test lui-même. Il serait sans intérêt de se borner à dire que l'enfant peut compter trois objets, trouver trois rimes, reproduire un dessin avec des cubes, etc. De ce simple constat à la conclusion « cet enfant est intelligent » ou, plus précisément, « il est, quant à l'intelligence, de deux ans en avance sur le développement normal », il y a une distance considérable, franchie par généralisation.

(1) Ce malaise peut conduire certains psychologues à un rejet massif de toute pratique psychométrique, tandis qu'il suscite chez d'autres des positions défensives quelque peu immobilistes.

On prend évidemment par là un risque, qu'il faut mesurer. Tout test n'est, en effet, qu'un échantillon très limité d'activités, choisies dans un certain champ (le champ de l'intelligence « globale », celui de l'intelligence « abstraite », celui de l'intelligence « pratique », etc.). Nous avons dit, dans le premier chapitre, la difficulté de ce problème au niveau théorique, et le manque de définition et de délimitation des champs ainsi échantillonnés par les tests et échelles d'usage courant. Ainsi, la distinction entre les champs de l'intelligence verbale et de l'intelligence non verbale, sur laquelle reposent deux types de tests qu'on a coutume d'opposer et de comparer, est extrêmement floue.

Le praticien pourtant généralise ses constats ; il le doit, sous peine de déclarer son activité sans signification. Mais il est capital qu'il reste conscient des risques qu'il prend ainsi, et qu'il tente constamment de référer ses conclusions et à la nature des épreuves qui les fonde et aux conditions de leur application. Tous les tests de niveau intellectuel ne sont pas équivalents, même si le terme *intelligence* figure identiquement dans leurs titres ; le praticien en est en général bien convaincu. Mais il faut prendre garde sans doute à l'illusion tenace, créée par une longue tradition, selon laquelle, au-delà des contingences qui affectent chaque épreuve, c'est toujours plus ou moins l'intelligence globale qu'on mesure — illusion renforcée par l'identité de la traduction du résultat en QI.

Dans un premier temps il est donc indispensable, avant de conclure, de s'interroger sur les risques pris en généralisant les observations effectuées avec un test donné, et sur la validité des résultats obtenus dans la situation d'examen. Lorsque ce travail de critique a été bien mené, on peut conclure quant aux modalités adaptatives *actuelles* de l'enfant. Mais il est impossible de se borner à ce constat actuel. Le but de tout examen psychologique, en effet, est de contribuer à la compréhension de ce qui s'est passé *avant*, et de prévoir ce qui se passera *après* (en général, dans plusieurs hypothèses : si l'on n'intervient pas, si l'on modifie telle ou telle condition, etc.). Un constat actuel qui refuserait toute espèce de jugement sur ce qu'était antérieurement l'enfant, et sur ce qu'il pourra être à l'avenir, serait pratiquement d'un intérêt assez mince. Nous avons rappelé (chap. III) une attitude classique en la matière, qui postule la *constance du QI* : le QI obtenu actuellement est censé évaluer non seulement ce que l'enfant peut faire aujourd'hui, mais aussi ce qu'il a pu et ce qu'il pourra faire. Nous avons souligné toutes les réserves que peut inspirer cette attitude. La constance du QI n'est que l'hypothèse la plus probable, au sens *statistique* du terme. Mais, au niveau de l'individu, toutes les trajectoires aboutissant au niveau de développement actuellement constaté sont possibles. Il faut donc, pour chacun, tenter de reconstituer sa trajectoire personnelle : ce qui conduit à rechercher le maximum d'informations sur l'histoire de son développement. Il arrive qu'on dispose de résultats d'examens psychologiques antérieurs, mais ceci est rare. Le plus souvent, les renseignements qu'on peut recueillir restent fragmentaires et suspects de distorsion, en particulier quant à la période du premier développement, pourtant la plus utile en général dans une telle recherche. C'est cependant sur cette information lacunaire et sujette à caution que le psychologue doit nécessairement formuler ses hypothèses sur ce qu'a été la trajectoire du développement de l'enfant. Il peut être ainsi conduit à supposer à partir d'un certain âge un ralentissement après un premier développement normal, ou une accélération après un premier développement lent, etc. Il va de soi que le constat actuel prend des significations bien différentes selon la trajectoire antérieure dont on fait ainsi l'hypothèse ; et le pronostic lui-même s'en trouve considérablement infléchi. En considérant cette trajectoire individuelle, on se réfère évidemment à une certaine conception de la trajectoire normale, celle que toute la psychologie génétique s'est attachée à étudier, mais aussi la théorie psychanalytique. De multiples facteurs peuvent provoquer, au cours du développement de l'individu, de telles déviations de la trajectoire ; ce sont ceux que nous avons brièvement discutés au début de ce chapitre : conditions générales du développement, événements et traumatismes, facteurs organiques, enfin enchaînements de causalité au niveau de l'intégration psychologique elle-même.

Ce dernier type de facteurs pèse d'un poids considérable sur la trajectoire personnelle. En témoignent avec évidence les cas d'inhibition scolaire et intellectuelle où l'enfant se trouve pris dans une sorte de refus de réalisation intellectuelle qui exprime ses aménagements défensifs face aux exigences des parents et de l'école, et en fonction du jeu de ses identifications aux images parentales. En témoigne également, de manière beaucoup plus grave, le non-investissement des fonctions cognitives dans les psychoses infantiles précoces (Misès et Barande, 1963 ; Misès, 1975).

Il apparaît donc indispensable, pour interpréter les épreuves de niveau intellectuel, d'en replacer les résultats dans la perspective de l'histoire individuelle de l'enfant examiné. Ceci conduit à considérer le développement intellectuel comme partie intégrante du devenir de la personne tout entière.

Une telle conception vaut également pour l'analyse instrumentale, à laquelle elle permet de donner sa meilleure dimension clinique. L'attitude qui a longtemps prévalu consistait à poursuivre cette analyse un peu à la façon d'un dépanneur qui teste successivement les pièces d'un appareil dont le fonctionnement s'avère défectueux. De même que le dépanneur a trouvé la cause de ce mauvais fonctionnement lorsqu'il a isolé la pièce responsable, le psychologue tendait à s'estimer satisfait lorsqu'il avait mis en évidence une maladresse dans le mouvement fin des doigts, une incapacité marquée à élaborer des rapports spatiaux, etc. : il pensait alors avoir trouvé la cause de la dysgraphie, de la dyslexie, etc., pour laquelle on venait le consulter. Dans une telle perspective, chacune des capacités ainsi mises en évidence par l'examen est supposée traduire une aptitude sous-jacente, située au niveau de l'équipement de base, c'est-à-dire du donné organique. D'où l'idée que, si l'on constate une déficience marquée dans la capacité d'élaboration des rapports spatiaux, ceci n'est guère améliorable en soi : ce que peut se proposer la pédagogie de la lecture, c'est de mettre en œuvre des procédés au regard desquels ce handicap ne joue pas ou ne joue pas trop : on peut ainsi tourner la difficulté, non l'annuler.

On ne peut récuser totalement cette optique ; cependant, des doutes croissants se sont exprimés quant à sa validité théorique, et surtout quant à son utilité clinique (N. Galifret-Granjon, 1966). A trop y adhérer, on est en effet conduit à traiter l'enfant en objet (c'est en ce sens que nous avons introduit plus haut la comparaison avec une machine défectueuse) ; ce qui risque fort de l'installer sur une position défensive qui ferme l'accès à tout un plan de compréhension sans lequel l'examen psychologique reste nécessairement très incomplet. Nous avons insisté, dans le chapitre précédent, sur la nécessité d'accorder à l'enfant, dans la relation, son plein statut de sujet. Ceci signifie qu'on ne peut se contenter de constater qu'il est, par exemple, maladroit : il faut rechercher comment il perçoit, vit, et éventuellement utilise, cette maladresse, quel rôle elle a joué et joue encore dans l'image qu'il a formé de lui-même et dans celle qu'il offre à l'entourage, etc. Dans une telle recherche, on est souvent conduit à utiliser la notion d' « épine ». Ainsi, par exemple, de tel enfant de 10 ans conduit en consultation pour une dysgraphie caractérisée. L'analyse instrumentale fait apparaître des difficultés motrices assez nettes, affectant particulièrement les mouvements fins des doigts, une certaine paratonie générale, etc. Si l'on a de bonnes raisons de penser que ce handicap pèse depuis longtemps sur l'enfant, on peut, à juste titre, y voir la racine de la mauvaise écriture actuelle. Celle-ci, dans son état présent, n'en est cependant pas entièrement expliquée. Car le trouble n'est pas, à 10 ans, identique à ce qu'il était à 6 ou à 7 ans ; il s'est développé, il a une histoire, et c'est cette histoire qu'il faut reconstituer. L'enfant a été grondé, il a tenté de compenser ses difficultés, son écriture s'est tendue, ralentie, dégradée encore du fait de cet effort même, il s'est découragé, il a transposé son malaise sur d'autres activités scolaires, etc. Ainsi, ce qui n'était à l'origine qu'une difficulté limitée a pesé sur son insertion scolaire, sur ses relations familiales, sur l'image qu'il a développée de lui-même et d'autrui. L'écriture qu'il produit actuellement en porte la marque en retour, et le trouble ne saurait être interprété hors de ce contexte. Il dépasse de beaucoup, par sa gravité comme par sa signification, les difficultés motrices initiales qui ont joué un rôle déclenchant, à la façon d'une épine irritative autour de laquelle se développe un foyer d'infection. C'est pourquoi l'intervention rééducative est si difficile lorsqu'elle survient trop tardivement.

La notion d' « épine » apparaît ainsi utile lorsqu'on veut situer, dans le développement de l'enfant, un trouble, un handicap, voire un événement, qui ont joué un rôle déclenchant et cristallisant, et à partir desquels se sont organisés le malaise, les perturbations relationnelles et de la conduite. Il arrive que cette épine disparaisse, seuls subsistant ses effets : par exemple lorsque des difficultés notables d'acquisition de la lecture ont conduit à un échec scolaire généralisé, la lecture apparaissant cependant à peu près normale lorsqu'on constate cet échec à 10-12 ans. Il arrive plus souvent, au contraire, que la difficulté initiale se trouve, par une sorte de causalité circulaire, considérablement surchargée et aggravée par ses conséquences mêmes. Deux remarques s'imposent ici. D'une part, lorsque l'épine est fournie par des événements (mort d'un parent, divorce, traumatisme physique, etc.), l'usage porte à parler d' « états réactionnels » pour en désigner les effets ; on implique par là que les perturbations actuelles sont relativement transitoires parce que révélées et organisées par l'événement, même si les déterminants majeurs en sont situés plus profondément dans la structure de personnalité du sujet (Misès, 1967). D'autre-part, la notion d'épine, pour conserver son utilité, devrait rester limitée aux cas de handicap relativement circonscrit à l'origine et dont l'effet déclenchant peut être temporellement situé au moins de façon approximative.

Il est fréquent que le handicap, même s'il n'affecte qu'un secteur d'activités, pèse à tous les stades du développement, dont il contribue dès lors beaucoup plus fondamentalement à expliquer le cours. C'est le cas de beaucoup de troubles du langage, affectant tout le premier développement et pesant par là sur ses phases ultérieures. Un tel trouble du langage, en effet, affecte tout à la fois l'élaboration cognitive et les relations avec autrui, et par là la construction de soi comme personne. S'en trouvent ainsi perturbés la socialisation, la scolarité, les investissements intellectuels, et, au-delà, tout le développement de la personnalité. Ici encore, il est évident que le trouble ne peut être compris que dans sa genèse et en fonction du rôle qu'il joue dans l'ensemble du développement.

Cette mise en perspective historique, enfin, n'est pas moins nécessaire pour interpréter les résultats des épreuves dites de personnalité. Jusqu'à une époque récente, on a beaucoup recherché la signification de ces résultats selon les mêmes démarches de pensée que pour les épreuves d'efficience intellectuelle : c'est-à-dire en s'efforçant de découvrir ce qui, sous les conduites actuelles, témoignerait des caractéristiques du sujet inscrites dans sa « nature » même, de façon stable et quasi intemporelle. Dans une première période — correspondant *grosso modo* à l'entre-deux-guerres — on a ainsi tenté de développer des questionnaires visant à mettre en évidence des « traits de personnalité » conçus comme des attributs permanents de la personne (par exemple l'introversion-extraversion). La liste des « besoins » proposée par Murray pour interpréter le TAT relevait d'une optique analogue. Le Rorschach lui-même a été — est sans doute encore pour certains praticiens — ainsi interprété : les modalités du « psychogramme » sont censées témoigner, au-delà des aléas de l'histoire personnelle, d'une sorte d'anatomie du caractère, fondamentale et donnée au sujet dès l'origine, ou en tout cas dès les premiers stades de son développement. C'est encore, on le voit, au niveau de l'équipement que tend à se situer ainsi l'interprétation, un équipement dont on explore la zone du caractère comme on a, par d'autres méthodes, exploré la zone cognitive. On ne peut, sans doute, récuser totalement une telle optique : il est certain que toute personne présente une structure stable qui lui est propre et qu'on peut s'efforcer de mettre en évidence ; mais il est non moins certain qu'on a tout intérêt à rechercher le développement de cette structure au cours de l'histoire personnelle du sujet, sans la poser comme donnée d'emblée et par là non explicable elle-même. Les vingt dernières années ont été marquées par la prise de conscience de cette nécessité, dont témoigne la désaffection croissante à l'égard de la notion de « caractère », progressivement évincée par celle de « personnalité » qui se réfère à des modèles plus dynamiques.

Ainsi, pour chacun des éléments de l'examen psychologique comme pour son ensemble, l'interprétation se situe à son meilleur niveau si elle tente constamment de saisir le sujet dans sa genèse même. Ceci est particulièrement évident lorsqu'il s'agit d'enfants, par définition en devenir. Toute l'évolution actuelle des idées montre la nécessité de la mise en perspective historique discutée dans ce chapitre. La tâche cependant risque de dépasser quelque peu les moyens et le cadre du seul examen psychologique : elle ne peut, en général, être menée à bien que dans le cadre d'équipes pluri-disciplinaires, et tout particulièrement par la collaboration entre psychiatres et psychologues. C'est sur ce point que nous conclurons.

Conclusion

L'examen psychologique, tel que nous en avons discuté dans cet ouvrage, ne peut rester en règle générale une démarche isolée. Pour trouver sa meilleure dimension, il doit être intégré dans une visée plus globale. Quand il est pratiqué dans un cadre médico-psychologique, ses conclusions s'intègrent dans le diagnostic psychiatrique. Dans d'autres cadres, il contribue à fonder une action de prise en charge sociale, pédagogique, rééducative, psychothérapique, etc. Dans ces divers cas, le moment majeur de la démarche est le diagnostic, qui intègre ce qu'on a appris et compris du sujet, et qui fonde les décisions à prendre.

Mais que doit-on entendre par *diagnostic* ? A cet égard, deux positions bien différentes peuvent être adoptées. La première est héritée de la psychiatrie classique : elle conduit à rechercher, au cours de l'examen, la présence d'un certain nombre de signes ou symptômes caractéristiques des syndromes que distingue la nosographie. Dans cette optique, l'apport du psychologue réside dans la mise en évidence, par les techniques qui lui sont propres, de troubles, retards, dysfonctionnements ou traits de comportement pouvant prendre valeur de symptômes. Mais tout ce qui a été dit dans cet ouvrage tend à souligner la multiplicité des significations d'une même conduite observable, et par conséquent la difficulté de mise en évidence de tels signes stables. Reste donc une seconde position, de plus en plus prévalente en psychopathologie, suivant laquelle le diagnostic tend moins à classer l'individu qu'à élaborer en un ensemble significatif ce qui fait l'essentiel de sa personne. Une telle condensation d'informations et d'hypothèses suppose cependant le passage à un niveau d'abstraction où les notions qu'on emploie dépassent nécessairement tout cas individuel considéré en lui-même. Ces notions ne sont plus des principes de classification, sur un mode statique, mais réfèrent à des *modèles dynamiques et structuraux*. Ceux-ci décrivent des modes d'organisation de la personne qui peuvent s'appliquer identiquement à des contenus bien différents, qu'il s'agisse de manifestations comportementales, de modalités de développement, de données anamnestiques, étiologiques, etc. On peut, allant plus loin, poser en principe que ces modèles ont tout à gagner à être conçus comme des *modèles de développement*, le processus d'organisation étant alors saisi dans sa genèse même.

Le psychologue peut, par son examen, contribuer à situer l'enfant par rapport à divers modèles possibles. Ainsi, dans un premier temps, observant par exemple certaines discordances entre différentes activités intellectuelles, il peut être conduit à les interpréter comme significatives d'une psychose infantile. Si cette hypothèse se trouve confirmée par l'observation de modes de relation particuliers, et si elle recoupe les conclusions de l'examen psychiatrique, le psychologue pourra éventuellement, dans un deuxième temps, approfondir l'examen pour mieux comprendre comment, chez cet enfant particulier, l'organisation psychotique de la personnalité s'exprime dans les efficiences intellectuelles. Il va sans dire qu'en pratique ces deux phases de la démarche ne sont pas toujours aussi distinctes.

La contribution du psychologue à cette approche compréhensive du cas diffère de celle du psychiatre ou de l'éducateur, à la fois par la spécificité de ses références théoriques et par la nature même de la situation d'examen psychologique. Celui-ci, pour une bonne part, requiert du sujet des activités et des conduites imposées quant à leur but et leurs conditions d'exécution ; par là, se crée entre le sujet et le clinicien une relation très particulière. Mais elle en diffère aussi par les techniques mêmes de l'examen psychologique, techniques qui visent à l'observation contrôlée de conduites aussi spécifiées que possible, et renvoient à des normes basées sur la comparaison interindividuelle. Enfin, elle en diffère par les arrière-plans interprétatifs qu'ouvre au psychologue sa culture en psychologie générale, en psychologie génétique, en psychopathologie, etc.

Les conclusions du psychologue peuvent converger avec celles d'autres professionnels, mais il va de soi qu'elles peuvent aussi en diverger notablement. Ainsi, le psychologue peut imputer à un handicap instrumental, pesant sur l'ensemble du développement, ce qui pouvait apparaître comme un déficit global « simple » ; il peut mettre en évidence, au travers de certaines conduites dans les tests d'intelligence, le jeu de défenses névrotiques fortement organisées ; il peut, par l'analyse des données fournies par une épreuve projective, faire apparaître le rôle central d'un certain type de conflit, etc. Encore faut-il, pour que le dialogue soit efficace, qu'il connaisse assez les modèles qu'utilisent ses partenaires. Ceci n'est possible que si, renonçant à toute revendication « scientiste » sommaire, il accepte de faire en permanence l'effort de les comprendre. Il n'est pas toujours facile d'établir un tel dialogue ; de là vient sans doute que la constitution de bonnes équipes soit en général le fruit d'une longue expérience commune. Il y faut l'effort conjoint de tous ceux qui participent à la prise en charge de l'enfant et de sa famille. L'expérience montre que la récompense est à la mesure de l'effort.

BIBLIOGRAPHIE

Les références données ici sont presque toutes choisies, intentionnellement, dans la littérature de langue française ; nous avons voulu, en effet, que cette bibliographie soit réellement accessible au maximum de lecteurs. Nous avons dû, en prenant cette option, écarter un certain nombre de travaux — notamment de langue anglaise — sans aucun doute importants par rapport aux problèmes discutés dans le corps de l'ouvrage.

On pourra se reporter, pour une bibliographie plus étendue, à : PERRON (R.), Les méthodes dans les applications de la psychologie de l'enfant, *in :* REUCHLIN (M.), *Traité de Psychologie appliquée*, t. 2 (chap. 5), Presses Universitaires de France, 1973. Une très riche information est offerte par l'*Introduction à la Psychologie de l'Enfant*, publiée sous la direction de M. HURTIG et J. A. RONDAL (3 vol., Bruxelles, Mardaga, 1981).

ABRAHAM (A.), *Le dessin d'une personne. Le test de Machover*, Neuchâtel et Paris, Delachaux & Niestlé, 1963.

ABRAHAM (A.), *Les identifications de l'enfant à travers son dessin*, Toulouse, Privat, 1976.

ABRAMSON (J.), KOPP (H.), L'échelle métrique du développement de la motricité chez l'enfant et chez l'adolescent, par N. Ozeretsky, *L'hygiène mentale*, 1936, *31*, 53-75.

AJURIAGUERRA (J. de), AUZIAS (M.), COUMES (F.), DENNER (A.), LAVONDÈS-MONOD (V.), PERRON (R.), STAMBAK (M.), *L'écriture de l'enfant*. I : *L'évolution de l'écriture et ses difficultés ;* II : *La rééducation de l'écriture*, Delachaux & Niestlé, 3e éd., 1979.

AJURIAGUERRA (J. de), BOREL-MAISONNY (S.), DIATKINE (R.), NARLIAN (S.), STAMBAK (M.), Le groupe des audi-mutités, *Psychiat. de l'enfant*, 1958, *1*, 1, 7-62.

AJURIAGUERRA (J. de), HECAEN (H.), ANGELERGUES (R.), Les apraxies. Variétés cliniques et latéralisation lésionnelle, *Rev. neurol.*, 1960, *102*, 566-94.

AJURIAGUERRA (J. de) *et al.*, Organisation psychologique et troubles du développement du langage. Etude d'un groupe d'enfants dysphasiques, in *Problèmes de psycho-linguistique*, Symposium de l'Association de Psychologie Scientifique de Langue Française (Neuchâtel, 1962), Presses Universitaires de France, 1963, p. 109-142.

AJURIAGUERRA (J. de) *et al.*, Evolution et pronostic de la dysphasie chez l'enfant, *Psychiat. de l'enfant*, 1965, *8*, 2, 391-452.

ALEXANDER (W. P.), *Intelligence, concrete and abstract*, Cambridge Univ. Press, 1935.

ALEXANDER (W. P.), *Une échelle de performance pour la mesure de l'intelligence pratique*, Paris, Editions du Centre de Psychologie Appliquée, 1950 (édition originale en anglais : 1946).

AMES (L. B.), LEARNED (J.), METREAUX (R. W.), WALKER (R. N.), *Child Rorschach responses*, New York, Hoeber & Harper, 1952.

ANZIEU (D.), *Les méthodes projectives*, Presses Universitaires de France, 2e éd., 1965.

ARTHUR (G.), *A point scale of performance tests*, New York, The Commonwealth Fund, vol. 1, 1930 ; vol. 2, 1933.

ARTHUR (G.), *A point scale of performance tests. Revision II, Manual*, New York, Psychol. Corp., 1947. Adaptation française : *Echelle de performance de G. Arthur (révision II)*, Paris, Editions du Centre de Psychologie Appliquée, 1956.

ARTHUS (H.), *Le village, test d'activité créatrice*, Presses Universitaires de France, 1949.

Aspects du langage, *Bulletin de psychol.*, numéro spécial, 1966, *19*, 8-12, 433-756.

AUZIAS (M.), *L'apprentissage de l'écriture*, Bourrelier-A. Colin, 1966.

AUZIAS (M.), *Les troubles de l'écriture chez l'enfant*, Neuchâtel et Paris, Delachaux & Niestlé, 1970.

AUZIAS (M.), *Enfants gauchers, enfants droitiers*, Delachaux & Niestlé, 1975.

AUZIAS (M.), *Epreuve de latéralité usuelle*, Paris, Editions du Centre de Psychologie Appliquée, 1976.

BACHER (F.), REUCHLIN (M.), Quelques remarques techniques sur le quotient d'intelligence, *Enfance*, 1956, 4, 21-27.

BACKES-THOMAS (M.), *Le test des trois personnages*, Neuchâtel, Delachaux & Niestlé, 1969.

BEIZMANN (C.), *Le Rorschach chez l'enfant de 3 à 10 ans*, Delachaux & Niestlé, 1961.

BEIZMANN (C.), *Liste de cotation des formes dans le Rorschach*, Paris, Editions du Centre de Psychologie Appliquée, 1966.

BELLAK (L.), BELLAK (S. S.), *Test d'aperception pour enfants, CAT, et son supplément, CAT-S*, Paris, Editions du Centre de Psychologie Appliquée, 1960.

BENAT (M.-T.), *Tests d'acquisitions scolaires* (révision), Paris, Editions du Centre de Psychologie Appliquée, 1982.

BENDER (L.), *Test moteur de structuration visuelle*, Paris, Editions du Centre de Psychologie Appliquée, 1968.

BERGÈS (J.), LÉZINE (I.), *Test d'imitation de gestes. Techniques d'exploration du schéma corporel et des praxies chez l'enfant de 3 à 6 ans*, Masson, 1963.

BESSING (M.), Le « Make a Picture Story », ou MAPS, *Bull. de Psychol.*, 1963, *17*, n° 2-7, 309-313.

BINET (A.), *L'étude expérimentale de l'intelligence*, Schleicher, 1903.

BINET (A.), *Les idées modernes sur les enfants*, Flammarion, 1911.

(1905 *a*) BINET (A.), SIMON (Th.), Sur la nécessité d'établir un diagnostic des états inférieurs de l'intelligence, *Année psychol.*, 1905, *11*, 163-190.

(1905 *b*) BINET (A.), SIMON (Th.), Méthodes nouvelles pour le diagnostic du niveau intellectuel des anormaux, *Année psychol.*, 1905, *11*, 191-244.

(1905 *c*) BINET (A.), SIMON (Th.), Application des méthodes nouvelles au diagnostic du niveau intellectuel chez des enfants normaux et anormaux d'hospice et d'école primaire, *Année psychol.*, 1905, *11*, 245-336.

BINET (A.), SIMON (Th.), *Les enfants anormaux*, A. Colin, 1907.

BINET (A.), SIMON (Th.), Le développement de l'intelligence chez les enfants, *Année psychol.*, 1908, *14*, 1-94.
BINET (A.), SIMON (Th.), L'intelligence des imbéciles, *Année psychol.*, 1909, *15*, 1-147.
BINET (A.), SIMON (Th.), L'arriération, *Année psychol.*, 1910, *16*, 349-360.
BINET (A.), SIMON (Th.), Nouvelles recherches sur la mesure du niveau intellectuel chez les enfants des écoles, *Année psychol.*, 1911, *17*, 145-201.
BOEHM (A. E.), *Test des concepts de base* (révisé), Paris, Editions du Centre de Psychologie Appliquée, 1989.
BOREL-MAISONNY (S.), *Langage oral et langage écrit*, Delachaux & Niestlé, 1960 (2 vol.).
BOULANGER-BALLEYGUIER (G.), *La personnalité des enfants normaux et caractériels à travers le test d'aperception CAT*, Monographies Françaises de Psychologie, Editions du C.N.R.S., 1960.
BOURGES (S.), *Approche génétique et psychanalytique de l'enfant*, I : *Choix et interprétation des épreuves*, Neuchâtel-Paris, Delachaux & Niestlé, 1980.
BOUTONIER (J.), *Les dessins des enfants*, Editions du Scarabée, 1959.
BOWLBY (J.), *Soins maternels et santé mentale*, Genève, Monographies O.M.S., 1954.
BRUNET (O.), LÉZINE (I.), *Le développement psychologique de la première enfance*, Presses Universitaires de France, 2e éd., 1965.
BUHLER (C.), *Le Test du Monde (manuel)*, Paris, Editions du Centre de Psychologie Appliquée 1959.
BURGEMEISTER (B. B.), HOLLANDER BLUM (L.), LORGE (I.), *Echelle de maturité mentale de Columbia*, Paris, Editions du Centre de Psychologie Appliquée. 1965.
CASATI (I.), LEZINE (I.), PIAGET (J.), *Les étapes de l'intelligence sensori-motrice de l'enfant*, Paris, Editions du Centre de Psychologie Appliquée, 1968.
CATTELL (R. B.), *Tests d'intelligence, échelle 2, formes A et B*, Paris, Editions du Centre de Psychologie Appliquée, 1956.
CESSELIN (F.), *Comment évaluer le niveau intellectuel. Adaptation française du test Terman-Merrill*, Bourrelier, 4e éd., 1959.
CHATEAU (J.), La latéralisation et ses effets, *Enfance*, 1962, n° 3, 223-262.
CHEVRIE-MULLER (C.), SIMON (A.-M.), DECANTE (P.), *Epreuves pour l'examen du langage*, Paris, Editions du Centre de Psychologie Appliquée, 1981.
CHEVRIE-MULLER (C.), SIMON (A.-M.), LE NORMAND (M.-T.), FOURNIER (S.), *Batterie d'évaluation psycho-linguistique*, Paris, Centre de Psychologie Appliquée, 1987.
CHILAND (C.), Les enfants mauvais en orthographe, *Psychiat. de l'enfant*, 1963, *6*, 2, 375-409.
CHILAND (C.), Langage oral et langage écrit, *Bull. de psychol.*, 1966, *19*, 8-12, 489-497.
CHILAND (C.), *L'enfant de six ans et son avenir*, Presses Universitaires de France, 1971.
CHILAND (C.) et coll., *L'entretien clinique*, Paris, Presses Universitaires de France, 1983.
CLAPARÈDE (E.), *Psychologie de l'enfant et pédagogie expérimentale*, Delachaux & Niestlé, 1926.
COHEN (M.), Sur l'étude du langage enfantin, *Enfance*, 1952, n° 3, 181-249.

Colloque sur les déficiences mentales, *Enfance*, 1972, n°s 1-2, p. 1-160.
CORMAN (L.), *Le test du dessin de la famille dans la pratique médico-pédagogique*, Presses Universitaires de France, 1964.
CORMAN (L.), *Le test PN*, 1, *Manuel*, 1969 ; 2. *Le complexe d'Œdipe*, 1973 ; 3. *La règle d'investissement*, 1976, Presses Universitaires de France.
CORMAN (L.), *Le test Patte noire*, Paris, Editions du Centre de Psychologie Appliquée, 1982.
DAGUE (P.), GARELLI (M.), LEBETTRE (A.), *Echelle de maturité mentale de Columbia*, Paris, Editions du Centre de Psychologie Appliquée, 1965.
DANON-BOILEAU (H.), LAB (P.), L'inhibition intellectuelle, *Psychiat. de l'enfant*, 1962, *5*, 1, 43-173.
DAURAT-HMELJAK (C.), STAMBAK (M.), BERGÈS (J.), *Test de schéma corporel. Une épreuve de connaissance et de construction de l'image du corps*, Paris, Editions du Centre de Psychologie Appliquée, 1966.
DECROLY (O.), BUYSE (R.), *La pratique des tests mentaux*, Alcan 1928.
DELACROIX (H.), *L'enfant et le langage*, Alcan, 1934.
DIATKINE (R.) *et al.*, Les troubles de l'apprentissage du langage écrit : dyslexie et dysorthographie, *Psychiat. de l'enfant*, 1963, *6*, 2, 283-351.
DOLL (E. A.), L'enfant arriéré, *in* CARMICHAEL (L.), édit., *Manuel de psychologie de l'enfant*, t. 3, chap. 17, 1946 (éd. franç. : Presses Universitaires de France, 1952).
DUSS (L.), *La méthode des fables en psychanalyse infantile*, Paris, L'Arche, 1950.
EDFELDT (A. W.), *Test reversal*, Paris, Editions du Centre de Psychologie Appliquée, 1970.
ENGELHART (D.), *Dessin et personnalité chez l'enfant*, Paris, Editions du C.N.R.S. (Monographies Françaises de Psychologie, n° 52), 1980.
FLAMENT (F.), Développement de la préférence manuelle de la naissance à 6 mois, *Enfance*, 1963, n° 3, 241-262.
FRAISSE (P.), La méthode expérimentale, *in* FRAISSE (P.), et PIAGET (J.), *Traité de Psychologie Expérimentale*, vol. 1, Presses Universitaires de France, 1963.
GALIFRET-GRANJON (N.), Le problème de l'organisation spatiale dans les dyslexies d'évolution, *Enfance*, 1951, n° 5, 445-479.
GALIFRET-GRANJON (N.), Comparaison d'enfants dyslexiques et normaux à une épreuve de motricité manuelle, *Enfance*, 1954, n° 2, 179-194.
(1958 *a*) GALIFRET-GRANJON (N.), Exposé critique des principes psychologiques sous-jacents à quelques méthodes d'apprentissage de la lecture, *Psychiat. de l'enfant*, 1958, *1*, 2, 379-436.
(1958 *b*), GALIFRET-GRANJON (N.), Remarques critiques sur les notions d'agnosie et d'asymbolie, *J. de psychol. norm. et pathol.*, 1958, *55*, 1, 70-86.
GALIFRET-GRANJON (N.), Tests de gnosies digitales, *in* ZAZZO (R.) et coll., *Manuel pour l'examen psychologique de l'enfant*, Delachaux & Niestlé, 1960, chap. 5.
GALIFRET-GRANJON (N.), L'apprentissage de la langue écrite et ses troubles, *Bull. de psychol.*, 1966, *19*, 8-12, 466-474.
GALIFRET (N.), AJURIAGUERRA (J. de), Troubles de l'apprentissage de la lecture et dominance latérale, *L'Encéphale*, 1951, *40*, 5, 385-398.
GALIFRET-GRANJON (N.), SANTUCCI (H.), Test adapté de Kohs-Goldstein, *in* ZAZZO (R.) et coll., *Manuel pour l'examen psychologique de l'enfant*, Delachaux & Niestlé, 1960, chap. 6.

GELBERT (G.), Vues nouvelles sur la dyslexie, *Psychiat. de l'enfant*, 1963, *6*, 2, 353-373.
GESELL (A.), *Inventaire de développement*, Paris, Editions du Centre de Psychologie Appliquée, 1959.
GIBELLO (B.), *L'enfant à l'intelligence troublée*, Paris, Le Centurion, 1984.
GIRIBONE (de), HUGON (M.), *Test de l'efficience de la lecture au cours préparatoire*, Paris, Editions du Centre de Psychologie Appliquée, 1987.
GOLDSTEIN (K.), SCHEERER (M.), Abstract and concrete behavior. An experimental study with special tests, *Psychol. Monogr.*, 1941, *53*, 2, 151 p.
GOODENOUGH (F.), *L'intelligence d'après le dessin. Le test du bonhomme*, 1926 (éd. franç. : Presses Universitaires de France, 1957).
GUIGNARD (F.) *et al.*, Les troubles de la signification chez les débiles mentaux, *Psychiat. de l'enfant*, 1971, *14*, 1, 125-231.
GUILLAUMIN (J.) *La dynamique de l'examen psychologique*, Presses Universitaires de France, 1965.
GUILMAIN (E.), GUILMAIN (G.), *L'activité psychomotrice de l'enfant. Son évolution de la naissance à 12 ans. Tests d'âge moteur et tests psychomoteurs*, Paris, Librairie médicale Vigné, 1971.
HARRIS (A.-J.), *Manuel d'application des tests de latéralité*, Paris, Editions du Centre de Psychologie Appliquée, 1961.
HARTMANN (H.), *La psychologie du Moi et le problème de l'adaptation*, Presses Universitaires de France, 1968.
HATWELL (Y.), *Privation sensorielle et intelligence*, Presses Universitaires de France, 1966.
HERMABESSIÈRE (G.), SAX (H.), *Epreuve de lecture « Jeannot et Georges »*, Paris, Editions du Centre de Psychologie Appliquée, 1972.
HOFFMAN (L. W.), LIPPITT (R.), The measurement of family life variables, *in* P. H. MUSSEN, edit., *Handbook of research methods in child development*, New York, Wiley, 1960, chap. 22, p. 945-1013.
HURTIG (M.-Cl.), ZAZZO (R.), La mesure du développement psychosocial, *in* ZAZZO (R.) et coll., *Manuel pour l'examen psychologique de l'enfant*, Delachaux & Niestlé, vol. 2, 1979.
HURTIG (M.), Etude expérimentale des possibilités d'apprentissage intellectuel d'enfants débiles et d'enfants normaux, *Enfance*, 1960, n°s 4-5, 371-383.
INHELDER (B.), *Le diagnostic du raisonnement chez les débiles mentaux*, Delachaux & Niestlé, 1943 ; 2e éd., 1963.
INHELDER (B.), Observations sur les aspects opératifs et figuratifs de la pensée chez les enfants dysphasiques, in *Problèmes de psycholinguistique*, Symposium de l'Association de Psychologie Scientifique de Langue Française (Neuchâtel, 1962), Presses Universitaires de France, 1963, p. 143-153.
INIZAN (A.), *Le temps d'apprendre à lire*, Bourrelier-A. Colin, 1963.
JACQUARD (A.), *Eloge de la différence. La génétique et les hommes*, Paris, Seuil, 1978.
KHOMSI (A.), *Epreuve d'évaluation des stratégies de compréhension en situation orale*, Paris, Editions du Centre de Psychologie Appliquée, 1987.
KHOMSI (A.), *Epreuve d'évaluation de la compétence en lecture*, Paris, Editions du Centre de Psychologie Appliquée, 1990.

KHOMSI (A.), *Perception, analogies et manipulations spatiales*, Paris, Editions du Centre de Psychologie Appliquée, 1992.

KOHS (C.), *Test des cubes de Kohs*, Paris, Editions du Centre de Psychologie Appliquée, 1960.

KOUPERNIK (C.), *Le développement psychomoteur du premier âge*, Presses Universitaires de France, 1954.

LARCEBEAU (S.), Les intérêts des garçons de l'enfance à l'adolescence, *BINOP*, 1965, numéro spécial, 155 p.

LARCEBEAU (S.), Psychologie différentielle des intérêts : l'influeuce du sexe, *BINOP*, 1967, *23*, 3, 165-204.

LAUTREY (J.), *Classe sociale, milieu familial, intelligence*, Paris, Presses Universitaires de France, 1980.

LEBOVICI (S.), DIATKINE (R.), SOULÉ (M.), *Traité de psychiatrie de l'enfant et de l'adolescent*, 3 volumes, Paris, Presses Universitaires de France, 1985.

LEFAVRAIS (P.), *L'alouette. Test d'analyse de la lecture et de la dyslexie*, Paris, Editions du Centre de Psychologie Appliquée, 1965.

LEMAITRE (P.), *Tests d'acquisitions scolaires : mathématiques*, Paris, Editions du Centre de Psychologie Appliquée, 1986.

LE MEN (J.), *Espace figuratif et structures de personnalité (test D10)*, Presses Universitaires de France, 1960.

LEPEZ (R.), *Tests d'acquisitions scolaires*, Paris, Editions du Centre de Psychologie Appliquée, 1982.

LEPEZ (R.), RIQUIER (M.), *Tests des cycles élémentaires et moyens : français et mathématiques*, Paris, Editions du Centre de Psychologie Appliquée, 1990.

LÉZINE (I.), STAMBAK (M.), Quelques problèmes d'adaptation du jeune enfant en fonction de son type moteur et du régime éducatif, *Enfance*, 1959, n° 2, 95-115.

LINCOLN et OSERETSKY (adaptation de SLOAN W.), *Echelle de développement moteur de Lincoln-Oseretsky*, Paris, Editions du Centre de Psychologie Appliquée, 1984.

LLORACH (E. A.), L'acquisition du langage par l'enfant, *in* MARTINET (A.) et coll., *Le langage*, Paris, Gallimard, Encycl. de la Pléiade, 1968, p. 323-366.

LONGEOT (F.), Expérimentation d'une échelle individuelle du développement de la pensée logique, BINOP, 1966, *22*, 306-319.

LONGEOT (F.), Aspects différentiels de la psychologie génétique, BINOP, 1967, *23*, n° spécial, 159 p.

LONGEOT (F.), *Psychologie différentielle et théorie opératoire de l'intelligence*, Paris, Dunod, 1969.

LOOSLI-USTERI (M.), *Manuel pratique du test de Rorschach*, Paris, Hermann, 1965.

LUQUET (C.-H.), *Le dessin enfantin*, 1927 ; réédition : Delachaux & Niestlé, 1967.

MABILLE (P.), *La technique du test du village*, Presses Univesritaires de France, 1950.

MAC CARTHY (D.), Le développement du langage, in CARMICHAEL (L.), édit., *Manuel de psychologie de l'enfant*, t. II, p. 751-916, éd. franç., Presses Universitaires de France, 1952.

MATHIEU (M.), *Le test de l'arbre en psychologie*, Lyon, Bosc, 1961.

McCarthy (D.), *Echelles d'aptitudes pour enfants*, Paris, Editions du Centre de Psychologie Appliquée, 1977.
Meili (R.), Recherches sur les formes d'intelligence, *Arch. de psychol.*, 1930, *22*, 201-284.
Meljac (C.), *Batterie UDN 80 : construction et utilisation des premiers nombres*, Paris, Editions du Centre de Psychologie Appliquée, 1980.
Misès (R.), Les états réactionnels de l'enfance, *Interprétation*, 1967, *1*, 3, 43-69.
Misès (R.), *Les pathologies limites de l'enfance*, Paris, Presses Universitaires de France, 1990.
Misès (R.), *L'enfant déficient mental*, Paris, Presses Universitaires de France, 1975.
Misès (R.), Perron-Borelli (M.), avec la participation de Breon (S.), Essai d'approche psychopathologique de la déficience intellectuelle. Les déficits dysharmoniques, *Psychiat. de l'enfant*, 1971, *14*, 2, 341-464.
Les modèles de la personnalité en psychologie, Symposium de l'Association de Psychologie Scientifique de Langue Française (Liège, 1964), Presses Universitaires de France, 1965.
Montmollin (M. de), Les tests moteurs, *Rev. de psychol. appliquée*, 1950, *1*, 1, 29-49 ; 1951, *1*, 2, 85-92 ; 1951, *1*, 3, 227-230.
Monakow (C. von), Mourgue (R.), *Introduction biologique à l'étude de la neurologie et de la psychopathologie*, Alcan, 1928.
Monod (M.), *Manuel d'application du test du village*, Neuchâtel, Delachaux & Niestlé, 1970.
Moor (L.), *La pratique des tests mentaux en psychiatrie infantile*, Masson, 1957.
Mucchielli (R.), *Le jeu du Monde et le test du village imaginaire*, Presses Universitaires de France, 1960.
Murray (H. A.), Bellak (L.), *Thematic apperception test (TAT)*, Paris, Editions du Centre de Psychologie Appliquée, 1959.
Nathan (R.), Mauco (G.), *Planches de situation scolaire complémentaires au TAT*, Paris, Editions du Centre de Psychologie Appliquée, 1966.
Oléron (P.), *Les composantes de l'intelligence d'après les recherches factorielles*, Presses Universitaires de France, 1957.
Ombredane (A.), *L'aphasie et l'élaboration de la pensée explicite*, Presses Universitaires de France, 1951.
Osterrieth (P.), Le test de dessin d'une figure complexe, *Arch. de psychol.*, 1945, *30*, 205-353.
Osterrieth (P.), Cambier (A.), *Les deux personnages. L'être humain dessiné par les garçons et les filles de 6 à 18 ans*, Editest Presses Universitaires de France, 1976.
Patin (J.), Les tests de développement moteur, *Rev. de psychol. appliquée*, 1951, *2*, 5, 333-342.
Pauli (L.), Nathan (H.), Droz (R.), Grize (J.-B.), *Inventaires piagétiens*, Paris, Editions du Centre de Psychologie Appliquée, 1990.
Perron (R.), La situation d'examen psychologique en tant que mise à l'épreuve de la valeur personnelle, *Bull. de psychol.*, 1968, *21*, 15-19, 1001-1007.
Perron (R.), *L'épreuve projective thématique « Dynamique personnelle et images »*, Paris, Editions du Centre de Psychologie Appliquée, 1969.

PERRON (R.), Amour-propre et modestie. Eléments pour une étude génétique, *Enfance*, 1970, n°s 3-5, 269-301.
PERRON (R.), *Modèles d'enfants, enfants modèles*, Presses Universitaires de France, 1971.
PERRON (R.), *Les enfants inadaptés*, Presses Universitaires de France (collection « Que sais-je ? »), 5e éd., 1992.
(1973 *a*) PERRON (R.), L'approche psychologique des déficiences mentales, étude génétique et analyse fonctionnelle, *Confrontations psychiatriques*, 1973, n° 10, 53-76.
(1973 *b*) PERRON (R.), Les méthodes dans les applications de la psychologie de l'enfant, *in* M. REUCHLIN, *Traité de psychologie appliquée*, Paris, Presses Universitaires de France, 1973, t. 2, chap. 5.
(1975 *a*) PERRON (R.), L'élaboration du récit au DPI. Structure et thématique, *Enfance*, 1975, n° 1, 15-36.
(1975 *b*) PERRON (R.), L'élaboration du récit au DPI. L'organisation de l'univers humain, *Rev. de psychol. appliquée*, 1975, *25*, 3, 149-187.
PERRON (R.), Dire et ne pas dire. De l'analyse structurale du récit à l'étude de son élaboration défensive, *Bull. de Psychol.*, numéro spécial consacré à la psychologie clinique, 1975-1976, *29*, n°s 8-13, 611-622.
(1976 *a*) PERRON (R.), Psychologie génétique et psychopathologie de l'enfant, *Rev. de Psychol. Appliquée*, 1976, *26*, numéro spécial, 321-343.
(1976 *b*) PERRON (R.), Défenses, transformations, structures. Quelques propositions théoriques à partir de la clinique du DPI, *Bull. Société Française du Rorschach et des Méthodes Projectives*, 1976, n°s 29-30, 33-43.
PERRON (R.), *Genèse de la personne*, Paris, Presses Universitaires de France, 1985.
PERRON (R.), L'évolution des idées à propos des déficiences mentales, *Les Sciences de l'Education*, 1989, n° 4, 7-27.
PERRON (R.) *et al.*, *Les représentations de soi. Dynamiques, évolutions, conflits*, Toulouse, Privat, 1991.
PERRON (R.), AUZIAS (M.), L'évolution de l'écriture et de la motricité graphique, *Bull. de psychol.*, 1966, *19*, 8-12, 516-524.
PERRON (R.), MATHON (T.), L'amour et la loi. Aspects des images parentales dans les histoires racontées par les enfants, *Psychol. Française*, 1976, *21*, n° 3, 131-157.
PERRON (R.), MISES (R.), *Retards et perturbations psychologiques chez l'enfant*, Paris, Ed. du CTNERHI, 1984.
PERRON (R.), PERRON-BORELLI (M.), Les signifiants de la différence des sexes dans les dessins d'enfants, *Bull. de Psychol.*, 1975-1976, *29*, n°s 8-13, 643-654.
PERRON-BORELLI (M.), L'expression des conflits dans le dessin de la famille, *Rev. de neuropsychiat. infantile*, 1965, *13*, 1-2, 45-65.
PERRON-BORELLI (M.), La signification des problèmes scolaires chez les enfants caractériels, *Enfance*, 1966, n°s 4-5, 73-96.
PERRON-BORELLI (M.), Particularités du langage dans différents types de dysharmonies évolutives, *Rev. de neuropsychiat. infantile*, 1968, *16*, 7-8, 587-594.
PERRON-BORELLI (M.), Le développement mental : équipement, apprentissages et investissement, *Enfance*, 1968, n°s 3-4, 263-270.
PERRON-BORELLI (M.), *Les échelles différentielles d'efficiences intellectuelles*, Paris, Et. d'Applications Psychotechniques, 1974.

PERRON-BORELLI (M.), L'investissement de la signification, *Revue française de Psychanalyse*, 1976, *40*, n° 4, 681-692.
PERRON-BORELLI (M.), OLÉRON (P.), Une nouvelle échelle de performance : son utilisation avec des enfants sourds, *Rev. de psychol. appliquée*, 1954, n° 2, 153-164.
PERRON-BORELLI (M.), OLÉRON (P.), *Echelle de performance B.O.*, Paris, Editions du Centre de Psychologie Appliquée, 1964.
PIAGET (J.), *Le langage et la pensée chez l'enfant*, Delachaux & Niestlé, 1924.
PIAGET (J.), *La naissance de l'intelligence chez l'enfant*, Delachaux & Niestlé, 1936.
PIAGET (J.), *La formation du symbole chez l'enfant*, Delachaux & Niestlé, 1945.
PIAGET (J.), *Le développement de la notion de temps chez l'enfant*, Presses Universitaires de France, 1946.
PIAGET (J.), Motricité, perception et intelligence, *Enfance*, 1956, n° 2, 9-14.
PIAGET (J.), Les praxies chez l'enfant, *Rev. neurol.*, 1960, *102*, 551-565.
PIAGET (J.), *Biologie et connaissance*, Paris, Gallimard, 1967.
PIAGET (J.), Inconscient affectif et inconscient cognitif, in *Problèmes de Psychologie génétique*, Paris, Denoël, 1972, p. 36-53.
PIAGET (J.), INHELDER (B.), *La représentation de l'espace chez l'enfant*, Presses Universitaires de France, 1948.
PICHOT (P.), *Les tests mentaux en psychiatrie*, Presses Universitaires de France, 7e éd., 1968.
PIÉRON (H.), *Vocabulaire de la psychologie*, 4e éd., Presses Universitaires de France, 1968.
PINOL-DOURIEZ (M.), *La construction de l'espace*, Neuchâtel, Delachaux & Niestlé, 1975.
PINOL-DOURIEZ (M.), Les fonctions d'organisation des conduites et des données. Les conduites perturbées, *in* PIAGET (J.), MOUNOUD (P.), BRONCKARD (J.-P.), *La psychologie*, Paris, Gallimard, 1980, coll. « La Pléiade ».
PINOL-DOURIEZ (M.), *Bébé agi - bébé actif. L'émergence du symbole dans l'économie interactionnelle*, Paris, Presses Universitaires de France, 1984.
PORTER (R.-B.), CATTELL (R.-B.), *Questionnaire de personnalité pour enfants (manuel)*, Paris, Editions du Centre de Psychologie Appliquée, 1964.
PORTEUS (S. D.), *Labyrinthes de Porteus, révision Vineland 1933*, Paris, Editions du Centre de Psychologie Appliquée, 1959.
Problèmes de la mesure en psychologie, Symposium de l'Association de Psychologie Scientifique de Langue Française (Amsterdam, 1961), Presses Universitaires de France, 1962.
Problèmes de psycholinguistique, Symposium de l'Association de Psychologie Scientifique de Langue Française (Neuchâtel, 1962), Presses Universitaires de France, 1963.
PRUDHOMMEAU (M.), *Le dessin de l'enfant*, Presses Universitaires de France, 1947.
Psychologie clinique, *Bull. de psychol.*, numéro spécial, 1968, *21*, nos 15-19.
Psychologie projective, *Bull. de psychol.*, numéro spécial, 1963, *17*, nos 2-7.
RAUSCH DE TRAUBENBERG (N.), *La pratique du Rorschach*, Paris, Presses Universitaires de France, 1970.

RAUSCH DE TRAUBENBERG (N.), BOIZOU (M.-F.), *Le Rorschach en clinique infantile. L'imaginaire et le réel chez l'enfant*, Paris, Dunod, 1977.
REUCHLIN (M.), *Les méthodes quantitatives en psychologie*, Presses Universitaires de France, 1962.
REUCHLIN (M.), *Les méthodes en psychologie*, Presses Universitaires de France, 1969.
REY (A.), *L'intelligence pratique chez l'enfant*, Alcan, 1935.
REY (A.), *Etude des insuffisances psychologiques*. T. 1 : *Méthodes et problèmes ;* T. 2 : *Le diagnostic psychologique*, Delachaux & Niestlé, 1947.
REY (A.), *Test de la figure complexe*, Paris, Editions du Centre de Psychologie Appliquée, 1960.
ROBERT (M.), *La révolution psychanalytique*, Payot, 1964 (2 vol.).
ROGERS (C. R.), *Test d'adaptation personnelle*, Paris, Editions du Centre de Psychologie Appliquée, 1959.
RORSCHACH (H.), *Psychodiagnostic de Rorschach*, Berne, Hans Huber, et Paris, Editions du Centre de Psychologie Appliquée, 1959.
ROUMA (G.), *Le langage graphique de l'enfant*, Bruxelles, 1912.
ROYER (J.), *Le test des contes*, Issy-les-Moulineaux, Editions Scientifiques et Techniques, 1978.
SANTUCCI (H.), GALIFRET-GRANJON (N.), Epreuve graphique d'organisation perceptive, *in* ZAZZO (R.) et coll., *Manuel pour l'examen psychologique de l'enfant*, Delachaux & Niestlé, 1960, chap. 7.
SCHAEFER (E. S.), BELL (R. Q.), Development of a parental attitude research instrument, *Child Dev.*, 1958, *29*, 339-361.
SCHMID-KITSIKIS (E.), *L'examen des opérations de l'intelligence. Psychopathologie de l'enfant*, Neuchâtel, Delachaux & Niestlé, 1969.
SCHMID-KITSIKIS (E.), *Théorie et clinique du fonctionnement mental*, Bruxelles, Mardaga, 1985.
(1973 *a*) SHENTOUB (V.), Introduction théorique à la méthode du TAT, *Bull. de Psychol.*, 1973, *26*, n° 10-11, 582-602.
(1973 *b*) SHENTOUB (V.), A propos du normal et du pathologique dans le TAT, *Psychol. française*, 1973, *18*, n° 4, 251-59.
SHENTOUB (V.), DEBRAY (R.), Le fondement théorique du processus TAT, *Bull. de Psychol.*, 1970-1971, *24*, n° 12-15, 897-908.
SHNEIDMAN (E. S.), The MAPS test with children, *in* A. I. RABIN, M. R. HAWORTH, *Projective techniques with children*, New York, Grune & Stratton, 1960, chap. 7, 130-148.
SIMON (J.), *Psychopédagogie de l'orthographe*, Presses Universitaires de France, 1954.
SINCLAIR (H.), STAMBAK (M.), LÉZINE (I.), RAYNA (S.), VERBA (M.), *Les bébés et les choses*, Paris, Presses Universitaires de France, 1982.
SLOAN (W.), The Lincoln-Ozeretsky motor development scale, *Genet. Psychol. Monogr.*, 1955, n° 2, 183-252.
SPEARMAN (C.), *Les aptitudes de l'homme. Leur nature et leur mesure*, 1927 ; éd. franç. : Conservatoire National des Arts et Métiers, 1936.
SPITZ (R.-A.), *De la naissance à la parole. La première année de la vie*, Presses Universitaires de France, 1968.
STAABS (G. von), *Le scéno-test*, Berne, Hans Huber, et Paris, Editions du Centre de Psychologie Appliquée, 1973.
STAMBAK (M.), Le problème du rythme dans le développement de l'enfant et dans les dyslexies d'évolution, *Enfance*, 1951, n° 5, 480-502.

STAMBAK (M.), Trois épreuves de syncinésies, *in* ZAZZO (R.) et coll., *Manuel pour l'examen psychologique de l'enfant*, Delachaux & Niestlé, 1960, chap. 2.
STAMBAK (M.), Trois épreuves de rythme, *in* ZAZZO (R.) et coll., *Manuel pour l'examen psychologique de l'enfant*, Delachaux & Niestlé, 1960, chap. 3.
STAMBAK (M.), *Tonus et motricité dans la première enfance*, Delachaux & Niestlé, 1963.
STAMBAK (M.), Epreuves de niveau et de style moteur, *in* ZAZZO (R.) et coll., *Manuel pour l'examen psychologique de l'enfant*, Delachaux & Niestlé, fasc. 2, 1965.
STAMBAK (M.), L'HÉRITEAU (D.), AUZIAS (M.), BERGÈS (J.), AJURIAGUERRA (J. de), Les dyspraxies chez l'enfant, *Psychiat. de l'enfant*, 1964, *7*, 2, 381-496.
STAMBAK (M.), MONOD (V.), AJURIAGUERRA (J. de), L'efficience motrice et l'organisation spatiale chez les gauchers, *Psychiat. de l'enfant*, 1960, *3*, 1, 69-110.
STORA (R.), *Le test de l'arbre*, Presses Universitaires de France, 1978.
SUBES (J. et M.), *Tests de niveau scolaire : orthographe et calcul*, Paris, Editions du Centre de Psychologie Appliquée, 1959.
TABOURET-KELLER (A.), A propos de l'organisation du langage, *Bull. de psychol.*, 1966, *19*, 8-12, 437-451.
THURSTONE (L. L.), THURSTONE (T. G.), *Test d'aptitudes mentales primaires*, Paris, Editions du Centre de Psychologie Appliquée, 1964.
TORRANCE (E. P.), *Test de pensée créative*, Paris, Editions du Centre de Psychologie Appliquée, 1976.
TRAN-THONG, *Stades et concept de stade de développement de l'enfant dans la psychologie contemporaine*, Vrin, 1967.
WALLON (H.), *L'enfant turbulent*, Alcan, 1925.
WALLON (H.), *Les origines de la pensée chez l'enfant*, Paris, Presses Universitaires de France, 1945.
WALLON (H.), La maladresse, *J. de psychol. norm. et pathol.*, 1928 ; réédité dans *Enfance*, 1959, n°s 3-4, 264-276.
WALLON (H.), L'habileté manuelle, *Rev. de la science du travail*, 1929 ; réédité dans *Enfance*, 1963, n°s 1-2, 111-120.
WALLON (H.), Comment se développe chez l'enfant la notion du corps propre, *J. de psychol. norm. et pathol.*, 1931 ; réédité dans *Enfance*, 1963, n°s 1-2, 121-150.
WALLON (H.), Syndromes d'insuffisance psychomotrice et types psychomoteurs, *Annales médico-psychol.*, 1932 ; réédité dans *Enfance*, 1959, n°s 3-4, 240-250.
WALLON (H.), *De l'acte à la pensée*, Flammarion, 1942.
WALLON (H.), *Les origines du caractère chez l'enfant*, Presses Universitaires de France, 1949.
(1951 *a*) WALLON (H.), Les tests psychologiques et la clinique mentale, *Enfance*, 1951, n° 1, 1-4.
(1951 *b*) WALLON (H.), Psychopathologie et psychologie génétique, *La Raison*, 1951 ; réédité dans *Enfance*, 1963, n°s 1-2, 35-41.
WALLON (H.), *L'évolution psychologique de l'enfant*, A. Colin, 1952.
WALLON (H.), Kinesthésie et image visuelle du corps propre chez

l'enfant, *Bull. de psychol.*, 1954 ; réédité dans *Enfance*, 1959, n°s 3-4, 252-263.

WALLON (H.), L'instabilité posturo-psychique chez l'enfant, *Infanzia Anormale*, 1955 ; réédité dans *Enfance*, 1963, n°s 1-2, 163-171.

(1956 *a*) WALLON (H.), Importance du mouvement dans le développement psychologique de l'enfant, *Enfance*, 1956 ; réédité dans *Enfance*, 1959, n°s 3-4, 235-239.

(1956 *b*) WALLON (H.), Niveaux et fluctuations du moi, *L'évolution psychiat.*, 1956 ; réédité dans *Enfance*, 1963, n°s 1-2, 87-97.

WALLON (H.), LURÇAT (L.), Espace postural et espace environnant (le schéma corporel), *Enfance*, 1962, n° 1, 1-33.

WECHSLER (D.), *Wechsler Intelligence Scale for Children, Manual*, New York, Psychol. Corp., 1949 ; adaptation française : *Echelle d'intelligence de Wechsler pour enfants, WISC*, Paris, Editions du Centre de Psychologie Appliquée, 1961.

WECHSLER (D.), *La mesure de l'intelligence adulte*, 1944 ; éd. franç. : Presses Universitaires de France, 1956.

WECHSLER (D.), *Echelle d'intelligence de Wechsler pour enfants (WISC-R)* (forme révisée), Paris, Editions du Centre de Psychologie Appliquée, 1982.

WECHSLER (D.), *Echelle d'intelligence de Wechsler pour la période préscolaire et primaire (WPPSI)*, Paris, Editions du Centre de Psychologie Appliquée, 1972.

WIDLOCHER (D.), *L'interprétation des dessins d'enfants*, Bruxelles, Dessart, 1965.

(1946 *a*) ZAZZO (R.), *Intelligence et quotients d'ages*, Presses Universitaires de France, 1946.

(1946 *b*) ZAZZO (R.), *Le devenir de l'intelligence*, Presses Universitaires de France, 1946.

ZAZZO (R.), Plaidoyer pour les gauchers, *Vers l'éducation nouvelle*, 1948 ; réédité dans ZAZZO (R.), *Conduites et conscience*, vol. 1, chap. 8, Delachaux & Niestlé, 1962.

ZAZZO (R.), Rythme de croissance et classement, *Enfance*, 1956, n° 4, 27-30.

(1960 *a*) ZAZZO (R.), Le test des deux barrages, *in* ZAZZO (R.) et coll., *Manuel pour l'examen psychologique de l'enfant*, Delachaux & Niestlé, 1960, chap. 9.

(1960 *b*) ZAZZO (R.), Considérations sur l'enfant gaucher, *L'école des parents*, 1960 ; réédité dans ZAZZO (R.), *Conduites et conscience*, vol. 1, chap. 9, Delachaux & Niestlé, 1962.

(1960 *c*) ZAZZO (R.), Une recherche d'équipe sur la débilité mentale, *Enfance*, 1960, n°s 4-5, 335-364.

ZAZZO (R.), GALIFRET-GRANJON (N.), Genèse et formules de latéralité, *in* ZAZZO (R.) et coll., *Manuel pour l'examen psychologique de l'enfant*, Delachaux & Niestlé, 1960, chap. 1.

ZAZZO (R.), GILLY (M.), VERBA-RAD (M.), *Nouvelle échelle métrique de l'intelligence*, A. Colin-Bourrelier, 1966, 2 vol.

ZAZZO (R.), MATHON (T.), L'épreuve du bestiaire, *in* R. ZAZZO et coll., *Manuel pour l'examen psychologique de l'enfant*, vol. 2, Neuchâtel et Paris, Delachaux & Niestlé, 5e éd., 1979.

ZLOTOWICZ (M.), L'anxiété chez les enfants d'âge scolaire, *Enfance*, 1966, n° 1, 79-87.
ZLOTOWICZ (M.), *Les peurs enfantines*, Presses Universitaires de France, 1974.
ZLOTOWICZ (M.), *Les cauchemars de l'enfant*, Presses Universitaires de France, 1978.

Imprimé en France
Imprimerie des Presses Universitaires de France
73, avenue Ronsard, 41100 Vendôme
Décembre 1994 — N° 39 477